广西审判实务与探索

行政审判专辑

2019年　第2辑　总第12辑

戴红兵／主编

GUANGXI SHENPAN
SHIWU YU TANSUO

法律出版社
LAW PRESS·CHINA

《广西审判实务与探索》编辑委员会

卷首语

行政审判是宪法法律赋予人民法院的重要职责，是依法解决行政争议的重要途径，在保护人民群众合法权益、监督行政机关依法行政等方面发挥着重要作用，对于推进法治国家、法治政府、法治社会建设，促进国家治理体系和治理能力现代化具有重大意义。新修订的《中华人民共和国行政诉讼法》为人民法院依法独立公正行使审判权提供了有力的法律依据，同时也提出了新的更高的要求。党的十八届四中全会作出《中共中央关于全面推进依法治国若干重大问题的决定》，为人民法院深化行政诉讼制度改革提供了指引，为人民法院全面推进行政审判工作带来了新的历史机遇。

近年来，广西各级人民法院认真贯彻落实中央、最高人民法院的决策部署，准确把握新法的立法精神和相关规定，以司法责任制改革为契机，优化行政审判资源，进一步推动行政审判队伍的正规化、专业化、职业化建设，全面执行立案登记制，稳步推进跨行政区划集中管辖改革，积极延伸行政审判效果，助推法治政府建设，有效化解行政争议，行政审判职能作用得到充分发挥，行政审判在法院工作中及社会上的地位不断提升。广大行政审判法官以饱满的工作热情，抓住难得的历史机遇，积极进取，奋发有为，在完成繁重审判任务的同时，积极开展审判理论和实务研究，在各类行政审判业务成果评选和学术评比活动中取得较好成绩，展现了我区行政审判法官的风采。为总结经验，强化指导，进一步提升广西行政审判理论研究水平，激发广大行政审判法官的活力与积极性，自治区高级法院行政审判庭与《广西审判实务与探索》编辑部研究商议，将近年来具有普遍指导意义及典型意义的优秀行政审判业务成果汇编为《广西审判实务与探索》（行政审判专辑），以期作为展示广西法院行政审判理念、审判思维、审判方法、审判智慧的重要载体，为行政审判实务工作和理论研究提供参考。

本辑最终采用35篇稿件，分为4个部分。在“行政审判前沿探索”部分，收录了李明军庭长的《行政诉讼起诉条件适用分析》等10篇论文，文章多数获得全国嘉奖，观点明确、文笔精练，分别从行政诉权的保护、行政案件跨区域集中管辖、行政诉讼一并审理民事争议等方面，直面行政法理论的难点、疑点问题，具有一定的理论研究价值。在“行政审判调研报告”部分，收录了自治区高级法院、玉林市中级法院的《行政诉讼中被诉行政机关负责人出庭应诉情况分析》等5篇调研报告，报告以问题为导向，紧扣我区行政审判实践中的热点、难点问题，提出的解决方案符合地方特色，具有可操作性和借鉴性。在“典型行政案例分析”部分，选录了韦柳林法官的《“休息日”上班途中受伤是否构成工伤》等13篇具有裁判规则意义的案例分析，尤其是《传承瑶医“无证行医”的冲突与出路》一文，直面少数民族传承医学与医药卫生管理法之间的“囚徒困境”，提出了具有可行性的司法解决路径。在“经典行政裁判文书”部分，收录了(2016)桂72行初24号等7篇获得过全国裁判文书奖项的裁判文书，文书结构完整、层次清晰、语言流畅，是行政裁判文书的优秀范本，值得我们学习借鉴。

在全面推进依法治国的背景下，行政审判任务艰巨、使命光荣。我们将进一步增强责任意识，以习近平新时代中国特色社会主义思想为指导，认真贯彻落实党的十九大精神，深入学习贯彻习近平总书记关于新时代政法工作的重要思想和对法院工作的重要指示精神，紧紧围绕“努力让人民群众在每一个司法案件中感受到公平正义”的目标，从广西实际出发，全面加强行政审判工作，有效化解行政争议，维护当事人合法权益，促进法治政府建设，为建设壮美广西、共圆复兴梦想，谱写新时代广西发展新篇章作出积极贡献。

广西壮族自治区高级人民法院行政审判庭

目　录

Contents

行政审判前沿探索 / XINGZHENG SHENPAN QIANYAN TANSUO

行政审判调研报告 / XINGZHENG SHENPAN DIAOYAN BAOGAO

典型行政案例分析 / DIANXING XINGZHENG ANLI FENXI

经典行政裁判文书 / JINGDIAN XINGZHENG CAIPAN WENSHU

行政审判前沿探索

行政诉讼起诉条件适用分析*

李明军**

摘要：自行政诉讼立案登记制施行以来，随着对行政诉权保障程度的加强，行政诉讼的入口畅通，行政案件数量不断攀升，"立案难"问题得到了有效缓解。但随之而来的滥诉情况频发，法院审判压力加大等问题也日益突出。这些附带情况并非立案登记制所能一并解决，需在立案登记制之外，科学合理的界定行政诉讼起诉条件。本文从受案范围、利害关系、起诉期限、诉讼请求、被告适格等五个方面出发，列举了大量实务案例，包括最高人民法院裁判的案件以及行政法权威理论观点的引用，较好地归纳提取裁判要旨，探索行政诉讼起诉条件若干问题，以期对行政审判实务有所裨益。

2014 年全国人大常委会对《行政诉讼法》进行了比较重大的修正，2017 年又进行个别条款的修正，在 1989 年行政诉讼法的基础上进一步扩大了行政诉讼的受案范围。同时，为保障当事人诉权，实行立案登记制，做到有案必立。但是，一些法院的法官将"立案登记制"理解为"登记立案制"，甚至不做审查就直接立案，导致滥诉情况频发，造成司法资源的严重浪费。事实上，无论 2015 年《最高人民法院关于适用〈中华人

---

* 中国法学会行政审判理论专业委员会 2018 年年会三等奖。

** 法律硕士，桂林市中级人民法院行政审判庭庭长。

民共和国行政诉讼法〉若干问题的解释》（以下简称《适用解释》），还是2000年《最高人民法院关于执行〈中华人民共和国行政诉讼法〉若干问题的解释》（以下简称《执行解释》），在行政诉讼法对起诉条件规定比较抽象的基础上，均规定了十项不予立案（旧法称不予受理）或驳回起诉的情形，这充分说明提起行政诉讼是有一定门槛的，要依法审查起诉是否符合法定条件。因此，本文拟从起诉条件涉及的受案范围、利害关系、起诉期限、诉讼请求、被告适格五个方面，谈谈自己的观点和看法，供大家在实务中参考。

一、受案范围

哪些行政行为可以纳入司法审查的范围，这是行政诉讼必须首先解决的问题，也是启动司法审查的关键问题。《行政诉讼法》第12条、第13条对受案范围分别作了肯定式和否定式概括规定，实务中行政行为的类型相当复杂，法律很难完全列举，针对实务中的具体行为类型有必要作一些分析。

（一）内部行政行为

依据政府组织法和相关行政法规的规定，因行政机关内部管理需要，下级就某些具体问题向上级请示、报批、审核，上级为此作出的批复、答复或批准等，下级出示或告知相对人，该行政行为是否可诉？根据笔者个人的司法经验，要坚持主客观相统一的原则。首先，要看行政主体主观上是否有针对具体人或事为一定行政行为的意思表示，即设立、变更、解除行政法上的权利义务关系，例如，下级在具体执法过程中，就如何适用法律问题向上级请示，上级所作的解释性答复；笔者主审的某投资公司诉桂林市发改委行政批复案，行政机关与相对人签订合作开发合同后，根据合同法有关规定解除合同，并将解除合同的通知送达行政相对人。随后发改委根据行政机关的请示作出同意变更项目业主的批复，该批复属于政府的内部管理事项，不属于行政许可，未直接对行政相对人的权利义务产生实际影响，行政相对人可以对合同解除行为提起诉讼，但无权对批复行为提起诉讼。[1] 其次，要看客观上该行政主体是否具有相应的法定职责，这种职责的来源可以是法律法规和规章以及规范性文件。如县政府答复土地局土地补偿金确定具体数额的问题。

---

〔1〕 详见最高人民法院（2015）行监字第100号行政裁定书，本案一审驳回原告起诉，二审维持。当事人不服，向最高人民法院申请再审，被裁定驳回了再审申请。该案被评为全区法院2015年度精品案件和最高人民法院指导性案例。

（二）执行性行政行为

行政机关执行生效的裁判、仲裁裁决、行政处理决定以及协助人民法院执行产权过户登记等行为。一般情况下是不可诉的。因为这些行为是“不产生行政法上的法律后果的行为，或者不以行政机关的意志确定行政相对人法律地位的行为，都不是具体行政行为，不能成为行政诉讼的客体”。〔1〕“通常情况下，当事人对执行行为不服，可就基础决定提起诉讼，基础决定被撤销，执行行为自然失去依据。”〔2〕行政诉讼的目的是解决行政争议，通过法院裁判明确当事人与行政机关的权利义务关系，执行行为是在生效法律决定已经明确权利义务的条件下作出的，是相关生效法律决定效力的具体体现，没有诉的必要和诉的意义，因此不应作为审判案件受理。但是，当执行行为超出了生效决定的范围以及采取强制执行措施不当，对当事人合法权益造成损害的，依法可以提起诉讼。〔3〕

（三）诉讼标的为生效裁判所羁束的行政行为

这一规定的理论基础是既判力。所谓既判力，是指确定判决对后诉的拘束力，羁束的范围包括两个方面，既包括生效裁判内容，也包括生效裁判的认定。〔4〕例如，行政机关对土地或房屋进行的征收补偿行为，征收中的行为是对全体被征收人作出的。当部分当事人起诉，法院作出了驳回诉讼请求的生效裁判后，其他被征收户又对上述行为提起诉讼，应当属于诉讼标的被羁束的情形，因当事人起诉的行政行为已经接受了司法审查，具有既判力。又如，某原告诉县房管局房屋登记一案，法院经审理认定原告的房屋面积为 $103m^2$，房产局依据该生效判决，通知原告按照认定的面积办理房产证，原告不服该行为，不得提起诉讼。如果某行政行为是在民事裁判案件中作为证据被采信的情形，当事人是否可以提起行政诉讼，接受司法审查？笔者个人观点是可以的，因为没有行政机关参与辩论，从程序上讲是很难保证其正确性的。

（四）行政证明行为

行政机关根据申请或请求为其他国家机关或者相对人出具证明的情况，是否可诉？应当符合两个标准：第一，对当事人的合法权益造成损害；第二，没有其他途径救

〔1〕江必新、梁凤云：《行政诉讼法理论与实务》，北京大学出版社 2011 年版，第 151 页。

〔2〕何海波：《行政诉讼法》，法律出版社 2011 年版，第 168 页。

〔3〕详见《最高人民法院关于行政机关根据法院的协助执行通知书实施的行为是否属于人民法院行政诉讼受案范围的批复》（法释〔2004〕6 号）。

〔4〕蔡小雪、甘文：《行政诉讼实务指引》，人民法院出版社 2014 年版，第 79 页。

济。[1] 例如,法院在审理某民事侵权赔偿一案中,原告出示了政府颁发的林权证,认为被告种树在自己的林地上,要求被告移植所种树木并赔偿。对林权证的颁证范围双方当事人产生争议,被告认为其种植的树木不在林权证范围内。民事法官咨询林业局得到书面回复,证明被告种树在颁证范围。法院遂判决被告败诉。为此,其提起了行政诉讼要求撤销林业局出具的该份证明。笔者认为,这份证明是对林权证颁证范围的进一步解释说明,是一种行政事实行为,并非行使行政管理职权的行政行为。在民事诉讼中应作为证据使用,证据种类上属于鉴定意见,在庭审中,接受当事人的质证和辩论,由法院决定是否采信,也可以仅作为参考依据,不作为证据使用。民事法官可通过实地调查,直接审核林权证的实际颁证范围。因此,该证明不可诉,如果当事人认为林权证颁证错误,侵害其合法权益,可以提起诉讼要求撤销该林权证。

二、利害关系

在解决了受案范围问题后,我们就应当考虑谁有资格来提起诉讼,启动司法审查程序,利害关系问题的理解与把握就成为关键。"利害关系"这个概念十分抽象,实务中如何理解、争议极大。《行政诉讼法》第 25 条第 1 款规定,"行政行为的相对人以及其他与行政行为有利害关系的公民、法人或者其他组织,有权提起诉讼"。"利害关系"是一个很不确定的概念,司法实践中很难正确理解和把握。依据马克思哲学观点,事物是普遍联系的,这显然过于宽泛。"利害关系"问题关系到起诉人是否具有原告资格。在理论界存在多种观点,但笔者比较赞同下面的观点,即判断"利害关系"可以从以下三个方面进行考虑:

第一,自己的合法权益被侵害。(1)起诉人只有主张自己的权利时,才有可能获得诉权。如果主张他人的权益,则没有原告资格。如果主张国家利益、公共利益,则是公益诉讼,目前正在探索之中。这次修改行政诉讼法没有明确规定进来。(2)这里的合法权益当然要包括权利和利益,也包括制定法尚未确认,但法律上正当的利益。如行政机关的承诺以及不履行行政协议,相对人依法也可以起诉。同时,对人身权、财产权的内涵和外延作扩大性解释,包括受教育权、劳动权、知情权、文化权、社会保障权、参与权、公平竞争权和监督权等。(3)这种权益受行政管理法规的保护。因合法性审查是行政诉讼的基本原则,行政机关作出行政行为应当符合相关的法律规定。因此,法院审查的范围也不能超出法律的规定,如果起诉人的权利不属于相关行政管

---

[1] 王振宇:《行政诉讼制度研究》,中国人民大学出版社 2012 年版,第 40 页。

理法规保护的对象,依法不应当纳入行政诉讼。如起诉人要求撤销其父亲与她人的婚姻登记,理由是侵害其继承权。因为继承权属于民法规范保护的权利,不是婚姻登记条例考虑的权利,该诉讼不能成立。

第二,存在确定的行政行为,确定的行政行为应当包括四个要件:行政权能的存在,行政权的实际运用,法律效果的存在,表示行为的存在。[1] 一般情况下,只有当一个成熟的行政行为(包括作为、不作为、行政协议和事实行为等)才有纳入司法审查的必要。未确定的行政行为主要指阶段性、程序性、中间性的行为,因尚在酝酿中,不是成熟的行政行为,对公民、法人、其他组织的合法权益未直接产生影响而不可诉,同时为了行政效率,不能过多地对行政行为进行干扰,在行政权、公民权、司法权三者之间有一个合理的平衡。仅当某些程序性行为作出了否定式的判断或决定,对当事人实现权利产生不利影响的情况下,依法可以提起诉讼。例如,土地管理部门不受理公民的土地权属登记。

第三,合法权益受到影响与行政行为之间存在明确的内在联系。依据《适用解释》第3条第1款第8项的规定:行政行为对当事人合法权益明显不产生实际影响的,法院应当驳回起诉。相对于2000年《执行解释》的本条规定增加了"明显"二字,这一点相当重要。从尽量保护起诉人诉权的角度考虑,对"明显"二字不易作扩大解释。只要能初步证明行政行为有可能对其合法权益产生影响即可,有诉权,不一定有胜诉权。笔者认为,关于内在联系是指行政行为与当事人合法权益受损(权利义务影响或法律地位改变)之间有直接的因果关系。应当根据逻辑规律、日常生活经验并遵循法官职业道德进行正确判断。根据内在联系节点,结合具体案例作如下分析。

1. 时间先后节点。从时间的先后来看,行政行为作出的时间在前,起诉人的权益受到影响在后,一般可以认为没有利害关系。例如,行政机关颁发驾驶证、医疗执业许可证以及核定核准物业管理资质等的行为在前,当事人提起诉讼要求撤销行政许可并赔偿损失,应当裁定不予受理或驳回起诉。因为损害发生与行政行为之间没有利害关系。

2. 权利保护节点。行政机关在行使行政管理职权的过程中,是否有法律法规明确规定需要特别保护的权益。法律规定需要保护的权益,即使作出行政行为时没有利害关系人提出异议,也应当属于禁止不能为的行为。例如,对房产公司出卖小区物业用房的过户登记行为,即使房产公司出售在前,业主购房在后,根据物权法的规定,

---

[1] 姜明安:《行政法与行政诉讼法》,北京大学出版社、高等教育出版社2015年版,第185页。

这是业主基于区分所有权而享有对小区公共设施的共有权。房产登记部门依法应当考虑到业主的该项权益。业主有权提起诉讼。

3. 法律关系节点。行政行为与当事人合法权益之间有最直接的管理与被管理的关系，才有可能产生行政法上的利害关系。例如，在房屋征收案件中，被征收人在达成房屋征收协议或者征收补偿决定作出后，超过法定起诉期限未起诉，或者起诉后人民法院生效判决驳回原告诉讼请求，被征收人又对征收决定（包括征收补偿方案）或者之前的用地批复等征收决定前置行为提起行政诉讼的，因其已经丧失对被征收土地及房屋的权利，其与政府及其相关部门针对涉案土地、房屋作出的征收决定、相关前置行为以及政府就征收后收归国家的土地予以出让、给他人颁发国有土地使用证的行为提起行政诉讼的，不具有法律上的利害关系，人民法院应当以被征收人不具有适格原告主体身份为由，裁定不予立案或者驳回起诉。[1]

4. 物理属性影响节点。根据财产的物理属性和自然规律，判断事物之间是否存在联系或影响，这是判断是否存在利害关系最本质的要求。例如，政府为他人颁发土地使用权证，与该土地相邻的房屋所有人认为，该颁证行为侵害其相邻权，向法院提起诉讼。这种情况应当认定没有利害关系，因为颁发土地使用权证仅仅是明确土地权属，并没有影响相邻权人的采光、通风、通行、排水等利益。只有当行政机关颁发建设工程许可证，才有可能侵害其相邻权。

5. 职责确定节点。原告认为自己的合法权益受到侵害与行政不作为有因果关系，其起诉的事实和理由应当具体明确。例如，当事人起诉公安机关不履行法定职责违法并请求行政赔偿的，行政机关的不作为行为必须基于具体的事由、针对特定的行政相对人承担的具体的作为义务，不是抽象、普遍意义上的法定职责义务。否则，起诉人与所诉行政机关不作为之间不具有法律上的利害关系，不具有适格原告主体资格。[2]

三、起诉期限

起诉期限是行政诉讼特有的概念，这个问题没有引起法律人的特别重视，经常与诉讼时效概念相混淆。笔者认为，行政诉讼是有一定门槛的，一个重要的原因就体现于此。顾名思义，起诉期限是指超过法定的期限，当事人就丧失寻求司法救济的权利

---

〔1〕 详见最高人民法院（2015）行监字第 74 号和（2015）行监字第 75 号行政裁定书。

〔2〕 详见最高人民法院（2015）行监字第 81 号行政裁定书。

即起诉的资格。这是出于尽快稳定行政管理秩序的需要,符合法的价值追求目标。与民法中的“诉讼时效”不同之处在于,“起诉期限”是除斥期间,不变期间,不得中止、中断。法院在审理行政案件时,应当依职权主动审查原告(或起诉人)的起诉是否超过法定的期限。被告如果主张原告的起诉超过法定的起诉期限,由被告负举证责任。司法实践中,许多当事人、代理律师以及不少法官经常将“起诉期限”与“诉讼时效”相混淆,造成不应有的理解错误。具体情形分析如下:

1. 如何认定起诉期限的起算点。法律规定“从知道或者应当知道”之日起计算,实践中,“知道”的情形一般比较容易理解,行政决定文书直接送达给当事人即视为知道,关于具体送达方式和送达时间,依照《民事诉讼法》和相关司法解释的规定执行,本文限于篇幅不再赘述。而“应当知道”是一种事实上的推定,经常出现利害关系人在知道行政行为的情况下提起诉讼。例如,在某民事诉讼中得知行政机关颁发了有关权属证书给他人,这时就可以推定其已经知晓行政行为的存在。通说认为,证明“应当知道”的证据需要达到排除合理怀疑的程度。被告或者第三人认为原告在某一特定时间知道行政行为内容。但其提供的证据无法排除合理怀疑且原告予以否认的,人民法院应当推定原告在该特定时间不知道行政行为内容。“在行政机关就与相对人特定权益密切相关的事项开展普遍登记活动期间,相对人未获登记或领取相关权证且对他人获取登记或相关权证的事实已知的,推定其知道行政机关已经将该事项登记在他人名下。起诉期限的计算从应当知道行政行为内容之日起最长不得超过两年。”[1]

2. 6个月、2年、5年和20年的适用条件。首先,根据《行政诉讼法》和最高法院司法解释的相关规定,在行政行为作出之时,行政机关告知了诉权或起诉期限的,就应当适用6个月的起诉期限。如果告知的期限低于6个月也应当按6个月执行,因为这是法律的“最低保障”。不能以任何理由加以限制或剥夺。如果告知的期限超过6个月,则以实际告知的期限为准。因为相对人对此享有依赖利益。事实上,如告知了起诉期限就等于告知了诉权。

其次,由于行政机关作出行政行为时,不知道会影响到何人的利益,很多情况下也是无法知道的,因此其他人知晓行为后,应当在知道该行为内容之日起2年内起诉。对于行政不作为提起诉讼的,起诉人应当以行政机关超过法定期限不作为或拒绝履行法定职责之日起,6个月内就应当提起诉讼,而不再适用2年的规定。因为即

[1] 江必新、邵长茂:《新行政诉讼法修改条文理解与适用》,中国法制出版社2015年版,第169页。

使超过6个月的期限，当事人仍然可以通过启动行政程序，然后进行行政诉讼或行政复议。

最后，在起诉人不知道行政行为的情况下，当事人的最长起诉期限为5年或20年。其中，因不动产提起行政诉讼的，不得超过20年，不服其他行政行为提起诉讼的，不得超过5年。这里要提醒大家注意的问题是“因不动产”而不是“涉及不动产”，因为“涉及”这个词的外延过于宽泛，实践中不少当事人及代理人会产生错误的理解。例如，行政机关为淘汰落后产能决定关停某企业，该行为肯定会“涉及”企业的不动产变卖或调整问题，其起诉的最长期限就不应当适用20年的规定。这一点与新修改的民事诉讼法及其司法解释是相一致的。

3. 起诉期限的扣除问题。根据《行政诉讼法》第48条的规定，在法定期限内，发生不可抗力或是其他非因当事人自身原因无法主张权利的情形，这部分被耽误的期限是可以不计入起诉期限之内的，也就是说，可以扣除这部分被耽误的期限。所谓“不可抗力”是指不能预见、不能避免并且不能克服的情形。例如，发生地震、洪灾等情形就属于此类。实践中，有人将2003年发生的“非典”疫情也视为“不可抗力”，这是不符合上述概念应有的内涵，因为采取必要的防护手段和措施“非典”是可以避免的，将此作为不可抗力来主张无法行使权利，依法应当不予支持。实践中，当事人信访也不属于起诉期限扣除的情形。此外，如当事人要求行政机关更正错误的行政行为，行政机关承诺更正的，导致起诉期限延误的，该期间可以扣除，因为基于行政行为的公信力，相对人对行政承诺享有依赖利益，但是此种情形应由起诉人举证证明。[1]

四、诉讼请求

如何正确地提出诉讼请求，在司法实务中容易被我们忽略，没有引起我们的足够重视，理论界也很少有专家对此进行研究，俗话说“诉什么，审什么”，诉请不明确，造成审判活动难以正常进行。在我国没有实行强制律师代理制度的条件下，当事人提出的诉请五花八门，很不规范。一份诉状通常包括当事人、诉讼请求和事实及理由等三部分，其中“诉讼请求”最为重要，它决定审理对象。依据《行政诉讼法》第49条第

〔1〕 江必新：《中华人民共和国行政诉讼法理解适用与实务指南》，中国法制出版社2015年版，第221页。

3 项的规定,[1]提起行政诉讼应当有“具体的诉讼请求”,什么样的请求才算是“具体”,这是诉讼类型化的需要。一旦提出具体的诉讼请求,诉讼类型也相应明确,如何规范诉讼请求,没有引起我们的重视。

所谓诉讼类型又称诉讼种类,就是诉讼方式或形态之格式化。我国台湾地区行政法学者蔡志方的观点是:行政诉讼“习惯上仍循一定之方式、形式或类型,原告始得就其所受侵害,请求行政法院提供救济,而行政法院亦仅能就法定之诉讼种类所相应得以救济之方法为裁判。此种诉讼方式或型态之格式化,谓之行政诉讼之种类”,[2]目的就是强调诉讼的类型化。诉讼请求的提出要规范,不能随意化。针对如何正确表达诉讼请求,司法实践中存在以下问题:

1. 诉讼请求的表述不够规范,将事实和理由与诉讼请求相混淆,甚至有滥用诉权的情形发生。例如,某原告诉城管局罚款 50 元行政处罚案件,原告一共提了八项诉请,其中包括要求确认被告未告知处罚的事实理由和依据违法,未听取陈述申辩违法,未开具自治区税务局制作的罚款收据违法等。这些所谓的“诉请”应当作为原告认为行政处罚违法的事实和理由,同时,还提出要求确认违法和撤销两个相互矛盾的诉请,法院应当予以释明和纠正。

2. 对不履行法定职责案件,如何提出正确的诉请理解不到位。不履行法定职责之诉又称义务之诉,目的是要求作出特定行政义务,其准确的诉讼标的,就是原告基于一个具体的事实状况提出的如下主张:他的权利由于所请求的行政行为被拒绝或未作出而受到了伤害。因此,义务之诉又可以分为两类:一类是“被拒绝”,即所谓的否定决定之诉;另一类是“未作出”,即所谓的不作为之诉。在否定决定之诉中,行政机关已经通过否定性决定拒绝作出行政行为,这时的诉讼从根本看针对的不是否定决定本身,而是要求履行某一给付义务。也就是说,否定决定之诉并不包含如何对否定决定本身的撤销。[3] 实践中,我们将否定性决定当作审理的对象,即使判决撤销了该决定,也不能达到实现原告实体权利的目的。我们审理行政纠纷,不能仅审理某

---

〔1〕 最高法院《适用解释》第 2 条对此进行了解释,《行政诉讼法》第 49 条第 3 项规定的“有具体的诉讼请求”是指:(1)请求判决撤销或者变更行政行为;(2)请求判决行政机关履行法定职责或者给付义务;(3)请求判决确认行政行为违法;(4)请求判决确认行政行为无效;(5)请求判决行政机关予以赔偿或者补偿;(6)请求解决行政协议争议;(7)请求一并审查规章以下规范性文件;(8)请求一并解决相关民事争议;(9)其他诉讼请求。当事人未能正确表达诉讼请求的,人民法院应当予以释明。

〔2〕 李广宇:《新行政诉讼法司法解释读本》,法律出版社 2015 年版,第 28 页。

〔3〕 李广宇:《新行政诉讼法司法解释读本》,法律出版社 2015 年版,第 110 页。

个行政行为，更要审查行政行为背后的行政法律关系。

3. 对诉讼请求不够具体如何处理。实践中，不具体的诉讼请求表现形式多样，存在相互矛盾、过于笼统、含糊不清和重复选择等现象。面对此种情形，应当从保护当事人诉权的角度出发，给予释明和提供指导，引导起诉人提出正确的诉讼请求。可按起诉状内容存在错误的规定进行处理。如果起诉人坚持不予改变，法院则可以作出两种处理：一是不接收起诉材料，主要适用于无法判断当事人是否确定要提起诉讼的情形；二是裁定不予立案，主要适用于当事人确定要提起诉讼的情形。[1]

五、被告适格

在确定当事人的起诉符合受案范围、利害关系等条件的情况下，就要审查被告是否适格的问题，在司法实务中也是一个难题。如何确定正确的被告，虽然《行政诉讼法》第 26 条和最高法院《执行解释》第 19 ~ 22 条作出了相应的规定，[2]但是，由于行政行为类型的多样化，行政纠纷的复杂性，笔者结合自身工作经验，对上述规定作如下理解，供大家参考。

1. 确定被告的原则：行为 + 主体 = 被告。即行政行为的作出者具有行政主体资格，该作出者就是被告。如果作出者不具有行政主体资格，应当由对该行政行为承担法律责任的行政主体作为被告。即使该行政主体（包括行政机关和法律、法规和规章授权的组织）超越法定职权或授权，实施行政行为而被提起行政诉讼，应仍以该越权机关、机构或组织为行政诉讼被告。

2. 授权组织应包括两种情形。一是法律法规规章的直接授权；二是政府组织法的授权，也称为间接授权。我国当前行政机关部门之间职权来源的基本模式实际上是：立法授权与政府或者上级行政机关的分配、调整相结合。通过政府或者上级行政机关的分配、调整而获得行政职权的组织，就是享有法律根据的职权的组织。例如，《中华人民共和国地方各级人民代表大会和地方各级人民政府组织法》第 64 条规定，地方各级人民政府根据工作需要和精干的原则，设定必要的工作部门。[3]

实践中，根据法律、法规、规章授权设立的开发区管理机构作出的行政行为，以开

[1] 江必新主编：《中华人民共和国行政诉讼法理解适用与实务指南》，中国法制出版社 2015 年版，第 224 页。

[2] 详见《行政诉讼法》第 26 条，《执行解释》第 19 ~ 22 条。

[3] 最高人民法院行政审判庭编：《中国行政审判案例》第 4 卷第 126 号案例，中国法制出版社 2012 年版，第 24 页。

发区管理机构为被告。其所属的职能部门作出的行政行为，以该职能部门为被告。地方人民政府没有法律、法规、规章授权设立的开发区管理机构作出的行政行为，以设立该开发区管理机构的地方人民政府为被告。其所属的职能部门作出的行政行为，以该内设机构的上一级职能主管部门为被告。

3. 确定共同被告的例外情形。以复议申请不符合受理条件为由驳回复议申请的，不属于《行政诉讼法》第 26 条第 2 款规定的“复议机关决定维持原行政行为”的情形，应当根据起诉人的诉讼请求分别确定级别管辖，对两个以上行政机关作出不同行政行为的，特定情形下也可以作为共同被告。例如，对某人违法在河道挖沙行为，水上交管部门以破坏航运进行处罚，矿产资源管理部门以非法采矿进行处罚。在行政赔偿诉讼，最高人民法院对类似问题曾经作过司法解释，《行政赔偿案件规定》第 17 条规定：“两个以上行政机关共同侵权，赔偿请求人对其中一个或者数个侵权机关提起行政赔偿诉讼，若诉讼请求系可分之诉，被诉的一个或者数个侵权机关为被告；若诉讼请求系不可分之诉，由人民法院依法追加其他侵权机关为共同被告。”

4. 行政委托的被告资格问题。第一，委托应当有必要的形式，否则委托可能不成立。例如，市规划部门委托城管局查处违法建设问题，不能仅以某领导的口头指示，应当下发书面的文件，即使该委托没有法律依据，仍应当视为委托成立。因为行政机关行使任何行政权力应当遵循正当的法律程序。第二，在委托机关的委托行为合法的前提下，受托机关没有以委托机关的名义行使行政权力，该委托关系仍然成立，应当以委托机关为被告。第三，受托机关超越委托权限，以自己名义行使行政权力，如县政府仅委托镇政府做征地前期的调查摸底工作，而镇政府直接与被征地户签订安置补偿协议。对于相对人来说，行使行政职权的是受托机关，与相对人形成法律关系的是受托的镇政府，应当以镇政府为被告。

总之，行政诉讼中涉及起诉条件的问题有很多，本文仅选取了容易产生理解歧义的五个方面问题，作了一些粗浅的分析，供大家在具体办案中参考。如有不当之处，敬请各位同仁和专家学者批评指正。

浅析过程行为可诉性的判定标准

——基于两起案例的实务分析*

田　海**

摘要：随着《最高人民法院关于适用〈中华人民共和国行政诉讼法〉的解释》（以下简称《解释》）于2018年2月8日正式实施，"过程行为"正式以法律条文的形式登场。根据《解释》的立法条文释义可知，"行为的成熟度"是判定过程行为的根本标准，其又包含了表征行政行为法效性的"实质性影响"标准，以及标志着行政行为推进阶段和成熟度的"终局性"标准两个子标准。以案为引，通过对两个实务案例的分析，发现许多未包括在《解释》的叙明立法内容之中的行政行为亦具有独立影响相对人或利害关系人的成熟行政行为外观，在实务中却仍难以断定其是否成熟的行政行为或仅为过程行为，由此引发对"过程行为"的判定标准适当延展必要性的思考。

随着《解释》于2018年2月8日正式实施，"过程行为"正式以法律条文的形式登场。这一概念规定在该《解释》第1条第2款第6项"行政机关为作出行政行为而实施的准备、论证、研究、层报、咨询等过程性行为"之中。其内涵由对该条款的立法解释概括而出——"可诉的行政行为需要具备成熟性、终结性。行政机关在作出行政行为之前，一般要为

---

* 行政法治深圳论坛（2018）一等奖。

** 南京大学法学博士，防城港市中级人民法院行政审判庭副庭长。

作出行政行为而进行准备、论证、研究、层报、咨询等，这些行为尚不具备最终的、对外的法律效力，一般称为'过程行为'，不属于可诉的行为。程序性行为的效力通常为最终的行政行为所吸收和覆盖，当事人可以通过对最终行政行为的起诉获得救济。"〔1〕

根据上述定义，过程行为的衡量标准应当是行政行为的成熟性。行政行为的成熟性的衡量标准则又包括两个特性：其一，实质性影响。即该行政行为是否真正影响到当事人的实质权益，此为判断行政行为可诉与否的最主要依据。其二，终局性。即该行政过程是否尚未封闭、是否成熟、是否仍可推进，此为判断该行政行为是否实质完成的依据。

本文以案为引，通过对两个实务案例的分析，发现许多未包括在《解释》的叙明立法内容之中的行政行为亦具有独立影响相对人或利害关系人的成熟行政行为外观，在实务中却仍难以断定其是否成熟的行政行为或仅为过程行为，由此引发笔者对"过程行为"的判定标准适当延展必要性的思考。

一、案件概要

案例一：程序性行政协议的性质判定

（一）基本事实

2007 年 1 月，DX 市政府授权市建设局与 HF 公司签订《城市生活垃圾处理特许经营合同》，特许 HF 公司独家经营该市生活垃圾处理，经营期限从 2006 年 1 月 1 日起至 2035 年 12 月 31 日止，并明确各方的权利和义务。2012 年 3 月，根据自治区下发的相关文件，需要明确相关项目改建扩建业主应为国有企业或国有绝对控股企业，而该公司不符合上述要求。2012 年 8 月 28 日，经双方协商未达成协议，DX 市政府作出《关于撤回 HF 公司特许经营权的决定》，改由市环卫处作为垃圾处理厂改扩建项目的业主，并以市垃圾处理厂已建成并投入运行，更符合要求、更满足公共利益需要为由，决定撤回特许经营权并对 HF 公司的损失进行补偿。（M－2016G06 行初 65）〔2〕

〔1〕 最高人民法院行政审判庭主编：《最高人民法院行政诉讼法司法解释理解与适用》（上），人民法院出版社 2018 年版，第 50 页。

〔2〕 由于本文会引用许多案例，有笔者处理过的案例，也有指导性案例或其他法院的知名案例。故为方便阅读，使文章更具条理，本文参考了质性研究的一些方法，对各案例进行了编码。案件引用包括本人处理案件（M）和引用案件（Q）两类，后缀则是案号简写（为保证当事人隐私不外泄，相关名字和案号均作了适当英文首字母替换处理）。

（二）主要争议焦点

本案最主要的争议焦点，即DX市政府作出的撤回特许经营决定之性质，究竟是行政协议违约行为还是撤回特许经营权的行政许可行为。定性和适用的相关法律规范的不同，也决定了本案的案由究竟是行政赔偿还是行政补偿纠纷。

两种定性推导出的后续赔付金额也截然不同。如系行政补偿，则按照《关于审理行政许可案件若干问题的规定》第15条，以原告实际投入来确定补偿数额；如系行政赔偿，则应按《最高人民法院关于适用〈中华人民共和国行政诉讼法〉若干问题的解释》第15条第1款，以原告实际损失进行赔偿。二者最显著的区别在于，案涉的无形资产中，原告获得的划拨土地价值和特许经营权价值均系由被告单方提供，原告并无实际投入，故这两部分是否列入赔偿或补偿价款中会导致最终的赔付价格天差地别。

（三）裁判要旨

要弄清该撤回行为究竟是行政协议违约行为还是撤回特许经营权的行政许可行为，则要对案涉行政特许经营协议本身的性质进行探讨。最终合议庭认为，垃圾处理属于《市政公用事业特许经营管理办法》规定的可以特许经营的事项之一，具有特许经营的属性，授予特许经营权本质上系行政许可行为。签订特许经营合同是授权的方式，不因合同约定有违约责任、争议解决方式、履约担保、产品和服务标准等，否定其行政许可的属性。故此，如该协议实质上是依附于许可行为，其不具有终局性，应以实际投入计算原告的损失，并予以补偿。

案例二：划拨土地使用证用地批复的性质判定

（一）基本事实

2012年2月，F市政府作出《关于同意B市XB公司办理F市GK区GP镇773.63亩划拨土地协议出让手续的批复》，同意XB公司清算组将001号《国有土地使用证》项下773.63亩划拨土地使用权转让给XB公司，2014年1月6日，市政府为XB公司颁发了A号《国有土地证》。其后，原该地块上被征地农民集体起诉，分别诉请撤销A号《国有土地证》和上述批复。（M－2016G06行初53）

（二）主要争议焦点

本案争议焦点较多，其中与本文有关的争议焦点是，上述批复和A号《国有土地证》的关系，是否属于重复诉讼（因该案审理时，“过程行为”这一提法并未出现于法定不受理范围的相关法条中，故一审合议庭倾向于适用的定性是重复起诉行为）。

（三）裁判要旨

对上述争议焦点，一、二审法院作出了不同判定。一审法院认为，该批复系为将

001 号《国有土地使用证》项下的土地使用权划拨转让给 XB 公司而作，系 A 号《国有土地证》的颁证依据，故原告已对 A 号《国有土地证》提起诉请，再对该批复行为另行诉请，是重复起诉行为，应予以驳回该起诉。但这一观点最终为二审法院否定，其认为该批复行为具有单独影响当事人实体权益的成熟性，具有相对独立性，应属于可诉行为，遂以其作为主要理由，判决该案发回重审。

通过该两案对比不难发现，无论是为了特许经营许可而作的程序性行政协议，还是为了颁发国有土地证而作的批复行为，这两者均具相对独立性和似较完整的行政行为外观，但又都实质依附于后续的行政行为，当事人似可通过对最终行政行为的起诉获得救济而不必重复对其再提起一个诉请，那么，这种虽未包括在《解释》关于"行政机关为作出行政行为而实施的准备、论证、研究、层报、咨询等过程性行为"的叙明之中，却确实具有中间行政行为的特性的行政机关作出的行为，应当如何评价？是独立的行政行为、过程行为还是事实行为？如此相似的二者为何最终却得到了截然相反的终审评价？此为下列思考的逻辑起点。

二、过程行为的判定标准

（一）过程行为的提出渊源与推导逻辑

通过对过程行为的提出渊源和推导逻辑的探讨，我们可更明晰过程行为的应有内涵和外延的设定边界。

1. 提出渊源

我国司法界对过程行为的可诉性问题早已有所探索。2010 年 1 月 4 日起施行的《最高人民法院关于审理行政许可案件若干问题的规定》，该司法解释第 3 条中即对过程行为有所规定，"公民、法人或者其他组织仅就行政许可过程中的告知补正申请材料、听证等通知行为提起行政诉讼的，人民法院不予受理，但导致许可程序对上述主体事实上终止的除外"。

2005 年，北京市西城区人民法院在北京八达岭野生动物世界有限公司不服北京市城市管理综合行政执法局关于治理整顿户外广告通告一案中对相关问题进行了较为全面的阐述，"行政诉讼审查的对象应是对公民、法人或者其他组织的权益产生确定效力的成熟性行政行为，行政机关在作出行政处理决定之前的预备性或阶段性行为，如果尚未对公民、法人或者其他组织的权益产生实际的影响，不属于行政诉讼的受案范围。"（Q－2005X 行初字第 191）

2016 年 9 月，最高人民法院第 14 批指导性案例中，著名的王明德诉乐山市人力资源和社会保障局工商认定一案中，当事人对工伤行政部门作出的《工伤认定时限中止通知书》提起诉讼，由是关于该案提到的“程序性行为”的可诉性问题逐渐成为实务和学界讨论的焦点和热点。（Q－14G69）

学界对过程行为、程序行为或程序性行政行为等概念群的探讨则更早，始见于1988 年出版的，由应松年教授主编的《行政法学教程》，并在朱维究、闫尔宝的《程序行政行为初论》一文中系统阐发：“所谓程序行政行为，是指由法律设定，规制行政主体行使行政职权的方式、形式与步骤的一系列补充性、辅助性措施的总称；它直接产生行政程序法律关系，引起该行政程序的运行，并对行政实体法律关系产生间接作用或影响。”〔1〕

海外也对相关问题进行过不同程度的理论和实务探索。如在《解释》词条中，即举了我国台湾地区“行政程序法”第 174 条作为例证，其规定“当事人或利害关系人不服行政机关之行政程序中所为之决定或处置，仅得于对实体决定声明不服时一并声明之”。在该“行政程序法草案”的立法说明中，解释为“为谋求行政效率，避免因当事人或利害关系人动辄对行政机关之行政程序行为声明不服，而影响行政程序之进行，并减轻行政机关与行政法院之负担”。〔2〕

稍早一些的行政法及周边理论中，也出现过程行为相应的理论渊源，其更注重探讨行政程序行为的成熟性和对实体权益的影响。如德国将行政行为划分为羁束性行政行为和裁量性行政行为。在羁束性行政行为中，程序性行为具有依附性，是否撤销该行为主要看该行为实体是否具有合法性。对于裁量性行政行为，则一旦发现程序存在瑕疵即可当即撤销。又如，美国法学家罗伯特·萨默斯将程序行为按照“程序价值”和“好结果效能”分类，以程序价值表征法律程序的成熟度和法律的好坏〔3〕。马修则提出了“尊严价值理论”，认为行政程序本身具有促进尊严、保障参与、增进和谐气氛等固有价值的功能，对于例外情况可以对程序行政行为提起诉讼〔4〕。

成熟性标准本身早见于美国的司法实务之中。其是指行政行为只有发展到一定的阶段，已经达到了“成熟”的程度，才允许司法对其进行审查，按照联邦最高法院的解释，该原则的出现是为了避免司法权过早介入行政政策的争论之中，同时也是为了

---

〔1〕 应松年、朱维究：《行政法与行政诉讼法教程》，中国政法大学出版社 1989 年版。

〔2〕 蔡茂寅：《行政程序法实用》，学林文化事业有限公司 2001 年版，第 343 页。

〔3〕 刘家安、周维德、郑佳宁：《债法一般原理与合同》，高等教育出版社 2012 年版，第 37 页。

〔4〕 林化美：《我国程序性行政行为可诉性的影响因素分析——以行政相对人的利益保护为切入点》，载《法制与经济》2018 年第 4 期。

在行政机关正式作出行政裁决之前,保护其免受司法权的过分干扰。[1]

2. 推导逻辑

从以上的渊源回顾中不难看出,对过程行为可诉性判定标准的讨论无论在学界还是实务界均从未停止。

这种对某类行政行为是否成熟可诉的探讨,其价值在于为行政行为可诉性本身设定符合行政法治要求的合理目标,即在诉权判定上达到公平和效率两方面的完美平衡。一方面是司法资源的利用效率得以保障,司法程序不空转;另一方面则需保证当事人的救济权的实现。过程行为的确立,其逻辑起点始于前者,即如允许当事人起诉非终局性的行政行为,必将会导致行政程序过程和实体行为的中断或延误,将极大地干扰行政机关的执法效率,也浪费了司法资源。但无救济则无权利,无疑保障当事人能正常行使救济权也同样重要,应当作为过程行为设置的次要目标。而要同时实现二者,达致诉权保障的完美平衡,免不了要探讨过程行为的外延边界,也即其可诉性的判定标准问题。

根据《解释》的立法条文释义可知,"行为的成熟度"是判定过程行为的根本标准,其又包含了表征行政行为法效性的"实质性影响"标准以及标志着行政行为推进阶段和成熟度的"终局性"标准两个子标准。

(1)实质性影响标准

众所周知,一个可诉的行政行为一般可从三个要素进行界定。即①主体——拥有行政管理职权的组织;②职权——该行政行为必须是行使行政职权相关的活动;③实质影响相对人或利害关系人的权利义务。该行为具有实质法律效果,能够通过权利义务的增减或者事实、地位的确认等方式对相对人、利害关系人产生实质影响。三要素中,实质影响是否存在是判定一个行政机关作出的行为是否可诉的最根本标准,这一根本标准当然也是判定过程行为成熟度和可诉性的重要标准。一些观点甚至认为,过程行为并没有设定或者改变相对人权利、义务的能力,所以其并不是法律行为而是事实行为[2]。但仅依据这一标准,由于其是较为普遍的标准,显然不能精确限缩出过程行为的外延。

(2)终局性标准

行政行为的终局性判定,主要用以判定该行政行为是否能够独立生效。对法律

[1] 王名扬:《美国行政法》,中国法制出版社1995年版,第643页。

[2] 王名扬:《美国行政法》,中国法制出版社1995年版,第132页。

行为而言，是否产生法律效果首先视该行为是否遵循生效规则而产生法律拘束力，是否能独立起到影响相对人和利害关系人实体权利、义务的作用。如果未生效或不能独立影响，则无法效性，也就不具备终局性。如在笔者审理过的两个类似案件中，曾依据是否能独立生效这一终局性标准，对通知行为最终给予了截然相反的评价。

GK 区政府均曾在征地公告后直接对被征收村民小组下发《通知》，本意均是希望农户自行拆除地上附着物，达到预先收回土地的目的，但两份通知措辞仅一字之差，前者为“自行清理地上附着物，否则后果自负”（并自认清理即要求拆除的意思，否则组织强制拆除），后者为“自行清点地上附着物，否则后果自负”（并辩称清点只是点齐物品，否则走完程序收回土地时有所遗漏、变迁概不负责），最终前者因拆除程序不合法为人民法院撤销，后者则驳回了原告诉讼请求。（M－2013G 行初字 3；M－2015F行初字 10）

合议庭在讨论时，是结合庭审调查，以理性人的判断，再根据文义解释来理解两份《通知》的本意，最后判定两个看似雷同的通知行为哪个是成熟的、终局的行政行为，哪份《通知》能独立生效，最终对这两份一字之差的《通知》，给予了截然相反的判决。

综上，根据实质影响、终局性两个子标准，似已能界定清楚过程行为是否具有成熟可诉的内涵，以及过程行为的外延边界。但实务中，除了文首两案之协议、批复外，实际上仍有许多仅依据两大子标准仍难以明晰的模糊地带，有待商榷。

（二）成熟性标准的模糊地带

1. 对实质性影响标准的认识有待延展。实质性影响标准受到的最大质疑，即其是否包含程序性权利。最高人民法院曾认为：“这里所说的权利义务包括哪些呢？一是按照 1989 年《行政诉讼法》第 11 条第 1 款第 8 项规定，主要包括人身权和财产权；二是按照《最高人民法院关于执行〈中华人民共和国行政诉讼法〉若干问题的解释》第 13 条第 1 项规定，包括相邻权或者公平竞争权；三是按照《最高人民法院关于执行〈中华人民共和国行政诉讼法〉若干问题的解释》第 8 条的规定，也包括企业经营自主权；四是在司法实践中，还包括与人身权、财产权相关的教育权和就业权等合法权益。”〔1〕

可见，其并未对程序性权利进行评价和说明，一些侵犯程序性权利的行为，如反

〔1〕 江必新主编：《中华人民共和国行政诉讼法理解适用与实务指南》，中国法制出版社 2015 年版，第 58 页。

复告知行为、刁难告知行为即是如此。申请人向行政机关提出申请，行政机关反复要求申请人补充各种材料，或向申请人出具过于苛刻的《提供材料清单》。申请人认为行政机关的程序性告知行为无法实现、为其设置了障碍，遂提起行政诉讼，则告知行为是否可诉(当然这里是指尚未达到实质不作为程度的反复、刁难告知行为)。事实上，王明德诉乐山市人力资源和社会保障局工商认定一案中的《中止通知》也同样是一个程序性权利首先受到侵害的行为。从上述例子可知，一些程序权利的侵害后果延展开来，会间接导致实体权益的侵害，在这种情况下只有纳入诉讼范围才能使得原告的合法权益得到救济。

《行政诉讼法》最新修订后，似有以"确认轻微违法"取代不予补救的"程序性瑕疵"，以此来救济当事人的程序性权利。但这仍不足以涵盖本文所讨论的程序性行政行为侵犯程序性权利的各种情况，以及其与过程行为的区分问题。因为过程行为的设置，其探讨的是行为本身的可诉性，而确认违法则是在行为可诉的前提下，对程序性权利的救济方式和判决类型。此外，实质性影响标准也不能排除有的有瑕疵的程序行为还可能产生对相对人有利后果的可能，这一情况也会对实体判决造成意想不到的困境。

2.终局性标准的模糊地带在实务中广泛存在。除了上述案件中提及的依附于后续行政行为的程序性行政协议、行政批复这两种行为外，实务中还大量存在许多看似可对相对人实体权利、义务单独产生影响，具有相对独立外观的行为。如以下两类情况。

(1)行政机关与征地集体签订征地补偿协议行为。由于征地补偿协议在法律规范中实际并未明确规定为实施征地的必要行为，在法理上其也处于尴尬地位：①其仅应在补偿公告下发前签订；②其应与嗣后的补偿公告在补偿标准上具有一致性；③其法效亦应可被补偿公告取代。一旦征地补偿协议有违上述三项原则，其必为无效合同或违约。如此来看，征地补偿协议作为一个外观独立的行政行为似较为鸡肋，但实务中此类协议对征地的实施实质上具有巨大的影响力，不能简单看待。而审理此类协议引发的纠纷也是对办案法官判断的极大考验，究竟是适用《土地管理法》，撇开协议来审理实施征地程序，还是适用民事违约常例，以信赖保护原则来审理协议约定，直接关乎最后案件的合法性审查和赔付金额。

(2)种类繁多的责令拆除、责令整改行为。这类责令整改行为，种类繁多的行政法律、法规有大相径庭的规范，既有不同的措辞(如责令限期改正、责令限期拆除、责令停止违法行为、责令恢复原状)，也有不同的法律后果(有的未进行进一步规制，有的并处罚款、给予警告，有的可申请法院强制执行，有的代执行或后续行政、刑事处罚、民事赔偿)。学界对责令行为的性质认定也各有不同,有不产生实质影响的行政命令说,有产生实质影响的行政处罚说、行政强制措施说,以及分情况讨论说等。过程行为的出现,固然有利于以“是否独立产生实质影响”作为划定不同责令行为性质及其可诉性的成熟性标准,解决责令行为莫衷一是的困境,但是对于一些在责令行为之后仍会作出行政决定(如一些地区的拆违行为),或本身就有不同阶段不同行为构成的行为群式的行政行为(如征地—补偿—拆迁行为),这种情况下的责令行为则大多有“独立产生实质影响”的行为外观,则如何判断该行为是否成熟,仍十分模糊,有待商榷。

三、上述案件的启示——行政行为成熟性判定标准的适当延展

综上所述,过程行为的开创性在于将其行政行为的成熟性作为判定行政机关程序性行为可诉性判断标准,而其以终局性和实质性影响两个子标准作为行政行为成熟性的判定依据,这一逻辑推导确是周延的。但是,为了消除上述仍然大量存在的“混沌地带”,更好地达到过程行为要求的,诉讼效能及救济渠道兼备的设计目标,应从两个方向适当拓展成熟性标准的外延。

其一,将对当事人权利、义务的实质性影响范围,扩大到与实体权利密切相关联的程序性权利,也即那些如得不到实现则实体权利也必将受到实质影响的程序性权利,如知情权、救济权等。

其二,除了以相对独立产生实质影响的行为外观作为评价该程序性行政行为是否为终局的标准,再增加一个是否可为嗣后行政行为完全替代的考量维度。

由此,前述两案例,其涉及的批复行为和行政协议行为均可为后续的颁发国有土地证行为及行政许可行为所取代,或可以过程行为作为驳回起诉及确定赔偿/补偿标准的法律依据。而责令行为、征地协议、盖章行为等“模糊地带”,也均可以此对其行为性质有更为明晰的认识,从而走出对其立案与否的困境。

行政复议机关单独作为被告的可行性思考

——维持原行政行为的复议机关能否作为单独被告*

蔡　敏**　曾志科***

摘要：为解决实践中复议机关“维持会”的现象，我国行政诉讼法规定了复议维持共同被告制度，该制度并不符合现行行政复议法对行政复议的制度定位，亦与被告确定、诉讼标的、共同诉讼等相关理论相冲突。维持原行政行为的行政复议机关单独作为被告符合相关法理及行政复议的功能定位，也能堵住“维持会”问题的制度漏洞。

一、问题的提出

2014年修改前的《行政诉讼法》第25条第2款规定，“经复议的案件，复议机关决定维持原具体行政行为的，作出原具体行政行为的行政机关是被告”。当事人不能对维持类行政复议决定提起诉讼，只能对原具体行政行为提起诉讼。其理论基础是以德国为代表的大陆法系通行的“原行政行为与复议决定的统一性原则”，复议决定维持原具体行政行为，并不是以一个具体行政行为取代另一个具体行政行为，而是对原具体行政行为的法律效力加以认可，所以复议决定在内容上从属于原具体行政行为，而不具有独立性。按照行政法学界的通说，这种制度设计

---

* 中国法学会行政审判理论专业委员会2018年年会优秀奖。

** 北海市中级人民法院党组副书记、副院长。

*** 北海市中级人民法院行政庭审判庭审判员。

的理由在于，在复议机关作出维持类复议决定的情况下，对当事人权利义务产生实质影响的仍是原具体行政行为，也就是说，因原行政机关作出的具体行政行为而在该行政机关与公民、法人或其他组织之间形成的法律关系并未发生变化，它没有因为复议机关的事后介入而受到丝毫影响。[1] 基于此，《最高人民法院关于执行〈中华人民共和国行政诉讼法〉若干问题的解释》第53条规定，"复议决定维持原具体行政行为的，人民法院判决撤销原具体行政行为，复议决定自然无效"。若原具体行政行为被判决撤销，则"皮之不存，毛将焉附"，复议决定自然就失去了存在的基础。但复议机关是原具体行政行为的上级机关，其作出的复议决定与原行政行为是两个行政行为，复议维持决定是生效的行政决定，复议决定的效力高于原行政行为，虽然其是维持原行政行为，但毕竟经复议机关审理确认过了，适格的被告应是复议机关。而人民法院依《最高人民法院关于执行〈中华人民共和国行政诉讼法〉若干问题的解释》第53条的规定作出裁判，复议机关并未作为被告进入诉讼程序，复议决定也并未经过人民法院的审理，直接视复议决定自然无效，剥夺了复议机关的诉讼权利。认为维持类复议决定对当事人权利义务不产生实际影响的观点是极不准确的，以此为据而排斥维持类行政复议决定司法审查的理由同样是站不住脚的。[2] 而新修正的《行政诉讼法》第26条第2款"经复议的案件，复议机关决定维持原行政行为的，作出原行政行为的行政机关和复议机关是共同被告；复议机关改变原行政行为的，复议机关是被告"规定将维持类的复议机关列为共同被告。实践中的案例：甲不服某行政机关对其作出的行政行为，向复议机关申请复议，复议机关在受理复议申请之日起60日内作出行政复议决定，甲向人民法院起诉原行政行为，不同意追加复议机关为被告，人民法院根据《最高人民法院关于适用〈中华人民共和国行政诉讼法〉若干问题的解释》第7条"复议机关决定维持原行政行为的，作出原行政行为的行政机关和复议机关是共同被告。原告只起诉原行政行为的行政机关或者复议机关的，人民法院应当告知原告追加被告。原告不同意追加的，人民法院应当将另一机关列为共同被告"的规定依职权将复议机关列为共同被告。甲认为人民法院依职权追加复议机关为被告侵犯其处分权以及对被告的自主选择权。那么，《行政诉讼法》规定："复议机关决定维持原行政行为的，作出原行政行为的行政机关与复议机关作为共同被告"是否侵犯了行政相

---

〔1〕 罗豪才主编：《行政法论丛》(第五卷)，法律出版社2002年版，第399页。

〔2〕 王太高、徐晓明：《维持类行政复议决定的可诉性研究》，载《中国行政法之回顾与展望》，中国政法大学出版社2006年版，第835页。

对人的处分权或自主选择权,原行政机关与复议机关是否有必要作为共同被告?复议机关作为单独被告是否可行呢?

二、复议维持共同被告的缺陷

(一)共同被告案件诉讼标的不好确定

所谓诉讼标的,通常包括法院审理和裁判的对象(诉讼标的)与诉讼中当事人权利和义务指向的对象(标的物或程序标的)。程序标的属于诉讼对象,即原告起诉时所要针对或攻击的对象,诉讼标的为审判对象,即原告向法院请求裁判的具体内容。[1] 亦即若以原行政行为为诉讼对象,即应以原行政行为机关为被告,若以复议决定为诉讼对象,则应以复议机关为被告。[2] 基于上述观点,行政相对人不服复议维持决定向人民法院提起诉讼,被告是复议机关,其程序标的为复议决定,人民法院的审判对象则为复议决定的合法性。判断复议决定是否合法要对行政主体合法、行为权限合法、行为内容合法、程序合法、适用法律法规正确等方面进行审查,对行为内容合法与否审查包含了对原行政行为合法性的审查。从一般法律原理而言,某一行政行为,经过行政复议维持后,其效力已经被行政复议决定所吸收,对当事人权利义务产生实际影响的,应当是行政复议决定。[3] 而规定了原行政机关和行政复议机关为共同被告,对应的行政行为是两个:一个是原行政行为,另一个是复议决定,会产生一个行政诉讼案件中存在两个行政行为的情形。行政复议维持决定与原行政行为系由不同行政机关作出的两项独立的行政行为,而两个不同主体作出的不同行政行为,何以能同时处于同一诉讼中,显然从"行政行为标的论"出发是缺乏解释力的。[4]

(二)共同被告制度不符被告确定及共同诉讼的法理

行政诉讼被告的确定有三方面基础要素,即职权要素、行为要素、责任要素。行为要素是确立被告首要的、最基础要素,如没有作出行政行为(包含不作为),就不可

---

〔1〕 马立群:《行政诉讼标的理论研究——以实体与程序连接为中心》,武汉大学 2011 年博士学位论文,第 15 页。

〔2〕 曾哲、向瑶琼:《复议机关作共同被告的理论自洽分析——基于程序标的视角》,载《西部法学评论》2017 年第 2 期。

〔3〕 江必新主编:《中华人民共和国行政诉讼法及司法解释条文理解与适用》,人民法院出版社 2015 年版,第 160 页。

〔4〕 葛翔:《复议机关作共同被告行政案件的司法审查进路——从诉讼标的理论出发》,载《东方法学》2016 年第 5 期。

能成为行政诉讼的被告，行为判断标准是确定被告的首要标准，其确定的原则为“谁行为，谁被告”。行政复议机关本身就是行政机关，且作为被申请人（原行政机关）的上级机关，以自己的名义作出的复议决定是独立的行政行为，只要公民、法人或者其他组织认为该行为侵害自己的合法权益即可提起行政诉讼，按“谁行为，谁被告”的原则应当以复议机关作为被告。应当以行政复议决定为审理标的，以行政复议机关为被告，但这种做法在实践中行不通，因为实践中大量行政复议决定的结果是维持原行政行为，而以行政复议机关为被告的话，会导致所有经过行政复议的行政诉讼案件均以行政复议机关为被告，行政复议机关会疲于奔命，难以应付。[1] 事实上，新修改的行政诉讼法实施后，行政复议机关恒为被告，不管是复议维持还是复议改变，行政复议机关当被告是不可避免的，复议维持由行政复议机关作为单独被告，对行政复议机关的应诉案件数量并无影响。疲于奔命、难以应付的观点不成立。复议机关当被告的规定，在短期内，将给复议机关在办案、应诉等方面造成较大压力。从长远看，它将有可能重塑行政纠纷解决机制的格局，做大、做强行政复议制度。[2] 复议维持原行政行为的以复议机关为被告，但在理论上，复议维持就意味着原行政行为已经得到复议机关的同意和确认，当事人不服原行政行为就等于不服复议决定，故将复议机关作为共同被告亦无不可。[3] 该观点有待商榷。首先，如前所述复议维持决定是上级行政机关作出的，其效力高于或者说覆盖了原行政行为的效力，是生效的行政决定，具有强制执行力。维持复议决定与原行政行为是不同的行政行为，不服原行政行为并不等于不服复议维持决定。其次，共同诉讼只是诉的主体合并。《行政诉讼法》第27条规定当事人一方或双方为二人以上，因同一行政行为发生的行政案件，或者因同类行政行为发生的行政案件、人民法院认为可以合并审理并经当事人同意的，为共同诉讼。行政诉讼意义上的共同被告，是指因作出同一行政行为（必要的共同诉讼）或者同类行政行为（普通的共同诉讼）而被提起行政诉讼的两个或者两个以上的行政机关。而复议机关与原行政机关作共同被告，既不是必要的共同诉讼（这里有两个被诉行为而非同一被诉行为），也不是普通的共同诉讼（这里是两个被告而非同一被告，被诉行政行为也不是相类似的情形）；虽然立法机关认为“维持复议决定与原行政行为虽不是同一行为，也非同类行为，但属于关联度很高的两个行为，维持复议决定强化

[1] 江必新主编：《中华人民共和国行政诉讼法及司法解释条文理解与适用》，人民法院出版社2015年版，第160页。

[2] 何海波：《〈行政诉讼法〉修改的理想与现实》，载《中国法律评论》2014年第4期。

[3] 江必新、邵长茂：《新行政诉讼法修改条文理解与适用》，中国法制出版社2015年版，第94页。

了原行政行为，又依附于原行政行为的效力状态，因此有必要在一个诉讼中予以解决”；然而这一制度不符合共同被告制度的基本原理却是一个客观事实。[1] 最后，复议维持共同被告制度侵犯了原告的自主选择权。复议维持共同被告的理论基础是行政复议行为与原行政行为的“一体化”与“统一性”。原行政行为机关作出行政行为之后，行政复议机关作出维持原行政行为的行政复议决定，意味着上级机关与下级机关对同一行政事项表达的是同一的意思表示，可以视为原行政行为机关与行政复议机关作出同一行政行为。[2] 既然两个行为可视为同一的，原告诉原行政行为或复议决定均能得到救济，原告可以自主选择被告，按“统一性”原理，其单独起诉原行政行为对纠纷解决还更直接有效；按复议决定生效论，单独起诉复议维持决定即可，没有必要强制规定两机关为共同被告。因此，现行法强行要求追加共同被告，实则绑架了原告对程序标的及诉讼请求的合理自主支配，违反了处分权主义的诉讼法理。[3]

（三）司法解释规定与相关理论的冲突

《最高人民法院关于适用〈中华人民共和国行政诉讼法〉的解释》（以下简称适用解释）第22条的规定扩展了复议维持的内容，将《行政诉讼法》第26条第2款规定的“复议机关改变原行政行为”，限制为复议机关改变原行政行为的处理结果。复议机关改变原行政行为所认定的主要事实和证据、改变原行政行为所适用的规范依据，但未改变原行政行为处理结果的，视为复议机关维持原行政行为。根据修改后的《行政诉讼法》第70条的规定，主要证据不足、适用法律法规错误的被诉行政行为应判决撤销。原行政行为所认定的主要事实和证据、所适用的法律规范与复议决定不同，有一个应是错误的。这与原行政行为与行政复议行为“一体化”理论，复议维持决定实际上就是原行政行为相悖。实践中，两个被告可能出现主张不一致、所提交的证据不一致、质证意见不一致等情况。一般认为，一个行政行为是由收集证据、认定事实、适用规范依据等若干个步骤构成的，这些步骤构成了行政行为有效性和合法性的要素。复议机关改变这些要素，均属于改变了原行政行为本身。这些事实的改变、证据的改

---

〔1〕 沈福俊：《复议机关共同被告制度之检视》，载《法学》2016年第6期。

〔2〕 梁凤云：《行政复议机关作共同被告问题研究——基于立法和司法的考量》，载《中国政法大学学报》2016年第6期。

〔3〕 梁君瑜：《复议机关作行政诉讼共同被告——现状反思与前景分析》，载《行政法学研究》2017年第5期。

变、适用规范依据的改变，将直接影响到结果的改变。[1] 在共同被告制度下，原行政机关与复议机关举证相互矛盾或不一致的情况，以哪一个机关的举证为准？适用解释并未作出明确的规定。适用解释第 135 条第 1 款规定“复议机关决定维持原行政行为的，人民法院应当在审查原行政行为合法性的同时，一并审查复议决定的合法性”。可见，人民法院审查的对象是原行政行为的合法性及复议决定的合法性，审理的对象是两个行政行为，与传统的一个行政行为产生一个行政诉讼案件行政诉讼模式相冲突。该条第 2 款规定“作出原行政行为的行政机关和复议机关对原行政行为合法性共同承担举证责任，可以由其中一个机关实施举证行为”。既然复议机关可以对原行政行为的合法性承担举证责任，并且对复议决定的合法性承担举证责任，原行政机关不参加诉讼对案件的审理影响也不大，无必要作为共同被告参加诉讼。该条第 3 款规定“复议机关作共同被告的案件，复议机关在复议程序中依法收集和补充的证据，可以作为人民法院认定复议决定和原行政行为合法的依据”。司法解释作出以上规定是基于“一体化”理论。行政复议机关只要没有改变原行政行为的处理结果，举凡改变事实、改变证据、改变所适用规范依据，均属于对原行政行为的“治愈”、补正和维持，是对原行政行为的强化，复议机关改变这些事项已经成为“整体行政程序”的一个环节和步骤，因此，逻辑上的结论就是，行政复议机关在复议过程中可以收集和补充证据，这些收集和补充的证据，可以作为证明原行政行为的合法性的证据。[2] 而根据“先取证后裁决”的原则，行政机关应在作出行政行为前收集好相关事实证据，作出行政行为后取得的证据不能用来证明行政行为的合法性。故《最高人民法院关于行政诉讼证据若干问题的规定》第 61 条规定“复议机关在复议程序中收集和补充的证据不能作为人民法院认定原具体行政行为合法的依据”。行政复议机关在复议过程中可以收集和补充证据的情况下，原行政行为已不是原来作出时的状态，而是以复议决定的形式体现出来的原行政行为，原行政行为因所认定的事实、证据或适用规范依据错误导致的不合法问题已经被复议维持决定所修正，故复议机关在复议程序中收集的证据可以被用于证明原行政行为的合法性；而复议机关也是先收集证据后

---

〔1〕 梁凤云：《行政复议机关作共同被告问题研究——基于立法和司法的考量》，载《中国政法大学学报》2016 年第 6 期。

〔2〕 江必新、梁凤云：《最高人民法院新行政诉讼法司法解释理解与适用》，中国法制出版社 2015 年版，第 91 页。

作出复议维持决定的，故仍符合“先取证后裁决”的原则。[1] 既然原行政行为已不是原来作出时的状态，而是以复议决定形式体现出来并且不合法的问题被复议维持决定所修正，复议机关收集证据证明的应是复议决定的合法性及原行政行为的处理结果而非原行政行为的合法性，经调查取证后作出的行政复议决定合法不等同于原行政行为合法。上述规定从侧面说明复议维持决定与原行政行为并不“同一”。行政相对人不服复议维持决定，直接起诉复议决定，由复议机关作为被告即可，复议机关对复议决定的合法性承担举证责任，无须原行政机关作共同被告。

三、复议维持机关单独作为被告具有可行性

（一）“单独被告”具有理论基础

1. 符合行政复议的功能定位

关于行政复议的性质理论界主要有三种不同的看法：第一，行政复议是纯行政行为；第二，行政复议是准司法行为；第三，行政复议既是行政行为又是司法行为。由此得出不同的结论：第一，如行政复议是纯行政行为那么经复议案件的被告只能是复议机关；第二，如行政复议是准司法行为，则经复议的案件以原行政机关作被告；第三，如行政复议是行政行为又是司法行为，可以选择复议机关或原行政机关作为被告。行政复议性质功能的确定与行政复议被告的确定关系密切。行政复议是纯行政行为还是准司法行为，只是从不同角度得出行政复议不同的特征而已，对于行政机关来说，行政复议是行政机关系统内部监督的一种方式；对于行政相对人来说，行政复议是一种行政救济手段。我国《行政复议法》第1条明确规定了行政复议的功能定位即立法目的，为了防止和纠正违法的或者不当的具体行政行为，保护公民、法人和其他组织的合法权益，保障和监督行政机关依法行使职权。行政复议是行政机关内部自我纠正错误的一种监督制度，是指法律规定的行政复议机关通过受理复议申请，对争议的具体行政行为进行审查并作出裁决的行政行为。[2] 笔者认为，就行政复议而言，其本质是一种行政行为。复议机关行使的是保障和监督依法行使职权的职责，有权受理行政复议申请，依法对被申请的具体行政行为进行合法性、适当性审查并作出

---

[1] 最高人民法院行政审判庭编著：《最高人民法院行政诉讼法司法解释理解与适用》，人民法院出版社2018年版，第632页。

[2] 乔晓阳主编：《中华人民共和国行政复议法条文释义及实用指南》，中国民主法制出版社1999年版，第35、36页。

决定的行政机关,行政复议是行使行政权的行为,具有单方性、强制性、无偿性的特征,复议结果还要接受司法的监督,具有非终局性。

2. 复议决定具有独立的效力

复议机关与作出原行政行为的行政机关,通常具有领导与被领导或指导与受指导关系的上下级,复议机关是作出原行政行为行政机关的上级机关,是不同的行政主体。行政复议决定与原行政行为相比,完全是不同机关依据不同的程序作出的新的决定,复议决定与原行政行为是两个独立的行政行为。行政复议决定是行政复议机关审理复议案件的最后法律结论,也是行政复议机关结束复议案件的形式。[1] 复议维持决定是行政复议机关根据《行政复议法》第28条第1款第1项规定的认定事实清楚、证据确凿、适用依据正确、程序合法、内容适当等条件对原行政行为进行审查后作出维持决定肯定原行政行为的合法性与合理性,是行政复议机关依据行政复议法规定的职权、程序作出的一个新的行政决定。复议维持决定作为复议机关作出的行政法律文书,具有法律上的效果;复议机关作出维持决定后,意味着原行政行为的合法性得到了复议机关的进一步确认,对申请人权利义务产生影响的行为包括两个不同的行政行为:原行政行为和复议维持决定。[2] 存在两个不同的行政行为,复议决定作出后原行政行为是否还有法律效力?有观点认为,复议维持决定实际上就是原行政行为,效力依附于原行政行为存在,原行政行为才是主行为,复议决定从属于原行政行为;如果原行政行为被撤销,则复议决定的效力无从谈起。我国《行政复议法》第31条第3款明确规定"行政复议决定书一经送达,即发生法律效力"。该法第33条亦明确规定,"维持具体行政行为的行政复议决定由作出具体行政行为的行政机关依法强制执行或者申请人民法院强制执行"。可见,现行《行政复议法》规定发生法律效力、作为强制执行依据是行政复议决定而非原行政行为,复议维持决定的效力并不依附于原行政行为的效力,而是高于原行政行为的效力,复议决定才是主行为,而非从属于原行政行为。复议维持决定作出后,原行政行为的效力被复议维持决定吸收覆盖,如原行政行为合法性存在问题,首先应解决的是复议决定的效力,不存在先撤销原行政行为的情形。行政复议决定书一经送达,即发生法律效力,意味着行政复议决定书送达后对行政复议的申请人和被申请人都发生法律效力,不执行行政复议

---

[1] 乔晓阳主编:《中华人民共和国行政复议法条文释义及实用指南》,中国民主法制出版社1999年版,第157页。

[2] 梁凤云:《行政复议机关作共同被告问题研究——基于立法和司法的考量》,载《中国政法大学学报》2016年第6期。

决定的，要承担相应的法律责任。而对被申请人来讲，由于他与复议机关是行政机关体系内的上下级行政法律关系，复议决定发生法律效力则意味着要坚决服从复议决定，这是行政关系的性质决定的。[1]

（二）"单独被告"具有现实意义

行政复议作为行政机关内部自我纠正错误的一种监督制度，应当充分发挥复议机关监督、纠错的职能作用，督促原行政机关依法正确履行职责。与其通过《行政诉讼法》确立复议机关共同被告制度的方式来倒逼行政复议制度切实发挥作用，不如检视行政复议制度为何未能实现其制度价值的根本原因，明确行政复议的价值定位，从复议制度的本质属性入手重构整个复议体系，才是解决问题的根本之道。[2] 制度是死的，法律法规规定得再好，也需要人们去执行与遵守。《行政复议法》的立法目的是防止和纠正违法的或者不当的具体行政行为，保护公民、法人和其他组织的合法权益，保障和监督行政机关依法行使职权。《行政复议法实施条例》第 2 条明确规定，"各级行政复议机关应当认真履行行政复议职责，领导并支持本行政机关负责法制工作的机构依法办理行政复议事项，保证行政复议机构的办案能力与工作任务相适应"。复议机关不严格依法行使复议职权对原行政行为进行监督，坚持有错必纠，保障法律、法规的正确实施，应从复议机关自身去找问题。不从复议机关依法履行职责的根本上去解决问题，单纯从补制度漏洞的角度在行政诉讼法中规定共同被告制度并不能根本地解决问题。应当按《行政复议法实施条例》第 55 条的规定"建立健全行政复议工作责任制，将行政复议工作纳入本级政府目标责任制"；《行政复议法》也规定了不依法履行职责的处罚，加以完善并严格执行，即可以解决"维持会"的问题。中国政法大学马怀德教授指出，行政复议的制度设计应该鼓励复议机关大胆地对不合法不合理的具体行政行为作出改变的决定，而不是为了逃避成为被告，违心地对明知具体行政行为违法或不当，却仍然作出维持决定。因此，应该规定，在行政诉讼中，经复议的案件，无论复议机关决定维持还是改变原具体行政行为，复议机关均是被告。[3]

（三）"单独被告"的构想

复议机关是独立的行政主体，也是原行政行为作出机关的上级机关或主管部门，

---

〔1〕 乔晓阳主编：《中华人民共和国行政复议法条文释义及实用指南》，中国民主法制出版社 1999 年版，第 157 页。

〔2〕 张艺颉：《复议机关共同被告案件的审判困境及其化解》，载《浙江社会科学》2017 年第 10 期。

〔3〕 徐隽：《复议诉讼，该由谁来当被告》，载《人民日报》2013 年 12 月 4 日，第 17 版。

基于行政复议职权作出行政复议决定，复议机关可为行政诉讼的被告。仅以复议机关为被告审理对象是单一的，可避免审理对象是原行政行为或是复议决定的争议。将复议决定视为行政机关作出的一个独立的行政行为，公民、法人或其他组织不服该行为向人民法院提起行政诉讼，案件的管辖、举证、起诉和受理、审理和判决均按行政诉讼法对一般行政行为的规定执行即可。整个行政诉讼法的规定是统一的，无须突破相关理论另行规定复议机关共同被告制度。对复议维持决定的合法性审查自然包含了对原行政行为合法性的审查，人民法院对复议决定的判决方式除了按行政诉讼法规定的方式外还要考虑对原行政行为的处理，毕竟原行政行为是一个独立的行为。原行政行为合法性无问题，复议决定存在程序违法、适用法律错误等情形的，可判决撤销复议决定，指令重新作出复议决定；原行政行为合法性存在问题而复议决定予以维持的，复议决定被撤销或确认违法的，原行政行为自然失效或者视为被撤销，需要指令重作的可规定判决复议机关指令原行政机关重作或者直接判决指令原行政机关重作。关于赔偿问题，针对复议维持决定涉及的赔偿除要坚持“谁侵权，谁赔偿”的原则外，还要看强制执行的依据是原行政行为还是复议维持决定，原行政行为未经复议已执行的，应由作出原行政行为的行政机关承担赔偿责任；复议维持决定作出后执行的，原行政行为的效力已被复议决定所吸收，复议决定是执行依据，应由复议机关承担赔偿责任。

四、结语

综上所述，复议维持共同被告这一为解决我国司法实践“维持会”现象的制度，与相关法理不符亦不具有制度上的合理性，维持原行政行为的复议机关作为单独被告符合法理也符合行政复议的功能定位，亦能解决实践中的“维持会”问题。期望即将进行的行政复议法修改完善从行政复议制度本身的缺陷着手，正确定位行政复议的功能，明确原行政行为与复议决定的效力关系，完善复议责任制度，充分考量复议维持机关单独作被告制度的可行性，保障行政复议在解决行政纠纷中充分发挥作用。

行政案件跨区域集中管辖制度之管见*

查献群**

摘要:行政案件跨区域集中管辖制度是最高人民法院在实现行政诉讼管辖困境突围下的新一轮尝试。本文以解析现有行政诉讼管辖之困境为突破口,在宏观调控与微观把握层面上探索跨区域集中管辖制度的出路,通过实现行政审判资源的优化配置、司法审判区与行政区划的适当分离,最终祛除司法地方化、司法行政化的魔咒,还原行政审判独立与公正之本来目标。

《中共中央关于全面推进依法治国若干重大问题的决定》要求,"完善行政诉讼体制机制,合理调整行政诉讼案件管辖制度,切实解决行政诉讼立案难、审理难、执行难等突出问题"。2015 年 5 月 1 日实施的修正后的《行政诉讼法》第 18 条第 2 款也规定,"经最高人民法院批准,高级人民法院可以根据审判工作的实际情况,确定若干人民法院跨行政区划管辖行政案件。"至此,行政案件跨行政区域集中管辖制度有了明确的政策依据和法律依据。随之而来的是在全国范围内展开了轰轰烈烈的集中管辖试点,如广东省铁路法院试点行政案跨区域集中管辖〔1〕、贵

---

* 中国法学会行政审判理论专业委员会 2016 年年会三等奖。

** 法学硕士,桂林市中级人民法院行政审判庭法官助理。

〔1〕 陈捷生:《铁路法院试点行政案跨区域集中管辖》,载《南方日报》2015 年 1 月 30 日,第 A03 版。

州推行行政诉讼案件跨区域集中管辖[1]、山西在全省实行行政案件跨行政区域集中管辖[2]等不一而足。但值得注意的是,行政案件跨区域集中管辖作为一种新生制度,既是一种改革探索方法,也是一种新的司法管辖模式,在实践中切不可过于激进,唯有在制度设计上力求逻辑严密、漏洞补足,在实务中因地制宜、反复试验,最终形成的一整套完备的跨区域集中管辖制度方能扎根于广袤的中国大地。随着改革的逐步铺开,行政案件跨区域集中管辖制度也揭开了其神秘面纱。本文以此为背景,在解析这次改革背后深层次原因的基础上,拨开笼罩在行政诉讼管辖上的"迷雾",就如何完善跨区域集中管辖进行宏观和微观的探讨,最后对跨区域集中管辖制度的价值和未来走向略述管见,以求教于方家。

一、迷雾笼罩:行政诉讼管辖之日渐式微

任何一个制度的建立都不是一蹴而就的,而是从不成熟走向成熟或者原有的制度因不合时宜难以为继而采用新的制度来取代,大多制度的更替都逃离不了这种规律。对于行政案件跨区域集中管辖制度亦是如此,从某种程度而言,行政案件跨区域集中管辖是最高人民法院提级管辖和异地交叉管辖改革日渐式微背景下的新一轮尝试。[3] 透过现象方能窥探本质,本文试图从内部制度设计和外部机制两方面来揭示式微之缘由。

(一)内部制度设计的问题

众所周知,1989 年出台的《行政诉讼法》因出于政治需要的考量以及当时立法技术尚未成熟,以至于包括管辖在内的一些制度设计存在先天缺陷,这也为以后行政诉讼运行过程中遭遇的困境埋下了伏笔。

1. 带有浓厚的民事诉讼法色彩。学界普遍认为当前的行政诉讼法在制定之初便深受民事诉讼法的影响,可谓带上了深深的民事烙印。[4] 即便是后来于 2000 年 3 月 10 日施行的《关于执行〈中华人民共和国行政诉讼法〉若干问题的解释》,在第 97 条

---

〔1〕 金晶:《贵州推行行政诉讼案件跨区域集中管辖》,载《人民法院报》2015 年 3 月 27 日,第 3 版。

〔2〕 雷清明:《5 月 1 日起在全省实行行政案件跨区域集中管辖》,载《山西经济日报》2016 年 4 月 21 日,第 2 版。

〔3〕 章志远:《行政案件相对集中管辖制度之省思》,载《法治研究》2013 年第 10 期。

〔4〕 1982 年《民事诉讼法(试行)》第 3 条第 2 款规定:"法律规定由人民法院审理的行政案件,适用本法规定",这是我国行政诉讼制度建立的标志。这一规定确立了我国的行政诉讼制度,初步解决了人民法院审理行政案件在程序上的法律依据问题。

也明确规定“人民法院审理行政案件,除依照行政诉讼法和本解释外,可以参照民事诉讼的有关规定”,显而易见,脱胎于民事诉讼的行政诉讼仍然徘徊在母胎的背后,遇到难以解决的制度性问题时还需回到母胎“嗷嗷待哺”。接下来将要重点阐述的“原告就被告”的管辖原则就是典型的移植于民事诉讼,却一步步导致行政诉讼管辖陷入困境,以至于渐渐背离了行政诉讼法的立法目的,想必也是当初立法者所始料不及的。

2.“原告就被告”的制度安排削弱了原告诉权。1989年《行政诉讼法》第17条规定:“行政案件由最初作出具体行政行为的行政机关所在地人民法院管辖。经复议的案件,复议机关改变原具体行政行为的,也可以由复议机关所在地人民法院管辖。”[1]不可否认的是,该管辖原则在行政诉讼建立初期起到了积极作用,其中隐含的方便诉讼理念也在一定程度上节约了诉讼成本。但随着新形势面临的各种新问题,原有的看似合理的规则实在难以发挥更大的功效。第一,当前我国法院系统与区划高度重叠,法院的人财物均受制于地方政府,被告所在地的法院虽然有其法律赋予的监督政府依法行政的职责,但往往也是力不从心,无法做到不受地方政府的影响独立审判,这一尴尬局面也是现阶段基本国情所决定的。第二,原告作为行政相对人的身份原本就处于不平等地位,加之受传统文化的影响易形成固执的看法,认为行政诉讼仍旧无法超然于“官官相护”的公权力机制,让地方法院来审查地方政府的行政行为是否合法,并没有形成很高的内心认同度。第三,原告在行政诉讼中当然享有选择管辖的权利,可惜“原告就被告”的原则直接忽视了原告此方面的权利。仔细梳理行政诉讼法中管辖的规定,除了不动产案件,法定的管辖法院一般都是被告所在地法院;只有对限制人身自由的行政强制措施不服的,原告才可以选择管辖法院。而在当今世界,扩大行政诉讼原告选择管辖权已成为一种趋势,譬如法国将致害行为发生地、起诉人住所地的法院均有案件管辖权[2];美国规定除不动产纠纷专属管辖外,原告可以就原告住所地、诉讼行为发生地、被告所在地自由选择对自己有利的管辖法院[3]。毋庸置疑,扩大行政诉讼管辖范围乃是今后改革的一个重要方向。

---

〔1〕比较遗憾的是,新《行政诉讼法》第18条第1款仍采“原告就被告”原则,不过,新《行政诉讼法》对“被告”的范围有了新的规定,这在一定程度上也可以弥补行政诉讼中“原告就被告”一般原则的不足。譬如,新法第26条第2款规定:“经复议的案件,复议机关决定维持原行政行为的,作出原行政行为的行政机关和复议机关是共同被告;复议机关改变原行政行为的,复议机关是被告。”

〔2〕[法]让·里韦罗、[法]让·瓦利纳:《法国行政法》,商务印书馆2008年版,第777页。

〔3〕王名扬:《美国行政法》,中国法制出版社1995年版,第595页。

(二)外部机制对管辖的影响

1. 行政权力对行政诉讼的入侵——“司法行政化”。司法行政化问题由来已久,其根本上还是逃不出体制的羁绊。地方干预法院依法独立公正行使审判权,主要源于法院自身的定位及其与地方党、政机关的关联性和差异性。[1] 在这里,笔者无意讨论其内生性根源问题,只是通过其外化出来的形态来探求司法权如何被纳入行政机制关系中。其一,法院的组织结构在本质上无异于行政机关:领导层处在金字塔顶端,被管辖的各个业务庭和综合部门形同于行政机关的科、室;人员招录和人事任免由行政机关人力资源部门和组织部门来管理;经费来源则依赖于行政机关财政部门。其二,司法审判趋同于行政机关:作为法院内部最高的审判组织,审判委员会处在“法官审而不判,领导判而不审”的尴尬境地,在大多时候顶层领导者的个人意见往往能成为多数意见而成为最终的判决结论;院长、庭长基于行政压力在个案中干预行政审判,操作审判运行轨迹。从以上种种表象来看,与其说是行政诉讼无可避免的原生性特点,毋宁说是典型的行政式幕后权利入侵。

2. 地方法院“归化”于地方行政机关——“司法地方化”。从权力划分的本意来说,法院的精准定位应当是国家审判机关,与行政机关有着严格的区分,然而,在实践中“地方法院”却演变成为“地方的法院”,这一角色的转变实在令学术界和实务界集体汗颜。其一,无法监督地方政府,反受地方政府遏制。新《行政诉讼法》第 1 条修改了以前“维护和监督行政机关依法行使行政职权”,改为“监督行政机关依法行使职权”,删除了“维护”两字,以更纯粹的监督姿态来审查政府的行政行为。然而,仔细审视这种监督与被监督关系,不难看出,作为监督主体的法院与被监督的地方政府之间的地位根本就不平衡,以较弱的司法权去监督强大的行政权,或许只是立法者主观的一厢情愿罢了。其二,地方法院有为地方政府服务的嫌疑。相信从事司法实务的同仁都有此种感受,地方政府在重大项目开工建设前或遇到征地拆迁受阻等情况时通常会“诚邀”法院领导参加座谈,在征求法院的意见基础上希望法院顾全大局,服务地方经济。最终看起来实现了社会效果与法律效果的统一,实则使得法院在功能定位和价值追求上偏离最初的方向。

二、拨开迷雾:跨区域集中管辖制度之突围

在行政诉讼管辖出现一系列问题之后,最高人民法院也尝试作出了一些改变,如

---

[1] 杨建顺:《行政诉讼集中管辖的悖论及其克服》,载《行政法学研究》2014 年第 4 期。

2000年开始实施的《最高人民法院关于执行〈中华人民共和国行政诉讼法〉若干问题的解释》到2007年的《关于行政案件管辖若干问题的规定》，继而于2013年下发的《关于开展行政案件相对集中管辖试点工作的通知》，最终新《行政诉讼法》正式把跨区域管辖写进法律。[1] 通过让一个或若干个特定法院来管辖某一区域的行政案件，实现行政案件的集中管辖和异地管辖，以期达到优化审判资源和消解地方干预的目的。

作为一个即将全面铺开的新兴制度，行政案件跨区域集中管辖制度确实在试点地方实践中取得了较好的成效，[2]但也必须承认其存在的不足：法院之间欠缺协调机制、原告诉讼成本增加、非集中管辖法院行政审判功能虚化等不一而足。但是笔者认为，这些问题的出现，抑或是阵痛的发作，是这场行政诉讼管辖改革理应付出的成本和代价，况且当前试点工作中出现的问题可以通过制度的微调予以完善，故而不作过多阐述。而当前更应当把重心放在如何使跨区域集中管辖制度不偏离改革设定的方向中来。借此新形势，置身本轮司法改革的整体部署，在宏观和微观层面双管齐下实现跨区域集中管辖制度上的突围，为接下来的改革提供智力支持，确保改革步入良性发展轨道，是为本文核心要义之所在。

（一）跨区域集中管辖制度的宏观调控

1. 设定跨区域集中管辖的基本原则

第一，设立集中管辖法院时应当遵循“资源优化配置”原则。由于地域经济发展水平和城乡人口结构等方面的差异，各地法院之间行政案件的类型、数量都存在较大的差别。通常经济发达地区的案件多于经济落后地区，人口密集的城区多于人口稀疏的乡镇，这就决定了在设置跨区域集中管辖的过程中应兼顾地区平衡。在选择特定管辖法院时尤其注意考虑辖区面积、地理位置、人口基数、审判经验等因素，以“资

---

[1] 2000年实施的《最高人民法院关于执行〈中华人民共和国行政诉讼法〉若干问题的解释》第8条规定了“有限提级管辖”，2007年的《关于行政案件管辖若干问题的规定》确定“以指定异地管辖为主、以提级管辖为辅，尽可能将行政案件化解在基层”的管辖原则，2013年《关于开展行政案件相对集中管辖试点工作的通知》决定在部分中级法院辖区内开展行政案件相对集中试点工作，2015年新《行政诉讼法》第8条规定“经最高人民法院批准，高级人民法院可以根据审判工作的实际情况，确定若干人民法院跨行政区域管辖行政案件”。

[2] 泰安市中级人民法院课题组：《关于行政案件类型集中管辖制度的调研报告》，载《山东审判》2013年第6期；山东省高级人民法院：《关于改革和完善行政诉讼管辖制度的调研报告》，载《山东审判》2014年第1期。

源优化配置"作为出发点，整合现有的审判资源，以较少的法院和法官队伍来审理更多的行政案件，建立起专业化、高水平的行政法官队伍。同时，将案件不多的行政庭法官转而从事民事、刑事审判工作，在解决行政庭审判资源闲置问题的同时适当缓解案多人少的矛盾[1]。

第二，"诉讼成本最低"原则应当得以体现。公民权利平等要求每个公民能够公平享有获得司法救济的权利，不能造成有人接近司法救济需要承担比其他人多太多的成本甚至成为他们的负担，因此诉讼成本是划定司法区域必须考虑的因素。[2] 诚然，集中管辖改革所引起的当事人诉讼成本增加问题在所难免，倘若能以牺牲这种成本为代价换取更为公正的审判，想必也是当事人乐于见到的。只是如何在最低限度上减少"牺牲"，是跨区域集中管辖改革所应当考虑到的现实思量，因此跨区域集中管辖的设置应当选择相连的地域划为片区，以管辖法院为中心，以时间和路程为半径，最大程度上降低当事人的经济成本和时间成本。

2. 坚守跨区域集中管辖改革的本来目标

无论在这次的跨区域集中管辖改革中会付出何等代价，选择大步跨进还是步履蹒跚，我们始终不能忘记这场改革的出发点：实现行政审判的独立与公正。正如纪伯伦所言："我们已经走得太远，以至于忘记了当初为什么而出发。"如果只是一味的以新换旧，构建起新的管辖制度来代替日薄西山的原有制度，却没有形成改革的精神指引，想必改革的最终方向也会不尽如人意。一直以来，行政审判过多的掺杂了来源于地方政府的"沟通与协调"成分，在追求独立的道路上却渐行渐远。没有了独立之精神，公平正义就难以显现在个案审理当中来。但是也并非排除了地方干预，就能实现行政审判的脱胎换骨，因为行政权利的渗透可谓无处不在，当下的改革所能做到的只是把地方干预降低到最低限度，至于可能出现的异地干预乃至互惠性干预不是当前所能解决的[3]。正因如此，坚守管辖改革的本来目标，让人民群众在每个案件都能感受到公平与正义，是这场管辖改革所应孜孜以求的目标。

---

[1] 笔者认为，集中管辖改革中行政庭人员流动应当循序渐进，不可"一刀切"地废除行政庭，如山西高院的做法就值得借鉴：非集中管辖法院行政审判庭仍予保留，负责非诉行政执行案件审查，同时协助集中管辖法院办理有关委托事项。参见雷清明：《山西省高级人民法院：5月1日起在全省实行行政案件跨行政区域集中管辖》，载《山西经济日报》2016年4月21日。

[2] 陈金钊：《对"以法治方式推进改革"的解读》，载《河北法学》2013年第12期。

[3] 董皞、郭建勇：《独立而公正：行政案件扩区域审理改革的价值追求与制度设计》，载《法律适用》2015年第2期。

（二）跨区域集中管辖制度的微观把握

1. 祛除“司法行政化”“司法地方化”的魔咒

第一，行政案件跨区域集中管辖法院的设置问题。笔者认为，当前的基层法院是司法行政化、地方化的重灾区，受到行政权力的侵蚀最为严重，倘若设计得当，将会有利的破解行政审判受到干预的难题。具体设计如下：可以将确定为行政案件集中管辖的2～3个基层法院行政庭转为中级法院的巡回法庭，虽然在基层法院审理案件，但实质上隶属于中级法院，基层法院无权就人事、财务等方面作出变动；巡回法庭法官的编制为中级法院，但是以基层法院的名义进行案件裁判，不服判决或裁定可以上诉至中级法院。同时在这2～3个法院之间实行交叉管辖，由上级法院或通过制度性安排来确定该行政案件的管辖法院。如此一来，在削弱地方政府对行政审判的影响力同时也在一定程度上减轻了中级法院的办案压力。

第二，防止省管人财物的设计被消解。党的十八届三中全会提出“推动省级以下地方法院、检察院人财物统一管理”的改革方向，具体如何在全国范围内贯彻与实施还有待地方的试验成果。可以预见的是，省管人财物是一剂治疗司法行政化、地方化的猛药，将在极大程度上减轻法院对地方政府的依赖。但笔者担心的是，省管人财物看起来很美好，但在实施过程中仍有被地方消解的可能性，那么预期的收效就要大打折扣。如在个别地方的试点工作中，司法人员的基本工资由地方财政上报后再由省级财政拨付，而其他津贴补贴还是由地方政府来承担，在此情形下省级统管仍旧没有逃离地方的魔咒。另外，省管人财物会不会把上下级法院监督关系异化成领导关系，从“地方行政化”走向“级别行政化”，这都是亟须解决的制度保障性问题。鉴于此，省级法院应当设立人事委员会和预算委员会，在充分吸收下级法院的代表参加外，亦可借鉴域外经验，由社会人员参加管理〔1〕。

2. 健全法院内部协调机制

不同与先前的基层法院之间的几乎无任何关联，这次的跨区域集中管辖制度为法院之间的沟通与配合搭建起了桥梁。集中管辖法院与非集中管辖法院在审判任务有了明显的分工，在没有具体的法律法规和相关细则的指引下，各高级法院在确定行政案件跨区域集中管辖法院前，应当构建起法院内部协调配合机制，以防各种不确定性因素的集中显现。具体而言，应规定集中管辖法院审理的案件数量、案件类型、审

---

〔1〕 Pederzoli, Patrizia and Carlo Guarnieri, “Italy: A Case of Judicial Democracy?” *International Social Science Journal* 152, 1997, pp. 253–270.

理结果等统计数据及时报送给上级法院和被告所在地法院，以便非集中管辖法院掌握本地区的行政审判运行情况，并对行政机关依法行政作出相应指导。非集中管辖法院在接到所在地当事人的起诉状材料后，不得以不符合管辖法院为理由不受理，应当告知其案件管辖法院，并将案卷材料移送至集中管辖法院。对于一些重大敏感案件，中级法院应当及时介入，协商一致的基础上解决分歧，确定管辖法院。

3. 建立质量评估与考核机制

一是完善集中管辖法院的遴选机制。行政案件跨区域集中管辖制度实施后，有意向作为集中管辖的法院定然会向上级法院积极游说，上文确定了设立管辖法院的基本原则，但是在实践过程中仍有人为操作的可能，为减少政策的随意性和领导个人意志的干预，宜在充分调研后制定详尽的遴选标准和条件。二是重点建立对集中管辖法院的考评机制。针对取得资格的集中管辖法院，应当建立专门的工作目标考评办法，同时上级法院应当定期对集中管辖法院的各项改革配套措施进行量化考核，对于改革成效不明显或者未达到预期目标的集中管辖法院，应当追究相关责任人的责任。三是积极完善与政府的信息反馈机制。集中管辖改革后，行政区划法院与地方政府之间的纽带被割断，此时集中管辖法院应当肩负起督促政府依法行政的职责，通过反馈政府败诉率、行政机关负责人出庭应诉率等情况，积极参与到法治政府建设中来。

三、始见真章：跨区域集中管辖制度之命运

行政案件集中管辖改革的巨大车轮奔涌向前，最终走向在何方无从分辨，理论界和实务界也展开了广泛的探讨：有学者认为只要建立行政法院，所有的问题就能迎刃而解[1]；也有学者嗤之以鼻[2]，认为现阶段尚不具备建立行政法院的条件，强行推广行政法院只会引起行政诉讼更大的灾难。正所谓真理越辩越明，笔者认为，这场争辩最终会湮没在行政法院成立的那一刻欢声中，对于现在的行政案件集中管辖改革，最高人民法院郭修江法官可谓一语道破：为建立专门行政法院积蓄力量[3]。行政案件跨区域集中管辖制度已经开启了行政审判组织结构、审判人员专业化的大门，越来

〔1〕 李洪雷：《中国诉讼制度发展的新路向》，载《行政法学研究》2013 年第 1 期；马怀德：《行政审判体制改革的目标：设立行政法院》，载《法律适用》2013 年第 7 期。

〔2〕 刘海蓉：《我国建立行政法院体制的观点质疑》，载《理论与改革》2015 年第 4 期。

〔3〕 郭修江：《行政诉讼集中管辖问题研究——〈关于开展行政案件相对集中管辖试点工作的通知〉的理解与实践》，载《法律适用》2014 年第 5 期。

越清晰地显示改革的脉路不单单是使行政审判走向集中,而是为未来的终极格局之设立行政法院提前预热。不论具有多大的争议,毋庸置疑的是,行政法院就是行政案件跨区域集中管辖制度未来命运之所在。

其一,跨区域集中管辖制度可以根植于未来的行政法院体系。待各地真正意义上完成集中管辖制度建设后,现有的行政审判组织体系随之瓦解,取而代之的是跨地区的集中管辖法院。届时,这些有着丰富审判经验、高度专业化的行政审判庭可以成为行政法院设立的基石,将会极大降低制度转化成本。其二,省管人财物的模式为设立行政法院提供保障。在经得最高法院的批准后,高级法院可以以取得明显成效的集中管辖法院为基础,在人财物方面予以重点倾斜,通过省级法院人事委员会的人员支持以及省级财政部门的经费支持,行政法院的设立便具备了基本人财物保障。其三,在基本组织框架完成构建、办公所需人财物落实到位后,行政法院的雏形已经基本建立起来,只待级别划分、人员任免等各项配套措施的相继出台,行政法院便呼之欲出。当然,行政法院的建立是一项综合性的系统工程,非一朝一夕所能完成,不仅需要前期的论证调研,更是需要高层的政治考量以及大量的实务积累,至于行政法院未来之命运到底如何,则有待于集中管辖制度之树能否开出繁茂的果实。

四、结语

在这场史无前例的司法改革进程中,行政案件跨区域集中管辖制度或许只是其中的一小部分,但可以预见的是该制度的建立将会深刻影响着行政审判未来的走向。突破现有行政诉讼管辖的困境,建立起破除司法地方化、行政化魔咒的跨区域集中管辖制度,乃至最终成立专门的行政法院,无不在践行着司法的终局目标——“让人民群众在每一个司法案件中感受到公平正义”。当然,本文的一些论证尚不充分,提出的一些看法尚且粗浅,但若能起到抛砖引玉的效果,莽撞或许是可以原谅的。

责令限期拆除行为意涵之实证辨析*

田　海**

摘要:行政主体进行的众多行政行为中,责令限期拆除行为对老百姓的影响最大,我国近年来虽立法不辍,拆迁矛盾却并未因这些法条的出台而缓解,程序也未因此而统一。与其他不直接赋予义务的责令整改行为不同,责令限期拆除行为大部分系可执行主文,由于规范不一,故在实践中此类责令行为存在性质不明、程序不一、运行混乱的司法现状。首先,通过对比针对此问题的四种不同学说行政处罚说、行政命令(处理决定)说、分论说、行政强制措施说,对责令限期拆除行为的学理之争加以明晰;在此基础上,以数据统计的方式,对每个责令拆除不动产行为的性质在实际立法中是否真实存在矛盾和混乱的问题进一步加以核实,如表述是否统一、是否有后续规制等。通过对北大法网对所有的行政法规以“责令限期”为关键词,进行了全文筛选,从全部 343 篇带有该关键词的行政法规中,滤去无涉不动产拆除内容的法规后,从剩余的 24 篇行政法规中,再析出需要的信息。其次,由两则实践案例引入,来探讨由定性问题司法实务中环环相扣地引发的三层次问题即拆除职权问题、拆除行为的独立性问题和适用程序问题。最后,对责令限期拆除行为的意涵从性质逻辑和基础理论两个维度上进一步探讨,得出结论。

---

* 中国法学会行政审判理论专业委员会 2018 年年会三等奖。

** 南京大学法学博士,防城港市中级人民法院行政审判庭副庭长。

行政主体进行的众多行政行为中,责令限期拆除行为对老百姓的影响最大(尤以不动产为甚),我国近年来虽立法不辍,《行政强制法》《国有土地上房屋征收与补偿条例》以及相关的司法解释的相继出台都足见国家的重视。实务中,拆迁矛盾却并未因这些法条的出台而缓解,程序也未因此而统一,相反出现了大量的新旧法衔接问题,这都严重阻碍了行政执法工作的正常进行。

行政机关决定的拆除行为,司法实践中常见的一般包括拆除违章建筑行为、收回国有土地行为,以及其他拆除行为等。这些行为的拆除理由、拆除主体甚至行为性质都各不相同,但最终结果都是将相对人房屋等不动产的拆除,而且这些不同主体、不同性质的拆除行为,都需要用到责令限期拆除的行政决定。与其他不直接赋予义务的责令整改行为不同,责令限期拆除行为大部分系可执行主文,由于规范不一,在实践中此类责令行为存在性质不明、程序不一、运行混乱的司法现状。对这类行政行为的意涵加以厘清,并针对缺乏统一规范的立法现状和运行混乱实务操作提出解决、应对方案,有迫切的必要性。

一、责令限期拆除行为意涵之争

(一)意涵之争的各家学说

对责令限期拆除行为的定性主要有五种学说,分别是行政处罚说、行政命令(处理决定)说、分论说、行政强制措施说和行政强制执行说。

1. 行政处罚说。该学说依据是《土地管理法》第83条,其规定该种行为是行政处罚。[1] 故该学说结合上述法条认为,责令限期拆除属于《行政处罚法》第8条中的第七种,即"其他行政处罚行为"之一。

2. 行政命令(处理决定)说。该学说认为责令限期拆除行为只是行政处罚或行政强制之前的前置命令行为,行为本身不具有强制内容,必须在其后对"如不拆除的"情况另行后续处理。这一论点的理据同样是《行政处罚法》:首先,该法第12条规定了对相对人利益有重大影响的行政处罚的种类必须要由法律位阶来设定;其次,该法第8条规定的七种行政处罚中,并无明确列出责令整改行为;最后,根据《行政处罚法》"行政机关实施行政处罚时,应当责令当事人改正或者限期改正违法行为"的规定,责

[1] 持此论者多认为责令拆除系"申诫罚"的一种,详见江必新等:《行政程序法概论》,北京师范大学出版社1991年版,第214~215页。

令整改类行为应是行政处罚行为的前置程序性行为，而不是行政处罚的一种。[1]

此外，《环境行政处罚办法》等法中也将“责令限期拆除”确认到责令改正或者限期改正违法行为的行政命令中。

3. 分论说。该学说认为，应分开看待责令限期拆除行为的性质，如已规定了后续处理的做法，如并处罚金等，该行为属于无实质处理内容的行政命令行为，对相对人不具有拘束力，如未规定后续处理或并处罚金，则属于实质性的行政处理行为，应定义为行政处罚或强制。[2]

4. 行政强制措施说。该学说是依据2000年国务院法制办在对四川省法制办《关于“责令限期拆除”是否是行政处罚行为的请示》作出的答复中提出，“《城市规划法》第四十条规定的‘责令限期拆除’，不应当理解为行政处罚行为”。由于该请示中明确提问，责令限期拆除是行政处罚还是行政强制措施，故在排除行政处罚后，应为行政强制措施。

5. 行政强制执行说。该说法主要依据《行政强制法》第44条的相关规定，由于该法将限期拆除违建房屋规范于行政强制执行章节内，故如简单归类，可将其视为行政强制执行，行政拆违执法走一整套强制执行程序即可。

（二）对定性之争在立法实务中反映的大数据分析

各学说都有上位法依据，但是还需要调查实际行政执法中如何使用“责令限期拆除”的，方能更明确每个责令限期拆除行为的性质，在立法实际中如何规定，以及其立法本意。通过对北大法网对所有行政法规以“责令限期”为关键词，进行全文筛选，从全部343篇带有该关键词的行政法规中，滤去无涉不动产拆除内容的法规后，从剩余的24篇行政法规中，再析出需要的法规。

首先，上述行政法规是否存在对责令拆除行为措辞表述不一的问题。考察的法规中确实并未统一措辞，且有同一部法规选用了两三种不同表述的情况。其中“责令限期改正”最多，共11项行政法规使用了该措辞；“责令限期拆除”有9项，“责令停止违法行为”有3项，“责令恢复原状”有4项，其他措辞3项；同时使用两种措辞的法规有6部（见图一）。对于各种措辞代表的行政行为性质，或者说立法时意图代表的行政行为性质是否一致，值得在下文中进一步分析。

---

〔1〕胡建森：《行政法学》，法律出版社2003年版，第294页。

〔2〕最早见于上海市第二中级人民法院行政庭殷勇法官，参见殷勇：《论责令改正行为的法律属性》，载汕头法院网：http://www.stcourts.gov.cn/beta/dispallinfo.asp?id=1641，2018年3月20日访问。

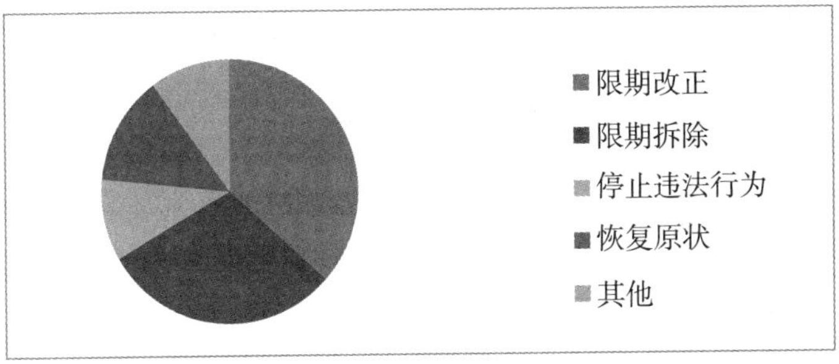

图一　责令拆除不动产类行政行为在法规中的措辞

其次,依照分论说的思路对于如相对人未自行拆除的后续处理进行考证可以发现,行政法规对这种"后续拆除行为"也未统一规范。其中未进行进一步规制的有 3 项,并处罚款的有 9 项,给予警告的有 2 项,申请法院强制执行的 4 项,代执行的有 8 项,后续行政、刑事处罚的 4 项,后续民事赔偿的 3 项(见图二)。

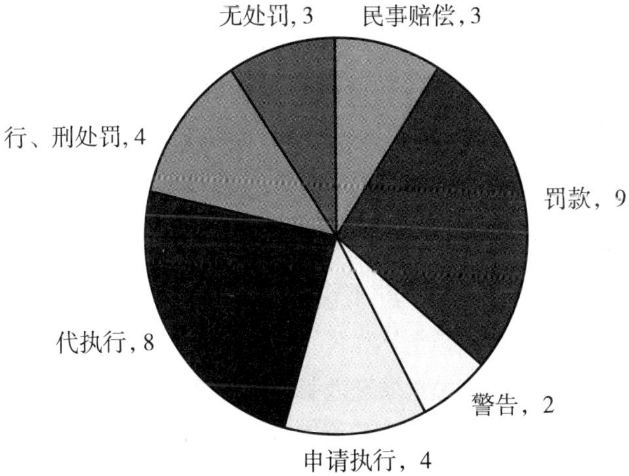

图二　责令拆除不动产类行政行为的后续处理措施在行政法规中的规定

实际上,本次大数据分析并未完全涵盖实然法规的情况,如后文所提案例中涉及的《城市市容和环境卫生管理条例》即以"自行拆除"为关键词而未收入其中,但若要将所有类似情况的行政法规涵盖其中,要耗费巨大的人力、物力进行关键词筛选、法规过滤等工作。故特以一斑而窥全豹,通过上述分析,对我国相关立法混乱的现状有一定的认识。

二、责令限期拆除行为意涵不清在实务中引发的三层次问题

由于在学理和立法上的定性不清，在司法实务中环环相扣地引发了三层次的适法混乱和矛盾，分别是拆除职权问题、拆除行为的独立性问题和适用程序问题。

（一）拆除职权问题

由定性问题引发的第一层次问题即拆除机关是否具有职权的问题。为了更直观地表现该职权问题，笔者将在从事司法实务工作的过程中，遇到的较典型案例为切入点，以点带面，以案例的疑难引入法理的疑难。

案例一：F 市市政局发现，该市 D 交通有限公司未按有关规定办理审批手续，即在该市跨海大桥两侧设置了两个大型户外广告牌，并已建成使用。F 市市政局即根据《城市市容和环境卫生管理条例》第 11 条第 2 款的规定，认为大型户外广告必须征得市容环境卫生行政主管部门的同意并按照有关规定办理审批手续后才能设置，该交通公司的行为违反了上述法规及政府规章的相关规定，遂作出主文为“责令当事人 D 交通公司自收到本处罚决定书之日起 15 日内自行拆除在跨海大桥两侧设置的两个大型户外广告牌”的行政处罚决定书，由于 D 交通公司在法定诉讼期内，未提起诉讼，又未在规定期限内自觉履行搬迁义务。故 F 市市政局申请当地法院强制执行该决定。

本案的问题在于：首先，如将限期拆除行为定性为行政强制执行，也即“限期—拆除”为一体行为，市容管理部门等许多执法主体将在法律上失去拆除职权。因其根据《城市市容和环境卫生管理条例》第 36 条作出责令拆除决定，但《行政强制法》第 13 条第 1 款又规定“行政强制执行由法律设定”，由于《城市市容和环境卫生管理条例》属于行政法规而不是法律，其并无权设置强制拆除行为，故若将责令拆除定性为行政强制，那么强制法出台后，包括《市容和环境管理条例》在内的一系列无上位法授权的法规都无法作为行政强制的依据，市容管理部门等许多部门都因而被剥离了拆除职权。

其次，申请人要面临没有执行内容的问题。若将限期拆除行为定性为行政命令，由于《城市市容和环境卫生管理条例》仅赋予了市政管理部门对擅自设置大型户外广告的单位以“责令限期整改”及罚款的权限，而未赋予其作出强制拆除决定的权力。如此一来，因其文书主文为“责令 × × 自收到本处罚决定书之日起 15 日内自行拆除”，而不是申请人可主动拆除，故这一处罚决定从文意上来说并没有可以执行的内容。由此推知，包括《城市市容和环境卫生管理条例》在内的一系列类似的法律、法规，若未设置有“若其在限期内不予拆除则（该职权机关有权强制执行，或提请法院执

行)”等后续规定,该条款将在实务中沦为“无牙的老虎”。[1] 据不完全统计,此类无上位法的行政法规仍至少有 12 项,另外,如《内河交通安全管理条例》《航标条例》等均是在《行政强制法》出台后,通过后续立法(如《航道法》)的方式才勉强有了上位法。

最后,申请人是否可以依据《行政强制法》第 44 条第 2 款“法律没有规定行政机关强制执行的,作出行政决定的行政机关应当申请人民法院强制执行”的规定,申请法院强制执行。该观点事实上就涉及由定性问题引发的第二层次的争论,即责令限期拆除行为是否独立行为的问题。

(二)责令限期拆除行是否独立行政行为

由责令拆除行为的定性问题,延伸出了该责令行为是否独立于后续强制执行的问题。根据分论说,如法律、法规未规定后续处理方案(如案例一中的《城市市容和环境卫生管理条例》),则二者为同一行为,这显然是将限期拆除行为赋予了实际执行的意义。

在案例一中,申请人希望可以依据《行政强制法》第 44 条第 2 款申请法院强制执行。反对意见认为,该条第 1 款是对设定行政强制执行权的规定,而第 2 款则是对有强制执行决定权但无强制执行实行权的行政机关如何实施其执行决定而进行的规定,二者不能混同。申请法院强制执行是建立在其有权作出拆除决定的基础上的,如所有的只规定了责令拆除行为的法规,均可依据“没有执行权”这一理由申请法院进行实际拆除,必会把行政强制的实体决定权变相给予了法院,这将让司法机关有了行政职权,引发我国权力体系的混乱。但如按照分论说的处理,将未规范后续行为的情况下,视二者为同一行为,那么又会回到第一层次的困境,即碰到设定拆除的职权不足的问题。

除了司法实务,这一问题在立法上也存在困惑,可从上文对行政法规的统计中窥知一二。对未按要求自行拆除未进行后续规制的情况(3 项),或规定有“申请法院强制执行”(4 项)的,这些法规均将“责令拆除”直接作为强制、处罚行为来理解,将“是否强制拆除”的决定权转给了法院。这表现得最为明显的是《殡葬管理条例》,1985 年的老条例中规定有“拒不改正的,可以强制执行”条款,《行政强制法》出台后新殡葬条例却将其删除,[2] 由于没有如《城乡规划法》那样规定由市级政府责令处理的法

---

〔1〕 通过笔者在上述大数据初步统计中,涉及“责令限期”拆除行政行为的 24 部行政法规中,即有 12 部没有上位法授权,也即至少有十余个行政执法部门可能失去了拆除职权。

〔2〕 表中所列举的两项“申请法院执行”的法规出台时间均早于《行政强制法》。

条规制，这样一改从文意上是将对“拆除私坟”行为的最终决定权转交给了法院。

但如采取命令说、处罚说，其他采取并处罚款（9项）、给予警告（2项）和代执行（8项）、仍将其作为行政处罚的前置命令来对待的法规却也不少。这些法规也就从文意上表明后续拆除行为和责令行为应系不同的行为。可见，对于责令行为是不是独立于后续行为的问题，各个部门立法时并未达成一致。

（三）责令限期拆除行为的程序困境

定位的混乱必然导致程序的混乱。如责令拆除行为属于行政处罚，则其应按照处罚程序，以处罚告知书、处罚决定书等处罚法律文书的形式作出，遵守相应程序，到强制执行阶段还要走一遍行政、司法强制执行的程序；如定性为行政强制，那么就应当履行《行政强制法》的相关程序规定，如催告程序等。如将该行为定性为行政命令（处理决定），虽无法律详细规定相关程序，但一些必要的调查、释明、陈述申辩程序以及之后的强制拆除程序均必不可少。但这些本应自行其是的行政程序却在实务中，尤其在“拆违”实务中多次出现适用争议。如下述。

案例二：F市住建委查处一处违法建设，执法人员经询问、违建现场调查、勘验拍照均无法确定违法建设所有人和管理人，F市住建委遂依据《广西壮族自治区实施〈中华人民共和国城乡规划法〉办法》第64条的规定，发布了《调查公告》，要求建设所有人、管理人15日内主动接受调查。期满后无人响应，F市住建委又发布了《拆除公告》，责令涉案建筑物所有人、管理人7日内自行拆除违法建（构）筑物。随后自称该违建所有人的高某对F市住建委提起诉讼，但在庭审过程中，又有约10人自称该联栋建筑物的共有人，并作为第三人参加诉讼。

案例二直接展现出了执法现状与行为定性产生“位移”后造成的立法、执法程序困境。一方面，“拆违”实务中大量存在找不到违章建设者或建设者逃避执法的情况，对此，一些地方采取了如本案讼争的《广西壮族自治区实施〈中华人民共和国城乡规划法〉办法》第64条这种采用公告处罚的，“对建筑物不对人”的变通立法倾向，一些实务部门也进行了相应尝试；另一方面，行政处罚又是以对违法行为人的惩戒为目的的，其必须要有明确的处罚对象，由于住建部门常以处罚决定书作为拆除行为，许多在公告时默不作声的相对人，到了真要实施拆除时，往往又会突然出现将行政机关以“相对人不明”等理由诉至法院。

庭审时，双方对“拆违”的性质，以及处罚对象是建筑物还是相对人等问题展开了激烈的辩论，其中被告方认为，“拆违”的首要目的是排除隐患，次要目的才是惩罚违章者，具有公益性，故而应“对物不对人”。原告则借此反驳，认为被告作出的是处罚决定,必然是惩戒为先,从未听说过惩戒的对象是建筑物而不是相对人,被告方本身存在定位混乱的问题。事实上,案例二正是因责令行为定性不清而导致了对后续行政程序定位混乱。

三、对责令限期拆除行为的意涵辨析

对责令拆除行政行为应认定为有可执行内容的行政命令(处理决定),一方面,参照行政诉讼法的实质影响原则,以有可执行内容来确认其命令、决定的实质影响力,一并解决了行政命令(处理决定)适用的执法程序问题;另一方面,解决了上述法理矛盾,故以此定性较为合适。详细剖析如下:

(一)以行政命令(处理决定)来定性更符合其性质

1. 责令限期拆除行为不是行政处罚行为

第一,《土地管理法》虽将责令限期拆除行为定性为行政处罚,但该条文源于1986年立法,那时《行政处罚法》《行政诉讼法》都没有颁布,一些学理争议和实务冲突也未充分显现,故不宜仅以这一法条的规定作为"行政处罚"的定性。第二,从行政处罚分类来看,强行将责令限期拆除归类为申诫罚是对处罚法的扩大解释。第三,行政处罚具有"惩戒"的目的,但无论是哪种责令限期拆除行为,均需符合以公共利益需求为目的的出发点,而不是针对相对人违反行政管理秩序的过错行为进行处罚。即便是"拆违"类拆迁行为,其"责令"的目的也不是主要以相对人丧失财产权利为代价对相对人进行惩处,而是使其自行拆除违章建筑,最终将土地恢复到未被侵占的状态,是一种带有惩戒性的等待前置行为。第四,从立法体例上来说,《行政强制法》规定了"责令限期拆除行为",如定性为行政处罚,则无异于在《行政强制法》中插入了行政处罚的内容。而责令限期拆除从文意上来看,从属于责令整改的大类,责令整改行为则是《行政处罚法》中正式处罚的前置程序,如将其定性为处罚行为,则其他"责令整改+行政处罚"的执法程序,变成一个行政处罚程序中出现了两个行政处罚行为的情况。

2. 责令限期拆除行为不是一种行政强制措施

行政强制措施具有暂时性,不是对行政相对人身、财产权利的最终处分,而仅是在短期内对该财物使用权和处分权的暂时限制。但责令拆除的内容不具有对人身自由或财物的控制,其后续行为也更像是对标的物的直接损毁,具有最终处分的特点。如房屋、构筑物被拆除,就失去了居住和使用价值。即便是《行政强制法》第44条中规定的拆除行为,该条款也对责令拆除与强制执行作出了区分,可见该法对责令拆除行为的定性也是行政强制命令行为而非行政强制措施，在行政强制措施专章中也仅归纳了“限制公民人身自由；查封场所、设施或者财物；扣押财物；冻结存款、汇款”等数种暂时性强制措施，而未对意思表示行为的“责令拆除”有过列举，故将其归为行政强制措施与行为性质、法律文意均不符。

3. 责令拆除行为不是一种行政强制执行

如案例一所见，责令拆除行为和强制拆除行为应当分而论之，否则由于“行政强制执行由法律设定”，许多仅由行政法规赋权的责令拆除行为将失去其责令拆除权限。故，《行政强制法》第44条应可解读为“对违法的建筑物、构筑物、设施等需要强制拆除的，应当由行政机关予以公告，限期当事人自行拆除”。（有执行内容的行政处理决定）+“法律没有规定行政机关强制执行的，作出行政决定的行政机关应当申请人民法院强制执行”（行政强制执行）较为合适。

4. 责令限期拆除行为是一种意思表示行为

责令限期行为的实施应当有赖于相对人的主动配合来产生恢复行政管理秩序的法律效果，行政机关只能对相对人进行后续行政行为来达到目的，这也正是城乡规划法将其与强制执行分开规范的立法本意。

虽然分论说也部分采用了这一思路，但是其对责令拆除行为不统一定性，不仅容易让司法机关在审查时产生混乱，而且从长远来看，这种多重认定的做法不利于行政法制的统一。

（二）符合行政法基础理论要求

1. 符合权力配置的要求

将责令拆除行为定性为有可执行内容的行政命令（处理决定），从积极层面来看，有助于提升相对人自主履行行政管理秩序，缓解相对人与公权力的紧张与冲突，也有助于提升相对人的自主性，达到相对人与行政主体和谐沟通的目的，更有助于培养市民社会的自我处理、自我履行义务的内化能力；从消极层面来说，面对不合法的行政拆迁命令，相对人可以早做准备，提升依法救济的能力，达到社会监督之目的。在拆迁场域中出现“公”“私”双重角色的设定，可以使拆迁权处于裁执分离的状态，从而减少了公权力的滥用可能，起到民间自治、自为、自我救济的多元解纷效果。

另外，将责令拆除行为作为有可执行内容的行政命令（处理决定）独立于后续行为，有助于区分清晰行政权与司法权的边界，尤其防治一些尚未具有，或者因行政强制法出台后剥离了拆迁职权的行政法规将其已不具有的行政拆迁职权“转嫁”给司法机关，造成权力划分的模糊、混乱。

2. 符合保障基本权利原则的要求

保障基本权利原则是宪法最重要的基本原则之一，而行政主体对社会管理时不免会对这一原则进行限制。自由主义认为，限制基本权利只能是为了防止对他人权利的侵害。密尔认为，只有在个人做了对他人有害的行为时，社会才有可能对他进行干涉。[1] 罗尔斯归纳"第一顺位的正义"时认为：自由只有为了自由本身才能被限制，对基本权利的限制只能从限制本身是否是为了防止侵害他人的基本权利去寻找限制的正当性。[2] 共和主义则认为公共利益和国家功能的实现可以对基本权利直接限制，因公共利益本来就是公民社会追求的目的之一。[3] 但无论如何，学界对于限制公民基本权利的终极目标都是为了更好地保障基本权利的实现，这一观点已经成为共识。故将责令拆除行为确定为不带否定性、惩罚性色彩的行政命令（处理决定），也就同时给予公民对尚未升级为行政处罚或行政强制的"命令行为"以先行调处、监督、救济的权利，既不会排除相对人的救济权，也满足了比例原则的要求，即行政执行时，在众多能同样达成行政目的的手段时，应采取最温和与对相对人权利限制或侵害最小的手段（命令先行）。

至于行政命令的先行救济是否可采诉讼救济。笔者认为，在立法和实务层面更多的是以该行为本身是否"对相对人的权利、义务产生实质影响"作为案件受理标准，诉讼法中也未有明确规定行政命令行为不可受理。且定性为行政命令也可以达到不减损诉权的效果，如认为责令拆除行为会对相对人权利、义务产生实质影响（且有可执行内容），那么可以明确规定其可诉，达到拆迁矛盾"关口前移"、分类处理的效果；如认为该行为不对相对人权利、义务产生实质影响，或会因此增加讼累，则也可以等后续拆除行为决定作出后，针对后续强制或处罚行为进行诉讼救济，两种做法都不会剥夺相对人的诉权，分歧只在于基于效率的立法选择。至于如何取舍操作，由于并非本文所要论述的问题，在此不再展开探讨。

3. 符合行政效率原则的要求

以往的行政法学说认为，行政法的效率仅仅是在行政主体进行行政行为时的经济计算原则，其内容包括人员、时间与财政等方面的节约情况等。但是这种定义将行政效率的主体和视角都固化为行政主体，其效率也仅为行政主体的活动效率，并不包

---

〔1〕［英］密尔：《论自由》，程崇华译，商务印书馆1959年版，第102页。

〔2〕［美］约翰·罗尔斯：《正义论》，何怀宏等译，中国社会出版社1988年版，第234页。

〔3〕［美］普特：《共和主义自由观对自由主义自由观》，载http://www.zisi.net/htm/wwzh/2005-05-24-28771.shtml，2018年2月23日访问。

括行政相对人，由此忽略了相对人在行政活动当中的作用，具有一定的片面性。近年来，学界和实务界均越来越强调对行政法视角从管理论向服务论的转变，行政法上的效率与行政管理效率也开始被加以区分，现今对行政效率原则的探讨中，更强调行政行为开展的根本目的是实现相对人权益，因此，行政法的效率原则应直接表现为对相对人作用的互动效率，而非行政主体完成行政行为的管理效率。

在此基础上对责令限期拆除行为程序的设计，就不应仍仅用对违法、违规者的惩戒制度，抑或用各种激发行政工作人员工作积极性与主动性的激励机制来体现行政效率原则，而需要更多地考虑公民权利与行政效率间的关系，制定对相对人的激励机制和奖励机制，以达致效率和保障的双重目标。

将责令限期拆除行为定性为行政命令也能达到"损害最小"、立法修改最少的效果。通过调查统计，我国在行政强制法出台后，未对拆迁授权问题进行修改的行政法规众多，单是将这些法规收集、调查就需要大量时间，如要进行全部的立法修改，不仅更难以估量工时，且有可能对许多法规产生根本性的改变。如采用分论说或另外两种学说，都免不了要对这些海量行政法规进行修改，而采行政命令说，由于行政命令本身与后续行为分割开来，故可在保留绝大多数原有条文的前提下，甚至只需通过司法解释等方式，就可以调整好各行政机关的拆除职权问题，这才是以变动最少的方式调整法律位阶及职权的务实做法。

带有"责令限期拆除不动产"内容的无上位法律授权的行政法规

序号	法规	规定措辞	后续处理规定
1	《城镇排水与污水处理条例》	责令限期采取治理措施，给予警告 责令停止违法行为，限期采取治理措施，给予警告	无
2	《殡葬管理条例》	责令限期改正	无
3	《海洋观测预报管理条例》	责令停止违法行为 责令限期拆除	没收设备，并处罚款 代执行
4	《城市道路管理条例》	责令限期清退，恢复城市道路功能 责令限期改正	并处罚款 造成损失的，依法承担赔偿责任
5	《城市绿化条例》	责令限期退还、恢复原状 责令限期迁出或者拆除	并处罚款 造成损失的，负赔偿责任 情节严重的，取消其设点申请批准文件，并可以提请吊销营业执照

续表

序号	法规	规定措辞	后续处理规定
6	《风景名胜区条例》	停止建设活动，自行拆除	继续建设的，作出责令限期拆除决定的机关有权制止 申请人民法院强制执行
7	《物业管理条例》	责令限期改正	并给予警告，并处罚款 所得收益，用于物业管理区域内物业共用部位、共用设施设备的维修、养护，剩余部分按照业主大会的决定使用
8	《历史文化名城名镇名村保护条例》	责令限期改正	并处罚款
9	《特种设备安全监察条例》	责令恢复原状 责令限期由取得许可的单位重新安装、改造	并处罚款 追究刑事责任
10	《公共文化体育设施条例》	责令限期改正	申请法院强制执行
11	《长江三峡工程建设移民条例》	责令限期改正	给予警告 公安机关依法予以处罚
12	《村庄和集镇规划建设管理条例》	责令限期改正	处以罚款

“磨合期”检视:检察机关参与行政公益诉讼制度运行的困境与突围

——以新《行政诉讼法》第25条的适用为视角*

洪文慧**

摘要:新《行政诉讼法》第25条在立法上明确检察机关参与行政公益诉讼的运行机制,在一定程度上改变了公共利益遭受侵害时无人诉、无法诉、不愿诉的现象。然而,随着法律规范在实践中的反复检验,暴露出当前的制度设计存在诸多不完善。案件线索来源单一、诉讼请求有限、检察权定位偏差、诉讼结构扭曲、配套机制缺位等问题值得我们反思“磨合期”的行政公益诉讼制度运行的困境。而尝试构建多元化案件线索来源渠道、补充损害赔偿的诉讼请求、重新定位行政公益诉讼之检察权、建立败诉后果承担及诉后追责机制以破解实践困境不失为一种思路。

2017年7月1日施行的《行政诉讼法》第25条第4款、第5款“人民检察院在履行职责中发现生态环境和资源保护、食品药品安全、国有财产保护、国有土地使用权出让等领域负有监督管理职责的行政机关违法行使职权或不作为,致使国家利益或者社会公共利益受到侵害的,应当向行政机关提出检察建议,督促其依法履行职责。行政机关不依法履行职责的,人民检察院依法向人民法院提起诉讼”之规定,针对检察机关参

---

* 中国法学会行政审判理论专业委员会2018年年会优秀奖。

** 华南理工大学法学硕士,南宁铁路运输中级法院行政庭法官助理。

与行政公益诉讼的主体资格、线索来源、受案范围、诉前程序等作了明确规定，弥补了检察机关提起行政公益诉讼立法的空白。据 13 省两年的试点经验及正式立法实施后的形势来看，行政公益诉讼发展较快，整体态势较好[1]。但随着法律规范在实践中的反复检验，暴露出当前的制度设计存在诸多不完善，而破解检察机关参与行政公益诉讼过程中遭遇的困境成为完善行政公益诉讼制度面临的重大课题。

一、实践检视：检察机关参与行政公益诉讼困境之表现

（一）线索来源之困：单一来源引发检察机关案源匮乏与部分公共利益无从救济之尴尬

2018 年 3 月 2 日施行的《最高人民法院、最高人民检察院关于检察公益诉讼案件适用法律若干问题的解释》（以下简称《解释》）明确检察机关以公益诉讼起诉人身份提起公益诉讼，并将起诉的案件线索来源界定于"履行职责中"发现的行政机关乱作为或不作为。可见，在当前法律规范之下，检察机关提起行政公益诉讼案件线索来源只限于一种途径，即"履行职责中"，但问题也接踵而来。

线索来源渠道之"履行职责"不明确。法律关于履行职责的表述十分含糊，其未明确界定"履行职责"的内涵，虽最高检在 2015 年通过《人民检察院提起公益诉讼试点工作实施办法》（以下简称《实施办法》）第 28 条第 2 款规定"人民检察院履行职责包括履行职务犯罪侦查、批准或决定逮捕、审查起诉、控告检察、诉讼监督等职责"，但这仅局限于检察机关办理刑事案件之职责，并未囊括检察机关其他方面的法律监督职责。即对其他国家机关如人大、政协、政府等移送的案件线索及公民、法人、组织等申诉控告过程中发现的线索进行审查起诉则不在上述的"履行职责"范围内。

线索来源方式单一，实践中部分地区存在案源匮乏、"无案可办""等案上门"等现状。如表一所示，整个广西半年以来的行政公益诉讼案件线索仅 355 件，检察机关立案的 178 件，但截至 2018 年 6 月底检察机关没有提起 1 件行政公益诉讼。而广西有 15 个市级检察院（含铁路），117 个基层检察院，平均一个检察院半年发现的案件线索接近 3 条，立案仅 1 件，起诉 0 件。可见，基于当前的案件线索来源方式，广西全区内案源相对匮乏，检察机关处于"无案可办"的状态。

[1] 朱全宝：《检察机关提起环境行政公益诉讼：试点检视与制度完善》，载《法学杂志》2017 年第 8 期。

表一 广西2018年1～6月公益诉讼案件情况统计[1]

	案件线索	立案数量	检察建议	起诉数量	当前不确定数
行政	355	178	165	0	13
民事	98	50	3	3/6(刑附民)	38
合计	433	228	168	9	51

从试点省份案件线索收集情况来看,案源匮乏的情况亦是比较严重。据最高检数据显示,试点开展近10个月以来,行政公益诉讼案件线索只有554件,平均每省每月只能发现5条线索左右,而经过诉前程序过滤后转化为行政诉讼线索的则更是少之又少[2]。而最高检为了加大行政公益诉讼推进力度,采取"上传下达"的方式来设置"三步走"硬性任务,如"2016年上半年,各试点地区一个不少实现起诉案件零突破"、"2016年年底,所有试点市级检察院均有案件起诉到法院""2017年上半年,所有试点基层检察院消灭起诉案件空白"[3]。当时,检察系统普遍存在很多检察院因在履行职责中发现的案件线索有限,为完全硬性指标只好"等案上门"[4],"主动作为"的少。可见,仅凭偶然发现或强制命令通常可能导致案源的后继乏力。

部分公共利益囿于单一线索来源方式救济遭遇瓶颈,形成公共利益救济的灰色地带。民事公益诉讼的主体可以是法律规定的有关组织,如中华环保联合会,当其针对一起污染环境的案件提起民事公益诉讼时,诉讼中法院查明实际上造成污染的是某行政机关,因其不具备提起行政公益诉讼的主体资格,只能向检察机关控告申诉提供线索,但该线索的来源并不属于《实施办法》第1条第2款"履行职责中"发现的,那么,此时的公共利益该如何救济?实践中,经常发生检察机关将履行职责时发现的公共利益遭受侵害的线索向法律规定的有关组织发出支持起诉的检察建议,由该组织提起民事公益诉讼。如2015年广州市天河区检察院发现的焦云污染环境一案[5],

[1] 本数据来自2018年广西壮族自治区检察院年中报告,本文数据除特别说明外,均来源于实证调研及最高检、各地区公益诉讼试点工作总结所得。

[2] 秦前红:《检察机关参与行政公益诉讼理论与实践的若干问题探讨》,载《政治与法律》2016年第11期。

[3] 《检察机关公益诉讼试点全面"破冰" 13个试点地区均提起公益诉讼》,载最高人民检察院官网:http://www.spp.gov.cn/xwfbh/wsfbt/201607/t20160718_152659.shtml#1,2018年7月31日访问。

[4] 史自强:《河北行政公益诉讼有效督促行政机关依法履职》,载《人民日报》2018年7月16日。

[5] 刘辉、姜昕:《检察机关提起民事公益诉讼试点情况实证研究》,载《国家检察官学院学报》2017年第25卷第2期。

但从民事公益案件转为行政公益案件以及公民、组织发现公共利益受损的线索等案件时，法律法规未明确规定救济途径，此时的公共利益救济易遭遇瓶颈。

（二）诉讼请求之困：类型化裁判方式下诉讼请求的有限性

行政诉讼的裁判讲究裁判方式类型化，导致与裁判方式相对应的诉讼请求易受限制。《解释》第 24 条明确规定法院应区分不同情形作出行政公益诉讼的判决类型，可概括为：一是判决确认违法或无效，并可责令补救；二是判决撤销或部分撤销，并可责令重做；三是判决限期履行；四是判决变更行政处罚或数额认定；五是判决驳回诉讼请求。可见，行政公益诉讼的诉讼请求基本限定于请求确认违法或无效、请求撤销行政行为及请求履行法定职责三类。相较于民事公益诉讼及《行政诉讼法》中的一般行政诉讼，“给公共利益造成损失的，依法判决被告承担赔偿责任”的裁判方式缺位。“请求损害赔偿”在民事公益诉讼及一般行政诉讼中属常见的诉讼请求〔1〕，但不知为何在行政公益诉讼中悄无踪影。

检察机关作为公益诉讼起诉人，享有程序意义上的“原告资格”，代表的是公共利益，维护的亦是公共利益，且提起行政公益诉讼的法定条件之一是“被告违法行使职权或不作为，致使国家利益或社会公共利益受到侵害的证明材料”，可见，如果法院支持了检察机关的诉讼请求，则在法律意义上说明公共利益确实受损了，此时要求损害赔偿是于理有据的。

（三）诉讼结构之困：以审判为中心的法院主导地位遭削弱

从理论上来讲，检察机关作为国家法律监督机关，不仅有权向行政机关调查取证、提出检察建议，还具有监督法院的职权，在诉讼三方架构中明显处于优势地位。在我国目前仍将检察机关定位于国家法律监督者的状况下，如果赋予检察机关提起行政公益诉讼的权利，必然导致由此而提起的公益诉讼的诉讼结构因检察机关所具有的“原告”与法律监督者的双重身份，而背离行政诉讼结构的正常规律，从而呈现出严重失衡的状态〔2〕。检察机关既是行政公益诉讼的起诉人，又以法律监督者的身份参与其中，这就使检察机关不仅要监督行政机关，还要监督审判机关，这种诉讼制度的设计实际上演变成检察机关主导的诉讼程序，不仅削弱法院的审判主导地位，还会

---

〔1〕《最高人民法院关于印发〈人民法院审理人民检察院提起公益诉讼案件试点工作实施办法〉的通知》第 3 条规定：“人民检察院提起民事公益诉讼，可以提出要求被告停止侵害、排除妨碍、消除危险、恢复原状、赔偿损失、赔礼道歉等诉讼请求。”

〔2〕杨秀清：《我国检察机关提起公益诉讼的正当性质疑》，载《南京师范大学学报》（社会科学版）2006 年第 6 期。

严重破坏诉讼结构。

从实践角度来看,90%以上的行政公益诉讼案件是通过诉前程序解决的[1],即使少数案件进入诉讼程序,也全部以检察机关胜诉或者经行政机关纠正处理后撤诉为结局。这一实践结果亦印证了检察机关参与行政公益诉讼具有理论上的明显优势。

表二显示某一时段行政公益诉讼案件线索经调查核实过滤之后的公益案件总数、诉前程序解决数、行政起诉数及诉前程序占比情况。分析数据可见,行政公益诉讼绝大部分案件在诉前程序中以行政机关基于检察建议主动纠正违法行为而终止,实际进入诉讼程序的案件数量极少。

表二 全国及部分省份行政公益诉讼诉前程序情况统计

时间	立案总数	诉前程序	行政起诉数	诉前程序占比
2015年7月至2016年6月	1065	1047	18	98.30%
2016年7月至2017年6月	1619	1591	28	98.27%
2017年7月至2018年1月	9769	9497	272	97.21%
2018年1月至2018年6月(广西)	178	165	0	92.69%

当然,从某种意义上讲有助于纠正行政机关的违法行为,但也必然导致检察机关在前期调查核实案件的过程中就已经代替法院查清了事实,并在启动诉前程序时就基本确定了案件的最终结局。如此一来,行政公益诉讼很有可能徒有其名,演变成一种检察机关对行政机关的非诉讼监督模式,最终背离公益诉讼的初衷。值得注意的是,行政公益诉讼案件往往存在第三人,如涉嫌污染环境的企业、销售有害食品药品的商家、国有土地使用权人等,若案件不能进入诉讼程序或虽然进入诉讼程序但由检察机关强势主导,如何保护第三人的诉讼权利和合法利益也是值得思考的问题。

(四)诉讼结果之困:高胜诉率将增加检察机关滥诉风险

检察机关参与行政公益诉讼每诉必胜尚无败绩。虽《解释》对于行政公益诉讼的裁判方式有明确规定,但根据表三诉讼结果情况分析来看,自试点到正式开展至今,司法实践中行政公益诉讼的结案方式只有检察机关胜诉和撤诉两种形式。值得一提的是,法院判决检察机关胜诉的比率高达84%以上,而检察机关撤诉也是基于诉讼过

[1] 沈开举、邢昕:《检察机关提起行政公益诉讼诉前程序实证研究》,载《行政法学研究》2017年第5期。

程中行政机关按照检察建议纠正违法行为后已无继续诉讼的必要性。可见,不论何种结果,本质上都是以检察机关的诉讼请求得以全部实现而终结。然而,这极大可能增加检察机关提起诉讼的随意性从而引发滥诉。

表三 全国行政公益诉讼诉讼结果情况分析

时间	起诉数	审结数	以行政机关胜诉结案		经行政机关纠正后撤诉结案	
			数量	比率	数量	比率
2015 年 7 月至 2017 年 7 月	1126	938	787	83.90%	151	16.09%
2017 年 7 月至 2018 年 1 月	257	53	46	86.79%	7	13.20%

(五)配套机制之困:败诉后果承担及诉后追责机制缺位

从当前关于行政公益诉讼的相关法律规范来看,尚未见有关于检察机关败诉后果承担的规定,从诉权的平等性和诉讼的完整性角度来讲显然是不合理的。当然,行政机关败诉时,法院作出的不利判决即是对其在本起诉讼中承担不利后果的直接体现,不仅要接受法院对其行政行为的否定性评价,还必须依据判决结果限期履行或重作。但检察机关败诉后果的承担在立法上则处于空白状态。虽然到目前为止,检察机关尚无败绩,但从理论上来讲,任何诉讼都存在败诉的可能性,行政公益诉讼也不例外。以刑事诉讼为例,检察机关以严苛的起诉标准对犯罪嫌疑人提起公诉,不是依旧有诸多案件被法院判无罪释放吗?放眼于行政公益诉讼,《解释》明确规定了起诉条件,要求必须有证据证明公共利益受到侵害才可起诉,而《实施办法》又规定行政公益诉讼不适用调解,即只有当检察机关有足够充分的证据时才有胜诉的可能,但当证据不足时则必然面临败诉的风险。此外,根据《解释》第 25 条第 1 款第 5 项“被诉行政行为证据确凿,适用法律、法规正确,符合法定程序,未超越职权,未滥用职权,无明显不当,或者人民检察院诉请行政机关履行法定职责理由不成立的,判决驳回诉讼请求”及第 10 条“人民检察院不服人民法院第一审判决、裁定的,可以向上一级人民法院提起上诉”之规定,从程序设计角度也佐证了法理上是存在检察机关对法院的裁判结果不服的情形,即表明检察机关的诉讼请求存在未达到预期设想的可能性。而检察机关败诉意味着在法律意义上行政机关没有侵害公共利益但却遭遇被诉、行政能力被质疑,对行政权的行使造成不当干预。此时,若不对公益诉讼的检察权加以限制,将不利于行政管理的稳定性和权威性,也易导致检察权的滥用从而引发滥诉。

行政机关败诉后,行政机关工作人员诉后追责机制缺失。行政机关作为国家机关，其工作人员须受《公务员法》上相关责任义务的约束，涉及犯罪的还牵扯行政公益诉讼与刑法的衔接问题。行政机关败诉意味着经法院裁判认定其存在违法行为导致公共利益受侵害，亦意味着行政机关负责人存在失职行为，对其管辖范围内的行政事务监督不力、管理不严。但当前行政公益诉讼并未与《公务员法》的惩戒措施和《刑法》相衔接，如若不设计行政机关侵害公共利益后的追责机制，可能导致行政机关相关人员免于追责，无法对行政机关产生强有力的威慑，行政机关仍然会知法犯法，类似领域的公共利益可能仍然受到侵害，削弱今后对公共利益的保护。

二、困境剖析：检察机关参与行政公益诉讼困境之成因分析

（一）"法定适格主体"的唯一性与"履行职责"相制约

检察机关作为《行政诉讼法》规定的提起行政公益诉讼的唯一适格主体是更优的制度安排。[1] 立足于其职权定位，通过设置前置程序督促行政机关整改，再根据具体情况决定是否起诉，不仅有效节约司法资源，还给予行政权充分的尊重，避免对正常行政秩序造成冲击。因为不当诉讼和过度诉讼会对行政机关造成干扰而影响行政效率。[2] 但鉴于其作为唯一适格主体，即排除其他公民、法人或组织等起诉资格之后，提起公益诉讼以维护国家或社会公共利益的重任就全部落到检察机关头上。然而，鉴于前述的检察机关只限于"履行职责"中发现线索，便造成一种相互约束、相互牵制的关系。即若肯定检察机关主体的唯一性，行政公益诉讼救济便具有有限性，在履行职责之外的线索或损害则难以救济；而若肯定当前"履行职责"的限缩解释，则唯有破除检察机关起诉主体的唯一性，如民事公益诉讼一般，将民间的社会力量也赋予"原告资格"。

（二）检察机关参与行政公益诉讼之检察权定位存在偏差

以审判为中心的诉讼结构面临挑战及检察机关可能引发滥诉风险，根源在于检察机关参与行政公益诉讼之检察权定位存在偏差。检察机关参与行政公益诉讼是"国家积极作为论"的产物，在本质上涉及行政权与司法权之间的配置问题，[3] 实际上是"由检察机关采用诉讼形式，利用国家检察权力启动审判，通过检察权和审判权两种权力的合理运用，发挥司法的政策引导功能和强制威慑功能，从而实现司法权对

---

〔1〕 徐全兵：《检察机关提起行政公益诉讼的职能定位与制度构建》，载《行政法学研究》2017年第5期。

〔2〕 林莉红、马立群：《作为客观诉讼的行政公益诉讼》，载《行政法学研究》2011年第4期。

〔3〕 参见蔡志方主编：《行政救济法新论》，台湾元照图书出版有限公司2001年版，第29页。

行政权的制约”[1]，是对原有行政私权诉讼的一种突破和创新。从法理角度来看，以司法权制约行政权符合权力制衡的理论，但这种权力制约也需要在司法权与行政权之间保持一个最佳平衡点。

但实践中，因各种原因导致检察权定位存在偏差。一是检察机关参与行政公益诉讼既要发挥司法权对行政权的制约，又要防范司法权干扰行政权的正当运行，[2]这就对立法技术提出了极高要求。但我国确立行政公益诉讼时间尚短，实践经验和立法技术均有限，目前暂未对检察机关参与公益诉讼时的“检察权”作明确、统一的规范，具体包含哪些权力、参与公益诉讼时属于何种性质、与刑案中的检察权有何区别等问题都无从定论。二是检察权在本质上属于公权力，但权力天然具有扩张性，不仅行政权如此，检察权亦然。众所周知，相较于一般的诉讼，公益诉讼的调查取证是相当困难的。但纵观诉前程序的成功率及诉讼的高胜诉率，可知检察权在行政公益诉讼中调查取证能力、举证能力及技术手段之强大，在调查核实权上体现得尤为明显。然而，当前并没有相关法律对检察权进行规范和约束，其边界一直处于一种不确定的难以把握的状态。三是国家机关各司其职、分工合作，理论上应该充分尊重各国家机关处理自身权责范围内的公务，但囿于检察权的特殊性，同时兼具司法权和行政权双重属性，难免有所混同。

（三）立法之初检察机关参与行政公益诉讼配套机制滞后

任何一项新制度的设立都不是一蹴而就的，更不适宜在立法之初就“和盘托出”，行政公益诉讼制度亦是如此。制度一般是通过发现实践需要、进行理论探索与研究、参考借鉴域外做法、形成自有理论、小范围试点施行、总结试点经验和教训、补充完善理论体系等诸多环节之后才开始立法，并在今后的实践中不断进行修正、完善。基于推行行政公益诉讼可能面临诸多超出法律条文本身的现实问题，国家在立法方面是十分谨慎和保守的，仅在新《行政诉讼法》第 25 条原告资格部分增加了一款关于检察机关提起公益诉讼的规定，便没有其他任何条文与此相关了。而后最高人民法院、最高人民检察院联合出台的《解释》对检察公益诉讼案件适用法律问题作了进一步规范，总共 27 条，用以指导行政公益诉讼的开展，但也无法做到面面俱到。此外，行政公益诉讼近两年才逐渐在立法上予以明确，施行时间较短，积累的实际经验有限，尚

---

[1] 王姝亚：《行政公益诉讼制度完善之策》，载《人民论坛》2011 年第 7 期。

[2] 姜涛：《检察机关提起行政公益诉讼制度：一个中国问题的思考》，载《政法论坛》2015 年第 33 卷第 6 期。

处于“摸着石头过河”的阶段。同时,理论研究也大多集中在检察机关提起行政公益诉讼的主体资格、受案范围、诉前程序等基本问题上,对制度的细化操作、实践中遇到的问题及施行所需的配套机制研究甚少且不够深入。再加上实践中检察机关提起行政公益诉讼从未败诉过,从某种意义上而言暂未打破司法权和行政权的平衡,检察权“干预”行政权的后果还不明显。故,目前尚未建立检察机关败诉后果的承担机制及行政机关诉后追责机制。

三、路径探析:检察机关参与行政公益诉讼困境之突围

(一)构建多元化案件线索来源渠道

适当扩大解释“履行职责”的外延,将“主动发现”与“被动察觉”相结合。案件线索是办案的前提和基础,从真正保护公共利益角度出发,不应限制检察机关案件线索的来源。作为行政公益诉讼起诉主体的唯一代表,应将捍卫公共利益的使命全面落到实处,建议将法律监督职责的全部外延均纳入“履行职责”要义之中,不仅在履职过程中对涉及公共利益的线索积极审查,还要“兼听则明”,对其他国家机关移送或转交的案件线索以及公民、法人、组织等申诉控告的线索在具备一定证据基础时也应予以调查核实,此类线索虽不是检察机关履职时主动发现的,但实质上与公共利益密切相关。

完善检察机关内部各业务部门线索联动机制,实现信息共享。明确“履行职责”的主体为检察机关所有部门,不局限于民事行政检察部门。可通过动员会、发布规范性文件等方式加强公益案件线索移送工作指导,在检察机关内部实行线索移送、案件协查、结果反馈等工作机制,形成以民事行政检察部门为主导,侦查、监督、公诉等相关职能部门积极协作配合的工作格局。

深入摸排案件线索,加强外部行政执法部门合作,建立常态化沟通协调机制。主要做法是加强与公安、环境保护、食品药品安全、国土资源等行政执法部门案件信息移送工作,充分利用行政执法与行政检察衔接平台、行政执法与刑事司法衔接平台以及“阳光政务”“两法衔接”等信息平台,全面快捷地了解与行政公益诉讼相关的信息,不断拓宽线索来源渠道,强化对线索的排查、评估和管理。如广东省人民检察院就已经与政府法制办、国土资源等部门建立信息共享、技术咨询等协作机制。

(二)适时主张诉讼请求之“损害赔偿”

利益受损构成请求赔偿的基础,而行政机关的乱作为或不作为均有可能导致公共利益受损。虽然并非所有公共利益的受损都直接与行政机关有关,但针对损害后果与行政机关的行为有直接因果关系以及经检察机关提出检察建议要求及时履责、

停止违法作为、采取补救措施但行政机关拒不纠正导致损失进一步扩大和蔓延的情形，检察机关起诉时可以在要求法院判决确认违法或无效的同时主张损害赔偿。而针对具体情形要求行政机关承担赔偿责任也是对行政机关行使职权的一种逆向约束，促使其在执法时需作更多的权衡和考虑，趋于“趋利避害”心理减少乱作为或不作为的可能性。考虑到我国立法的实际情况及行政诉讼类型化裁判方式，可在《解释》第25条第1款第1项中补充“给公共利益造成损失的，依法判决被告承担赔偿责任”的内容，据此，检察机关在起诉时要求损害赔偿则于法有据。

值得一提的是，检察机关胜诉时判赔的损失应归谁所有呢？显然，不是归检察机关所有，原因显而易见。检察机关作为公益诉讼起诉人，法律监督、提起诉讼等是其职责所在，并非获取“利益”的手段。笔者建议，若损失涉及特定的主体比如利益受损的第三人或有确数的公众，赔偿数额可根据受损情况做合理分配，亦可作为该地域范围内公共建设的额外财政预算；若损失涉及的主体牵连甚广，则可上交国库交由国家统一支配。但无论何种处理方法，确定行政机关对公益损害需承担赔偿责任，均可对行政机关的违法行为或不作为起到督促和约束作用。

（三）准确定位行政公益诉讼之检察权

如何破解检察机关参与行政公益诉讼时检察权定位之偏差，防范公益诉讼常规化之后出现滥诉可能及诉讼结构扭曲，关键在于遵循法定主义原则及坚守司法克制主义。

检察机关提起行政公益诉讼必须遵循法定主义原则。即“法无授权不可为，法有授权必须为”。一方面，法律法规对检察机关参与行政公益诉讼已作出明确规定的，如受案范围涉及的领域、检察建议前置程序、调查核实权的行使、审查决定的作出、法定起诉条件、检察人员出庭职责、举证责任的承担等必须严格依据法律规范来实施，避免对行政权造成不当干预。另一方面，针对法律法规目前没有作出规范的，不可随意为之。检察机关作为“法律的守护人”，应严格遵守合法性与客观性义务，对法律未作规定的，不可滥用权力。[1]

检察机关提起行政公益诉讼必须坚守司法克制主义。司法克制主义在本质上是要求检察机关具有谦抑精神，即在参与行政公益诉讼时坚持法定性、补充性、最后性。首先，法定性意味着检察机关必须依据法定的授权、程序等参与行政公益诉讼，尤其在具体的办案程序中，应格外注意对调查取证环节的权力控制。相较于行政机关而

〔1〕 林钰雄：《检察官论》，台湾学林文化事业有限公司1999年版，第76～77页。

言，检察机关的调查能力更具优势，且《解释》第 6 条明确规定“检察机关可以向行政机关以及其他组织、公民调查收集证据材料，有关行政机关以及其他组织、公民应当配合”。由此可见，法律在收集证据方面为检察机关保驾护航。但检察机关在行政公益诉讼中所享有的调查取证权不同于刑事诉讼，因此，要摒弃固有思维，坚决避免滥用其在刑事侦查中适用的侦查措施和手段，不断强化检察权在公益诉讼行使的监督问责力度，严格落实《实施办法》中法定的调查核实方式及禁止性规定。其次，检察权对行政权的介入应当审慎且滞后。一般而言，行政权作为一种管理权，是保护公共利益最便捷最理想的方式，而检察权作为一种监督性的公权力，对行政权的介入应当位于次顺位、起补充作用。只有当行政机关自我规则失灵的情形下，检察权才发挥救济的拾遗补缺。最后，检察机关提起行政公益诉讼之前应穷尽其他法律监督手段。如在与行政执法部门进行常态化沟通协调时，针对认为行政机关可能存在侵害公共利益的行为，应及时进行沟通、实现信息共享，让行政机关防患于未然或及时整改处理避免造成实质侵害；抑或针对已经存在侵害公共利益的行为，提起诉讼之前先提出检察建议督促行政机关及时整改纠正。

（四）建立行政公益诉讼相关配套机制

关于检察机关败诉后果承担机制，需区分不同情况予以设计。纵然检察机关败诉，但并不意味着检察机关在参与行政公益诉讼过程中就一定具有过错。检察机关提起诉讼是履行职责的体现，如果在诉讼过程中确实是按照法律规定行使职权并已经尽了必要的谨慎义务，即使败诉也不应当再额外承担败诉后果，否则容易打击检察机关办案单位和工作人员的积极性和主动性。反之，如果检察机关的败诉主要是由于自身过错导致，如超越权限行使职权、业务能力过于低下、调查取证时存在违法行为或把明显不属于侵害公共利益的行为认定为侵害提起诉讼等，为了保证行政权的正常运行，防止检察权在公益诉讼中肆无忌惮地扩张，频繁提起诉讼，必须设计相应制度予以制衡。另外，还需进一步强化落实起诉层报审批制度。地方检察院拟决定提起行政公益诉讼的，应当先行层报最高检审查批准，以尽量避免出现因检察机关准备不足、证据材料不充分而导致败诉等问题。

关于行政机关诉后追责机制，建议设立行政公益诉讼与《公务员法》《刑法》的衔接制度。根据《公务员法》及行政机关内部惩戒措施，对实际侵害公共利益的行政机关责任人及有关工作人员应当依法追究失职责任；根据《刑法》，对违法行为涉及职务犯罪的，检察机关应将犯罪线索移送职务犯罪侦查部门。法院虽无权直接追究有关人员的行政责任，但可以向有关机关提出司法建议，抄送有关领导。

政府治理变革下行政法之革新

——结构功能主义的分析方法*

刘茂盛**

摘要：政府治理变革是政府治理现代化的必然要求，它强调改革结果的“变”，要求治理主体多元化、目的合理化和行为多样化。这一变革会打破规范和解释行政的传统行政法体系的稳定性，导致变革缺乏法治保障。在结构功能主义看来，治理变革动摇了行政法系统的结构稳定性，使之规范行政权的功能弱化。通过 AGIL 图式分析，发现行政法体系的结构回稳必须在治理理念下构建谦抑的立法、自主的行政、能动的司法和监察，以满足人民对美好生活向往为行政目标，推动行政法在民主行政、行政正确、责任导向、行政自制、双重审查原则下的新发展。

一、问题的提出

改革与法治是当今中国的时代主题。党的十八大报告指出“法治是治国理政的基本方式”，要求“更加注重发挥法治在国家治理和社会管理中的重要作用”。党的十八届三中全会明确了建设法治中国的战略目标，提出“建设法治国家，必须坚持依法治国、依法执政、依法行政共同推进，坚持法治国家、法治政府、法治社会一体建设”。党的十九大报告提出了新时代中国特色社会主义思想，强调坚持全面深化改革和全面依法

---

* 广西行政法学 2018 年年会一等奖。

** 中南财经政法大学法学博士，广西壮族自治区高级人民法院刑事审判二庭审判员。

治国，明确到 2035 年基本建设法治政府。

政府治理变革落脚于行政方式改革结果的“变”，它是改革的重要内容，是法治政府的当然之义。法治政府是政府治理变革的目标。但在法治界域中，政府改革理政模式，势必会冲击规范行政的既有行政法律。为了应对公共行政的变化，行政法应当开放体系，运用新方法整合自身结构，保持行政法系统的动态平衡，使之具有适应和规范现代公共行政的能力，实现控制行政和保障行政目标最优达成的功能目标，满足人民过上更美好生活的新期待。

二、政府治理变革下结构功能主义的价值与局限

（一）政府治理变革趋势

政府治理变革不同于以往改革局限于政府机构或者政府内部关系的调整，而是在政府、市场与社会三元治理格局中，面对社会主体、市场主体的自治性要求，形成以转变政府职能为中心的“变”革，它至少在治理主体、目标和行为方式上有了新的变化。

首先，治理主体多元化。1979 年以来，我国公共权力结构发生了重大变化，市场和社会主体已逐渐成为管理公共事务和供给公共服务的重要力量。因应这一变化，政府治理模式强调以信任为基础来建构行政秩序，理论上任何主体都可成为治理主体，政府不再是垄断公共权力的唯一主体。人们逐渐认识到政府驱动社会发展的有限性，以及社会公共组织对激发社会活力的功用。[1] 社会主体越来越多地承担起行政任务，一些公共事务交由社团组织负责可能比政府更为有效。市场主体也介入了公共决策的制定与实施、政府专属的职能领域以及公共服务的生产与供给之中。[2]

其次，治理目的合理化。服务而非管理是公共行政的目的，管理应当寓于服务之中。新中国政府的根本宗旨是为人民服务。在计划经济时代，管理是主导政府的行政理念。政府虽重视服务人民，但是既没有专门履行服务职能的部门，也没有明确的服务内容，公共服务仅是政府管理的终极目标和道德感召，服务隐含于管理之中，统一设计的公共服务体系忽视了地区差异、城乡差异。政府治理本质是民主行政，民主是政府治理的核心，民主政府必然以服务于公民为使命，并且鼓励公民参与到行政中

〔1〕 [美]莱斯特·赛拉蒙：《第三域的兴起》，载李亚平、于海：《第三域的兴起——西方志愿工作及志愿组织理论文选》，复旦大学出版社 1998 年版，第 17 页。

〔2〕 黄涧秋：《论“政府固有职能”对美国合同外包的约束》，载《行政法学研究》2012 年第 3 期。

来，透过民主方式共同提高服务质量和享受服务的均等机会，使公民能够平等、无差别地享受公共服务。

最后，治理行为多样化。传统政府管理方式是单一的“命令—服从”模式，公共产品和公共服务由政府垄断供给，政府行为方式单一。政府治理是任务导向的实践行为，治理主体要完成预设公共任务以达致目标必然会使用相应的工具或方法。政府选择治理行为会受到诸多因素影响，包括意识形态、社会和市场的成熟度、资源占有水平、事态发展进度等，而工具选择的不同就会形成不同的公共行政方式。[1] 综观各国公共行政实践与改革，现代政府青睐于选择非强制性工具，放松管制，提倡公共服务的市场化和私营化，强调公众参与和公共管理的社会化，实行公私之间合作治理的多样化行政方式。

（二）结构功能主义的现实价值与局限

结构功能主义（Structural – functionalism）是功能主义在20世纪中期的重要发展，其中集大成者是美国现代社会学奠基者塔尔克特·帕森斯（Talcott Parsons）。在帕森斯看来，社会是相互关联的结构组成的系统，社会系统的存续以各个结构的功能性作用为前提，社会的整体稳定依靠各组成部分的功能发挥，且在结构发生变化时，结构的自我整合可以促进系统趋向新的稳定。[2] 帕森斯最为著名的理论是分析社会系统动态平衡的AGIL功能关系图式，它对应的四个功能是：A（Adaption）“适应”，即一个系统从外部环境获得可支配的资源和手段；G（Goal – attainment）“目标达成”，即系统确立目标及其主次关系，且配置资源达成目标；I（Integration）“整合”，即维持系统各单元之间的协调有序，防止系统内部的冲突与障碍；L（Latent pattern – maintenance and tension – management）“模式维持和张力调控”，即系统维持自身独特性和共同价值体系的模式。[3] AGIL图式是纵横拓展、多层分化的立体分析框架，其中纵向分化上社会系统的各子系统均可进行AGIL图式分析，横向交换上可分析各子系统的双向互动关系。[4] 简言之，结构功能主义的逻辑进路是将结构概念置于功能概

---

〔1〕［美］斯蒂格利茨：《经济学》（下册）（第二版），梁小民、黄险峰译，中国人民大学出版社2000年版，第772～775页。

〔2〕［美］戴维·波普诺：《社会学》（第十版），李强等译，中国人民大学出版社2000年版，第108～109页。

〔3〕［澳］马尔利姆·沃特斯：《现代社会学理论》（第二版），杨善华、李康、汪洪波等译，华夏出版社2000年版，第119～125页。

〔4〕叶克林：《现代结构功能主义：从帕森斯到博斯科夫和利维——初论美国发展社会学的主要理论流派》，载《学海》1996年第6期。

念之上，不同单位结构（子系统）在系统中发挥不同的功能，结构的本质是规范、规则、秩序，价值取向是系统建构和重构的维续力量，是社会秩序形成的条件。[1] 帕森斯理论的当代价值在于，它不仅推动了古典社会学迈向现代和新功能主义诞生，[2]而且基于对罗斯福政府“新政”和纳粹德国极权主义的深刻剖析和反思，其提出在结构化秩序机制下稳定、渐进改革社会的理论构思，[3]这对正处于深化改革中的中国行政法系统性革新具有指导意义。

作为方法论，帕森斯的结构功能主义有其局限性：一是帕森斯理论过于强调以“主流（正统）共识”、“共同价值”整合系统内部结构，过分重视社会系统的政治意义，为稳固统治形态的辩护，以期建构社会互动的安定状态，忽视了社会内部不可避免的冲突和不平等；二是帕森斯理论建立在分析和批判欧洲古典社会学理论之上，通过否定前者来肯定自己的理论，具有明显的个人主观倾向；三是帕森斯理论带有目的论色彩，在运用其制造的眼花缭乱的范畴分析真实生活的行动时，“这些分析常常像是无用而琐碎的术语兜售把戏”，[4]缺乏经验层次的可操作性。[5]

为克服上述局限，提高制度设计的可操作性，本文将注重联系行政法的具体规范和运行机制来讨论，并将同类别的个体归类化为特定法律术语，作为结构功能主义的“单位行动”，[6]在法治界域中分析行政法系统内部结构的各自功能取向。就正向价值而言，结构功能主义是契合我国当前行政法体系革新需要的针对性分析方法：首先，该分析框架的政治性与行政法性质相适应。作为公法，行政法是涉及国家机构设置和行政权行使的法律，调整的是具有政治性的法律关系，行政法领域的争论实质是政治论争的延续。[7] 其次，结构功能主义的系统方法有益于行政法体系渐进、有序的革新。行政法体系是社会体系的子系统，是由一定的规范和价值引导运行、不同单位结构组成的系统。法律是社会秩序规则，行政法体系革新要尽量减少对社会秩序

---

〔1〕［德］阿图尔·考夫曼、［德］温弗里德·哈斯默尔主编：《当代法哲学和法律理论导论》，郑永流译，法律出版社2013年版，第405～407页。

〔2〕［美］J. C. 亚历山大：《新功能主义及其后》，彭牧、史建华等译，译林出版社2003年版，第65～67页。

〔3〕赵立玮：《世纪末忧郁与美国精神气质帕森斯与古典社会理论的现代转变》，载《社会》2015年第6期。

〔4〕［澳］马尔利姆·沃特斯：《现代社会学理论》（第二版），杨善华、李康、汪洪波等译，华夏出版社2000年版，第124页。

〔5〕杨方：《论帕森斯的结构功能主义》，载《经济与社会发展》2010年第10期。

〔6〕例如，将行政主体、社会主体和市场主体纳入“政府治理主体”范畴。

〔7〕［英］马丁·洛克林：《公法与政治理论》，郑戈译，商务印书馆2002年版，第7～9页。

的负面影响，而结构功能主义的目的就是在确保社会安定的前提下改良社会。最后，结构功能主义的功能导向有助于建构面向行政的行政法。功能是理解所有生命机体的中心概念，社会体系是开放性的体系，社会系统是具有整体功能的内部组织体系。[1] 在功能导向下，行政法体系重构将从"行政法是什么"转向"行政法能够做什么"，关注行政法与公共行政的相互关系，这符合现代行政法的发展趋势。

三、结构功能主义下传统行政法体系的解读

（一）结构功能主义下行政法体系的一般分析

行政法以调整对象是行政关系抑或监督行政关系，及其相应行政法律规范和原则为分析基础，[2]其体系大体包括三部分：行政机关具有的权力、行使权力的法定要件以及对不法行政行为的补救，[3]即行政组织（主体）、行政行为和行政救济。[4] 这是学术上对行政法作为一门独立学科和主要法律部门的理论建构，是行政法体系的静态描述。帕森斯理论研究的是社会系统的动态互动，且是通过两个方面的互动来阐释功能在系统中的中心地位，即一是社会系统存在于环境之中并对环境起反应，二是社会系统各组成部分的相互关系。从动态上看，行政法是在法的运行系统中生成、创制和实施，其功能亦是在此过程中发挥出现实作用，而且这一运行过程既能反映出行政法与公共行政（外部环境）之间关系，也体现出各环节结构之间关系。借助结构功能主义的分析框架并从法的运行维度，这里将行政法体系解释为由立法、执法、司法（监察）子系统组成的动态系统，[5]维系子系统之间相互关系的价值规范是行政法理念，而系统的整体功能就是塑造特定治国理政理念下的行政法律秩序。

（二）传统行政法体系的结构功能分析

法治要求政府行为必须以法律形式作出，因为在社会契约论和人民主权原则下，法律是公民或者其代表制定的。[6] 行政权源于法律，行政主体依照行政程序作出行

---

〔1〕［美］玛格丽特·波洛玛：《当代社会学理论》，孙立平译，华夏出版社1989年版，第134～135页。

〔2〕罗豪才主编：《行政法学》，北京大学出版社2002年版，第32～33页。

〔3〕［美］伯纳德·施瓦茨：《行政法体系的构成》，刘同苏译，载《环球法律评论》1989年第3期。

〔4〕姜明安主编：《行政法与行政诉讼法》（第六版），北京大学出版社、高等教育出版社2016年版，第40页。

〔5〕在我国，监察委员会是政治机关，但其功能是监督，它与司法审查的功能是相似的。不同在于，司法是通过权利救济方式监督行政机关，监察委员会是对公务员的权力监督来规范行政权行使。

〔6〕王名扬：《法国行政法》，北京大学出版社2007年版，第25页。

政行为，法院适用法律对行政行为进行合法性审查并救济权力。这就是斯图尔特教授概括的传统行政法运行的"传送带模式"。通过 AGIL 图式来分析这一模式（见图一），可以发现立法承载了"适应"功能（A），即将行政权、政府职能、公共行政目标等写入法律，为行政主体活动提供正当与合法的资源和手段；执法是政府依据法定权限与程序来制定和实现公共行政目标，即具有"达鹄"功能（G）；司法具有解决行政活动所产生争议以维持子系统团结的"整合"功能（I）。作为维持系统独特模式的行政法理念（L），则直接受到政治理念的影响。

A 立法子系统	G 执法子系统
I 司法子系统	L 行政法理念

图一　行政法体系结构

从宪法体制看，我国沿袭了传送带模式，只是立法、执法和司法在实践中的作用有着中国特色。结合前述，在管理理念下，立法机关是代表民意的政治机构，法律是民意的提炼和表达；行政机关严格执行法律，就可借助立法的政治正当性而合法化；法院对行政行为的司法审查是确保政府活动的合法性，而行政法理念是秩序和效率优先的管理理念，秩序行政是行政法律秩序的突出特征，行政法的主要功能是为行政权提供形式上的合法性解释和评价，防止权力异化。由此，形成了适应当时社会需求的行政法律秩序（见图二）。

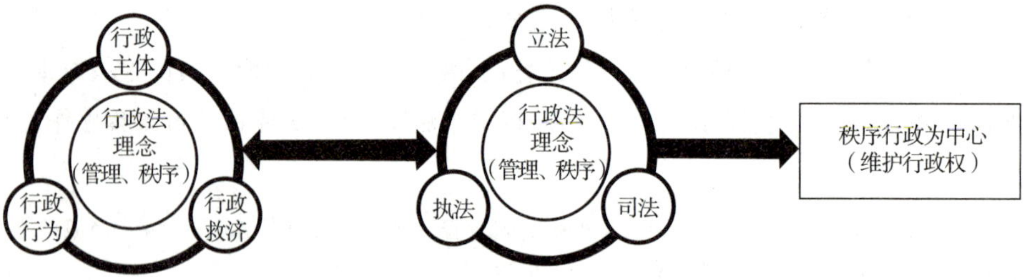

图二　管理理念下行政法体系的结构—功能

四、治理变革中传统行政法体系的结构失稳与回稳

（一）传统行政法体系的结构失稳

随着社会系统的进化和复杂化，政府活动范围不断扩大，但政府能够运用的资源

和手段又有限,这导致政府往往难以全方位应对复杂的公共事务,频繁出现政府失灵和管理危机。政府治理变革是为应对危机而推行的公共行政改革,目的是探索建立有效发挥政府、市场和社会主体三者比较优势的合作机制,通过合作来优质高效的供给公共产品和服务,寓管理于服务之中,实现社会秩序的安定,达致公益与私益的最佳状态。政府理政理念由"管"转向了"治",政府权能由垄断向共享、直接向间接转型、组织结构趋向扁平化、行为目标追求效率但更讲求公平,同时将民主引入行政过程,政府注重寻求与公民共治,从而推动了行政过程的治理主体多元化、治理目的合理化和治理行为多样化。

行政法系统存在于公共行政之中,公共行政变革必然会打破规范和解释行政的行政法体系的稳定性,而法对变革的规范与解释力不足,又会使变革失去法治保障,陷入法治困境。在治理变革中,行政法体系结构失稳的主要表现为:首先,立法与行政之间关系失稳。传统政府活动是透过"行政合法性"来证明"行政正当性",这是形式合法化的正当性,即判断行政的正当性标准是行政是否依据法律作出。[1] 在"民主赤字"的拷问下,治理变革将民主引入行政过程,市场和社会主体不仅可以参与执行行政任务,还可以与行政机关平等协商制定规则,这就为行政活动的过程和结果提供了民主正当性。如此,立法不再是行政机关获取制定和实现公共目标的资源和手段的唯一途径,行政机关在民主正当性下亦可从市场和社会中得到更为丰富的资源和手段。其次,行政与司法之间关系失稳。德国学者胡芬曾言,如果实体性公法的高度专业化知识不涉及行政诉讼法,并借此获得相关解释和实现,这些知识毫无用处。[2] 行政与司法(行政救济)之间链接的重要性无须赘言。在传统行政法中,法官是借助行政行为理论来审查涉案行为是否属于行政诉讼受案范围以及审理的进路和标准。然而,治理变革下的政府治理行为形式多样,既包括传统公法行为,又吸纳了公私混合行为、私法方式,传统行政行为理论已经无法解释当代政府的所有活动;还有行政法理念的转向压力。党的十八届三中全会将"完善和发展中国特色社会主义制度,推进国家治理体系和治理能力现代化"确立为全面深化改革的总目标。它标志着执政党治国理政理念由"管理"向"治理"的转变,以建构一种新型的国家和社会的关系,实现政府与市场和社会主体合作管理公共事务。这必然要求改变管理理念下

---

〔1〕 王锡锌:《行政正当性需求的回归——中国新行政法概念的提出、逻辑与制度框架》,载《清华法学》2009 年第 2 期。

〔2〕 [德]弗里德赫尔穆·胡芬:《行政诉讼法》,莫光华译,法律出版社 2003 年版,第 4 页。

行政裁量权过大、过分追求秩序和效率等制度理念，转向控制行政权，引导权力规范运行以增进公共福祉和公益，并在法秩序下营造自由环境，使公众能够自由民主的参与治理。行政法理念是维持系统模式和张力调控的潜在力量，其自身都面临着转向压力，说明其已无力维持各子系统之间的关系稳定。

（二）结构回稳与行政法体系的功能转换

结构失稳会使系统无法发挥应有的功能，但是社会系统会不断提升适应外在环境持续冲击的能力，帮助结构回归稳定状态。在这一发展观指导下，帕森斯提出社会发展过程中原位置相对确定的子系统会分化出诸个单元或系统，其结构和功能均不同于更大的母系统，但若新分化的单元或系统比原先的适应能力强，价值规范会对正向分化予以确认，分化结果将包容进新社会系统中，社会系统便进化到一个新阶段。〔1〕 因此，结构失稳是社会系统由简单向高级进化变迁的进程。

在治理变革下，行政正当性来源、公共行政主体、行政活动方式、公共行政目标等都呈现出由一元向多元的分化，行政法结构回稳必然要求新系统能够包容分化的结果，而系统包容的前提是子系统不会因分化而结构失范。换言之，子系统先包容了自身的分化结果，使分化处于结构（秩序）的可控范围内，从而确保分化的过程和结果不会导致系统的整体性动荡或者崩溃。以行政正当性来源为例，在协商与合作的治理过程中，立法要维持作为行政法体系适应公共行政的功能，必须重塑结构而将行政的民主正当性纳入立法的规范系统。因此，立法、行政、司法子系统必须在政府治理理念（L）下进行重构，促进子系统之间关系回归稳定，这一过程也会改变子系统在母系统中的原有作用。

一是“适应功能”要求立法由积极转向谦抑（A）。受人民主权和议会民主思想影响，立法形成的法律代表了主权国家的人民意志，行政必须为实现该意志服务。〔2〕传统体系中行政只有严格执行立法机关制定的法律才具有合法性，这是“形式主义法治”“严格规则主义法治”控制行政活动的基本逻辑。〔3〕 立法控制行政的合法性来源，必然要求其对行政领域积极制定法律规范，否则行政会无所适从。在我国，尽管立法往往表现为对行政主导下改革成果的确认和服务，〔4〕但是我国的政体是人民代

〔1〕 叶克林：《现代结构功能主义：从帕森斯到博斯科夫和利维——初论美国发展社会学的主要理论流派》，载《学海》1996年第6期。

〔2〕 ［德］魏德士：《法理学》，丁晓春、吴越译，法律出版社2007年版，第100～101页。

〔3〕 王锡锌：《自由裁量与行政正义——阅读戴维斯〈自由裁量的正义〉》，载《中外法学》2002年第1期。

〔4〕 石佑启：《论立法与改革决策关系的演进与定位》，载《法学评论》2016年第1期。

表大会制度，国家立法权由全国人民代表大会及其常务委员会行使，各级人民政府是同级人民代表大会及其常务委员会的执行机关，因此立法本应发挥积极的作用，只是因当时社会主义法律制度体系尚未建成而国家又迫切需要发展致使背离其本意。在治理变革下，行政已不是单纯的执行法律管理社会，政治与行政的界限日益模糊，行政的民主正当性使之在确定公共目标、行政方式选择等方面都拥有了更多自由权衡的权力。立法要使行政法体系适应公共行政变革的现实要求，就不应消极被动而使行政无法可依，但是当代公共行政的多样与复杂又远远超出了立法机关的能力，使之无力以法律规范全部行政活动，所以立法对行政的控制方式要转为宽泛的目的性指引，将公共目标实现方式的选择判断交由行政机关权衡。申言之，立法应当谦抑对待行政，除非必须以法律规制行政来守护法治权威。这不是否定立法的重要地位，其决定仍可能是最终的决定，立法作为规则制定者的“自由的脚”不可能被其他国家权力“束缚”。[1]

二是“达鹄功能”要求行政由消极转向积极自主（G）。传统体系中的行政是消极的执行立法指令，法律对行政的主体、行为方式与程序、法律后果及司法审查都有着较为明确的规定，公权力的作用只能依据普遍的、事先确定的标准和固定的规则来发挥作用。20世纪以来，行政对市场和社会的需求回应，使行政作用之疆域不断扩展，但并未改变行政正当性对立法的依赖。例如，斯图尔特提出的“利益代表模式”，也是在传统模式中吸纳了利益代表参与行政过程。[2] 在我国政体中，人民政府是执行机关，行政应当是执行权力机关的法律来管理社会，而管理理念中行政表现的积极自主，主要是因法制尚不健全所致，这不同于治理理念下行政的“积极自主”。治理变革下行政的民主正当性，使政府有理由要求立法给予更多的尊重，而且政府面对的当今公共问题，已不再是简单的执行法律所能解决。行政要达成系统目标，就需要针对具体的公共行政目标，积极自主地开展工作。诚然，治理之下的积极自主行政仍是权力的运行方式，因此在放松立法对行政的约束性控制，且极大赋予政府、市场和社会主体设计和实施有关公共问题解决方案的自由之时，必须重视责任性机制的建构。

三是“整合功能”要求司法由被动转向能动，创立监察委员会来强化监督（I）。司法的任务是适用法律解决矛盾纠纷，保证依法公正对待诉诸司法的个体权益，这一

---

〔1〕 王书成：《合宪性推定与塞耶谦抑主义——读〈美国宪法原则的起源和范围〉》，载《政法论坛》2011年第5期。

〔2〕 [美]理查德·B.斯图尔特：《美国行政法的重构》，沈岿译，商务印书馆2002年版，第68～69页。

使命要求司法必须在争端双方之间严守中立无偏的地位。司法的中立性决定了司法权运用的被动性。能动司法并不否认司法的被动性，而是强调在法律原则和规则之下，通过合理行使裁量权和解释法律，运用司法资源落实国家工作大局，推动社会治理机制健全。[1] 治理变革之下行政的积极自主作用突出，司法的形式审查已很难有效评价政府治理的过程和结果。司法活动和过程要适应国家政治统治的总体要求，就必须对行政进行实质性审查，关注公共行政目标和过程的正当性和合法性，积极保护公民个人权益，合理调控公益与私益的平衡，有效化解行政纠纷、协调各方关系，促进公共目标实现的最佳性。鉴于历史与现实的原因，我国在人民代表大会制度之下创设监察委员会，将党的纪律检查机关与行政监察、检察机关的反贪污贿赂局等机构整合起来，形成以党的政治权威为后盾的国家监督体制，以权力监督权力，集中反腐资源监督权力行使者的国家公务员，这是以权利监督权力的司法审查的支撑性法治力量。

由此可见，在治理的行政法理念下，立法、行政、司法、监察系统的作用指向表现为：关注行政的形式合法性、更强调行政的民主性、理性和实质正当性，恪守制约行政权的底线、更倡导发挥行政权的建构性作用，主张立法与司法的外部调控、更侧重行政的内部自制，注意保护公共利益、更重视公益和私益的均衡以及公共福祉的整体增进。它反映出行政法体系对外部公共行政环境冲击的反应性调整，而子系统的作用转变会带动系统的整体功能转换，即以促进公共行政目标实现的最优化为目的，均衡发展公益和私益，促进社会福祉的增进与共享，达成由秩序行政转向以服务行政为中心的行政法律秩序。然而，由于在中国政治与社会之中行政权过于强大，政府治理变革成功与否的关键在于法律控制行政权的程度，因此可以对行政法体系功能进一步区分为"手段功能"和"目的功能"。行政法体系的"手段功能"是控制行政权，它是行政法的法属性之主要功能，但"控制"不是限制、约束或者制约，而是要规范行政权运行，使之从属于实现服务行政的目标；"目的功能"是确保公共行政目的的最佳实现，这二者是行政法体系功能的一体两面、缺一不可（见图三）。

---

〔1〕 公丕祥：《当代中国能动司法的意义分析》，载《江苏社会科学》2010 年第 5 期。

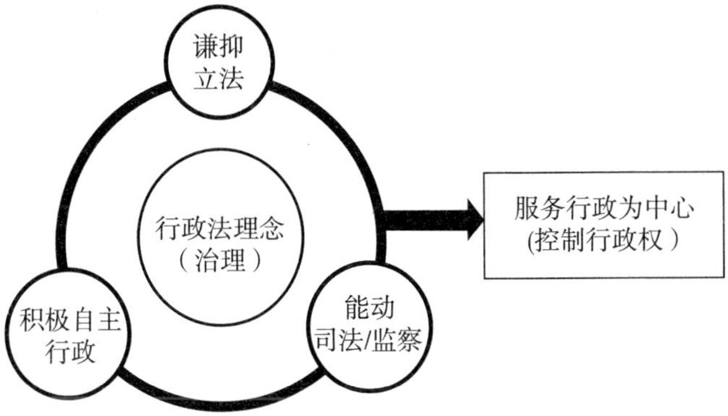

图三　治理理念下行政法体系的结构—功能

五、结构—功能转换下行政法的内涵式变革的原则遵循

行政法体系的功能是行政法内容(静态体系)建构的向导,而其功能转换亦会带动行政法的内容变革。在结构功能主义视域,这一变革是结构秩序之中的内涵式发展,它表现为行政主体结构由一元向多元、行政行为结构由单一向多样、行政救济由形式向实质的转变。结合治理变革和行政法体系“手段—目的”功能,行政法的内涵式变革至少应当遵循以下原则。

(一)民主行政原则

民主行政原则是指行政机关在行政过程中以民主为基础,依法通过与企业、社会主体、公民的平等协商与合作来共同完成行政任务。民主行政是政府治理的核心,民主是行政正当性的源泉,因此民主行政原则应当成为治理理念下行政法的基本原则。

(二)行政正确原则

行政正确原则是指行政法既要保障行政活动的形式合法性,又要建构政策目标和行政方式选择的匹配机制,保证行政目标实现的实质最佳性。我国是政府主导的治理体制,形式合法性的制度逻辑对行政法治建设仍然具有相当的现实价值和政治效用,但是当代行政活动的正当性和合理性已经很难仅以形式法治的话语来解释,这需要引入行政正确原则整合行政的合法性与最佳性。

(三)责任导向原则

责任导向原则是指以责任为中心对公共权力进行控制,规范和指导权力运行。政府治理对传统管理模式的最大变革是公共权力向私人部门移转,且在法治语境下,这一移转是基于立法对行政的授权。它使得法律的主要作用从使新扩张的公共权力和国家干预合法化,转向使公私权力混合、私人行政和通过市场等方法实现公共利益目标的合法化。[1] 但是,法律又不可能详细规定行政机关必须采取的行政方式及其适用范围,特别是以契约等新方式实现行政目的的情形。[2] 其后果是权力运行及其效用施展更为隐蔽,行政自主和裁量权更大,责任界限日益模糊。因此,行政法应当在责任导向原则下重构公共责任机制。

（四）行政自制原则

行政自制原则(又称"行政自我控制原则")是指行政主体对行政违法或者不当行为所作预防、发现、遏制、纠错、改进等的自我控制,确保行政权合法、合理、高效的运行。[3] 当代行政任务覆盖了秩序维持、经济发展、环境保护、民生保障等诸多领域,任务的繁杂要求权力的增长。[4] 但是,立法机关在大多数情况下已经不能或者不愿意集中资源来制定法律规范行政,而是给予行政机关以宽泛的授权。[5] 伴随权力的增长和权力作用形态的多样化,规范和引导行政权运行的机制建构变得尤为重要。我国是政府主导的行政法治发展模式,对行政权的规范与引导不能仅依靠立法机关和司法机关,更需要行政机关内部的自我规范、约束和监督。[6]

（五）双重审查原则

双重审查原则是指司法审查行政活动的形式合法性之时,应当对行政的合理性与合目的性进行审查。在政府治理变革之下,司法审查对行政的形式合法性控制已经落后于现实需求,但是司法审查在行政法律制度的重要性并未降低,而是拓展至对行政过程的监督与权利救济。

---

〔1〕［美］阿尔弗雷德·C.阿曼:《新世纪的行政法》,载［新西兰］迈克尔·塔格特编:《行政法的范围》,金自宁译,中国人民大学出版社2009年版,第112页。

〔2〕黄学贤:《行政法中的法律保留原则研究》,载《中国法学》2004年第5期。

〔3〕崔卓兰、丁伟峰:《治理理念与行政自制》,载《社会科学战线》2016年第3期。

〔4〕于立深:《多元行政任务下的行政机关自我规制》,载《当代法学》2014年第1期。

〔5〕［美］理查德·B.斯图尔特:《美国行政法的重构》,沈岿译,商务印书馆2002年版,第39~40页。

〔6〕崔卓兰:《行政自制理论的再探讨》,载《当代法学》2014年第1期。

多元解纷背景下行政协议调解制度适用问题研究

李华思*

摘要:调解作为有效的争端解决方式,在民事诉讼中应用普遍,但行政审判不适用调解的规则一直占据主导地位。2015 年新法修订及解释出台,对行政诉讼调解制度进行重构。与此同时,行政协议已明确纳入行政诉讼受案范围,对于行政协议案件是否可以调解,行政诉讼法没有明确规定。在不调解原则重构的前提下,提出行政协议在兼具“行政”和“契约”双重性是否适用调解的问题,反思学界对行政协议理当适用调解持应然态度是否合理,以及总结目前行政协议在实务中适用调解遇到的立法技术方面以及实务适用中存在的难题和混乱。深入理解行政协议的法律概念和性质,明确其“行政优益性”应是其具体适用法律的根本指向。并结合其在司法实践中受多元化纠纷解决改革背景的启发,认定行政协议“柔性治理”的特点,应符合现代国家治理“多元善治”的理念。针对行政协议由于其双重性质在实践中难以识别和把握的问题,借鉴繁简分流改革取得的阶段性成效,在立法层面上完善行政协议调解的解释和规定,提出构建行政协议多层次纠纷解决格局,首先必须在审判各阶段正确识别行政协议,建立多元诉调对接模式,在诉讼各环节正确把握时机对行政协议案件调解和裁判,并恪守司法权在公法领域的谦抑界限,在行政协议审判中正确运用调解手段实现行政协议案件的案结事了,为推动国家治理体系现代化贡献法治智慧。

* 中南财经政法大学法学硕士,广西壮族自治区高级人民法院行政审判庭法官助理。

调解作为有效的争端解决方式,在民事诉讼中应用普遍,但行政审判不适用调解的规则一直占据主导地位。2015年新法修订及解释出台,对行政诉讼调解制度进行重构。与此同时,行政协议已明确纳入行政诉讼受案范围,对于行政协议案件是否可以调解,行政诉讼法没有明确规定。本文在深入探讨行政协议法律特征的前提下,分析行政协议是否适用调解,并且在司法实践中受多元化纠纷解决改革背景的启发,借鉴繁简分流改革取得的阶段性成效,针对法律没有明确规定的情况下,如何在审判各阶段正确识别行政协议,把握对行政协议案件适用调解的标准,以求在行政协议审判中正确运用调解手段实现案结事了。

一、不调解原则的重构引发行政协议当然适用调解的再反思

行政审判不适用调解的原则由来已久,虽然不管理论界和实务界对此诸多争论,立法者对此一直坚持。行政诉讼不调解的制度价值源自公权力的不可处分性,简言之为"行政性"。一是为防止国家利益受损,二是出于公权力的不可交换性没有协商余地,三是为保护来自高权行政压力下的相对人之诉权。因此,诉讼不调解原则在行政诉讼立法中一直屹立不倒。但是,《行政诉讼法》允许诉讼中"被告改变原具体行政行为"以及"原告申请撤诉"的规定为规避行政诉讼不调解原则规定提供可趁之机。实践中不乏当事人或是法院出于自身利益考量也尝试以"协调撤诉"的方式规避该规定,甚至出现行政诉讼撤诉率超过刑事、民事诉讼的惊人现象,产生"非正常撤诉"[1]的风险。

纵观世界发展史,日本学界大多持行政诉讼不调解的观点,[2]实务中通过规定准用民事诉讼法规范允许和解。德国立法则明确规定行政诉讼和解的条文,理论界对此认为理所应当,实践中德国大量行政案件也通过协调解决。[3] 美国与我国相似,只在自由裁量范围内给予行政案件有一定的协调空间。

1989年《行政诉讼法》第50条明确行政审判不适用调解。我国学界一直以来对此要求改革的呼声很高。在中国知网搜索主题词为"行政诉讼调解"的文献,基本上倾向支持建立调解制度。直到2015年新法修订之后,不调解原则才出现例外,但该原则仍未废除。随着2015年新法修订首次将行政协议纳入行政诉讼受案范围,其适

---

〔1〕 李海亮、罗文岚:《关于非正常撤诉行政案件的法律思考》,载《行政法学研究》1997年第4期。

〔2〕 陈清秀:《税务诉讼之理论与实务》,台湾:自刊本1992年版,第248页。

〔3〕 参见《联邦德国行政法院法》第6条。

用规则存在“民行交叉”的典型特征。对于带有“协商”特征的行政协议而言，是否当然可以调解成为值得思考的新课题。

二、实务之困：行政协议能否调解

（一）一边倒的学术观点

学术界对行政不调解争论激烈，对于重构行政诉讼调解规则呼声很高。在2015年行政诉讼法修改以后，随着不调解原则的放松，学术争论依然不休。学界观点主要是，借鉴域外行政诉讼和解制度，逐步放开行政诉讼调解或和解的限制。对行政协议而言，学界的关注点主要在于其可“协商”性，争论其“平等性”、权利义务是否可让渡性。由于对行政协议的概念、法律性质还研究不深，带来的是学界对行政协议当然适用调解的认识，部分学者还处于过去土地、房屋拆迁补偿案件纳入民事诉讼审理的困惑中，用合同法的思维来理解行政协议的概念。

（二）立法上“协议”与“行政”交叉形成的制度迷惑

由于立法上对于行政协议的界定较为抽象，行政诉讼的调解制度有诸多限制，实践中行政协议在适用调解制度时不免容易产生混淆和困惑。

1. 可调解行政案件范围中没有“行政协议”

在不调解原则的例外规定中，没有明确将“行政协议”囊括在内。根据行政协议的法律概念，行政机关与公民、法人和其他组织订立的具有民事权利义务的协议不能定义为行政协议，但行政协议强调协商一致的过程又体现了民法中的“契约精神”。如果说协议的订立可以采用协商方式，那么因协议产生的纠纷是否当然可以采用协商的方式解决，法律中并没有明确规定，这就让当事人与裁判者在适用中产生困惑，极易造成行政协议属于行政机关行使自由裁量权，一律可予调解的认识，也有根据法律没有明确规定不予适用调解的双重标准。

2. 对行政协议效力判断的“双重标准”

在继续履行协议、解除协议或者确认协议无效之诉中，均需对行政协议的效力作出判断。是否涉及赔偿、补偿，也需要先对协议的效力作出判断。虽然2015年新《行政诉讼法》对单方行政行为确定了确认判决、撤销判决、确认但不撤销、无效类型及其判断标准，均未规定适用何种法律判断行政协议的效力。更为重要的问题在于，《合同法》关于合同效力的判断标准与《行政诉讼法》关于行政行为效力的标准并不相同。

3. 有关自行和解或调解的执行效力问题

在民事诉讼中，不管是当事人自行和解或调解达成的协议或是法院主持下调解达成的协议，法院都要对其合法性进行审查，经允许进行司法确认，即出具调解书。行政诉讼调解规则适用到行政协议中，如果当事人自行协调的结果符合行政法律规定，特别是认可行政机关的单方行为前提下，是否可以出具调解书并不明确。（见表一）

表一　与行政协议适用调解相冲突的法律规定说明

行政协议调解容易混淆的法律列举说明		说明
2015年《最高人民法院关于适用〈中华人民共和国行政诉讼法〉若干问题的解释》第11条，符合法律特征的行政协议都可纳入受案范围	《行政诉讼法》第60条规定，只有行政赔偿、补偿和行政机关行使自由裁量权的案件才能调解	调解适用范围明显比行政协议的范围更宽
《行政诉讼法》第63条规定，审理行政案件以法律、地方性法规为依据，参照规章和行政法规	《合同法》第52条规定，合同不得违反法律、行政法规的强制性规定	效力性判断上，合同法不适用地方性法规和规章
《行政诉讼法》第60条规定，行政赔偿、补偿和行政机关行使自由裁量权的案件可以调解	《最高人民法院关于适用〈中华人民共和国行政诉讼法〉的解释》第86条第5款规定，当事人要求人民法院根据自行和解和调解达成的协议制作判决书的不予准许	是否可以对自行和解和调解达成的协议出具调解书不明确

（三）实务中对行政协议调解的适用困局

1. 对行政协议难以识别

行政诉讼法对行政协议的定义较为抽象，实践中并非所有与行政机关签订的协议都是行政协议，也并非标的涉及国家、集体利益的协议都是行政协议。因此，采用主体、标的判断标准往往容易出错。例如，根据《国有土地使用权合同纠纷解释》的规定，因国有土地出让权合同发生的纠纷属于民事纠纷，按民事案件受理。而法律明文规定纳入行政诉讼受案范围的政府特许经营协议来说，甚至还有法院分案时将其作为民事诉讼审理。社会生活的瞬息变化还出现无名行政协议，即不属于法律列举式规定中的行政协议种类，是由当事人根据实际情况合意订立的行政协议。基于前述困惑，不免带来概念理解上的混乱和实务中无所适从。

2. 对于行政协议中是否属于"行政机关行使自由裁量权"的把握标准认识不一

行政协议既然"协商"订立,那么双方对其项下条款应当都有自由裁量权。但是实践中,如国有土地使用权出让合同,其出让方式可以是协议、招标、挂牌、拍卖,其中只有协议方式出让订立的合同,行政机关才对其有自由裁量权,而以其他方式出让的情况下,必须要经过特定的审批程序、招标或挂牌拍卖程序选定买方,行政机关对相对人并没有自由裁量权。这种情况必须对案件进行初审才能知道。

3. 调解主体的复杂性

行政协议的签订与民事协议不同,民事协议强调合同的相对性,即合同当事人对合同标的的处分有绝对话语权。但是行政协议双方当事人则不一定,这是由行政协议是由连续性行政行为组成的特点决定的。[1] 签订协议往往只是一系列行政行为的其中一个环节,签订机关可能只是执行者,而决策者有可能是该签订机关的上级机关或者授权机关,该机关可能并非行政协议案件的当事人或第三人,这就给调解该类案件带来难题。

笔者在中国裁判文书网对 2017 年审级为二审的全国高级法院审理行政协议案件裁判文书进行统计,发现由于对受案范围和伴随的管辖权错误发改一审案件的不在少数(见图一)。

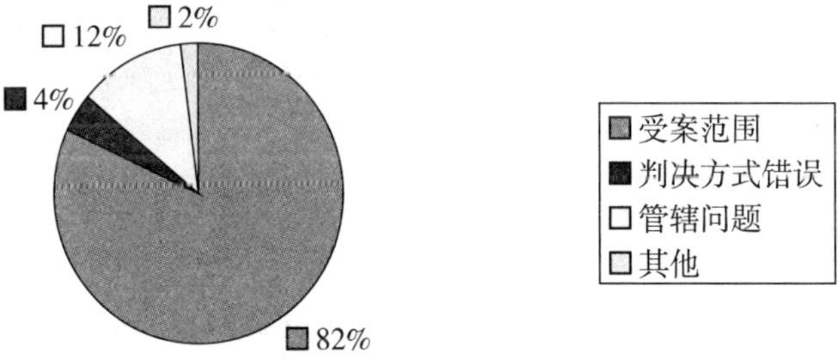

图一　2017 年部分行政协议发改案件原因构成

4. 权利义务关系的非任意性

民法上的有效合同必然产生合同之债,其产生和内容等多属当事人自由约定,具有任意性,债务的履行有以物抵债以及货币补偿等形式。行政协议的特殊性在于其权利义务不能由当事人自由约定,一旦产生纠纷,其履行形式及补偿形式亦不能随意

---

〔1〕 郭修江:《行政协议案件审理规则——对〈行政诉讼法〉及其适用解释关于行政协议案件规定的理解》,载《法律适用》2016 年第 12 期。

置换。例如,安置补偿协议中的安置回建地问题,当事人是否符合给予安置地条件需由行政审查,但是货币补偿却是确定可行的。但是通常情况下,当事人给出的调解方案坚持要求回建安置地,这就涉及法院如果选择调解则需要先行判断调解方案是否属于行政机关可自由裁量的范畴。

(四)小结

行政协议已纳入行政诉讼受案范围,其既带有公权力色彩,又基于当事人意思自治的公法契约特殊性,那么根据法律规定只有赔偿、补偿案件可以适用调解便不妥当,对于行政协议中是否属于行政机关适用自由裁量权的标准也模糊不清,加大了审理难度,不利于提高审理案件的效率。在调解程序上,一概排除对自行和解和调解进行司法确认也加大了当事人心理压力,不利于真正促成案结事了。

三、"协议"还是"行政":行政协议的"行政优益性"决定其法律适用

(一)认清行政协议本质上是行政行为

域外将行政合同制度的认知已经非常成熟,大致分为三种不同的类型:一是"政府合同",以美国为代表;二是行政本位的"行政合同",以法国为代表;三是契约本位"公法契约",以德国为代表。中国行政协议制度受法国影响较深,有学者称是受到王名扬先生《法国行政法》的影响,未予考证。笔者认为,不管哪个国家对行政协议的理解都不可忽视其公法特征,行政协议的出现更多地体现出国家治理体系现代化提出柔性行政带来的行政权运行手段多样化的趋势。

与民法相区别,"协议"并非民法专有概念,且民法学者们拒绝了行政协议由《合同法》调整[1]。根据2015年《最高人民法院关于适用〈中华人民共和国行政诉讼法〉若干问题的解释》第11条,行政协议的首要任务是保障公益最大化,在此前提下尽量实现公共利益与个人利益的双赢。在深入理解其行政公益性优先的前提下,必须明确行政协议仅仅是行政管理方式发生变化,并没有影响行政协议中"行政优益权"的本质,"协议"仅仅是行政管理方式的新型载体。举个例子,政府特许经营协议与行政许可就存在价值追求趋同和行为方式异化,但这不是本文讨论的重点。行政协议既是行政行为的一种,那么依法和依约就是行政协议的双重属性,优先适用行政法规范必须是法院对行政协议进行确认和评价的必经程序。

---

〔1〕梁慧星:《讨论合同法征求意见稿专家会议上的争论》,载《法学前沿》(第二辑),法律出版社1998年版;王利明:《合同的概念与合同法的规范对象》,载《法学前沿》(第二辑),法律出版社1998年版。

(二)“行政协议不调解”既有违立法精神也不适应现实需要

行政协议是行政行为,为保护行政优益权,一概进行合法性审查后直接判决是否更可取呢?考察立法精神和现实形势后,笔者认为,这种“因噎废食”的做法不利于衡平各方合法权益,故也不可取。

1. 歪曲立法本意

行政协议因其“契约性”,本身就隐含在契约缔结过程中的决策风险和与之伴随的损害赔偿、补偿可能。所以因法律无明文将行政协议列举在内而一概不予调解不符合立法本意。对于行政诉讼不调解原则的重构,是适应新形势下“合作性”行政管理要求,创新国家治理能力,建立现代化国家治理体系的内在要求,也是妥善化解“官民”纠纷、响应司法改革中各项体制机制改革的努力尝试,一律不予调解,也不符合改革背景下的政策要求。

2. 不利于保护诉讼中处于弱势地位的行政相对人的合法权益

行政诉讼一概不调解的弊端已经凸显,即便法律明令禁止,因为利益驱动等各方面复杂原因,“协调撤诉”的司法怪相难以实现实质正义。如果没有法院对和解过程的职权介入,处于高位权的行政机关极有可能对相对人采取不正当的强制手段,给予不平等的和解条件逼迫其非自愿“撤诉”,极不利于保护当事人尤其是原告的合法权益。行政机关利用信息获取的优势地位,即便双方达成一致,缺乏法院的司法确认,一旦行政机关拒绝履行,原告无法以同一事实和理由再行起诉,从而丧失司法保护的最终权利。这种实质上的不公平极易引发行政相对人与行政主体之间新的矛盾和信任危机,产生社会的不稳定因素。因此,只要双方当事人合意解决纠纷是发生在诉讼程序之中,法院的职权介入更为有益。

3. 不适应当前司法资源紧缺的法治背景

据最高人民法院每年的工作报告显示,全国各级法院审结案件逐年上升,行政协议作为新兴事物案件量也逐年走高(见图二)。在案件大幅上升的背景下,同时进行的司法员额制改革已进入改革攻坚期、深水区,近些年的法官人数有减无增。在这种案多人少的背景下,司法资源无法满足纠纷解决和社会治理的实际需要。如果每个案件都采取判决方式,极易形成机械司法、僵硬司法的局面,即使案结事了,也会大量耗费司法成本。

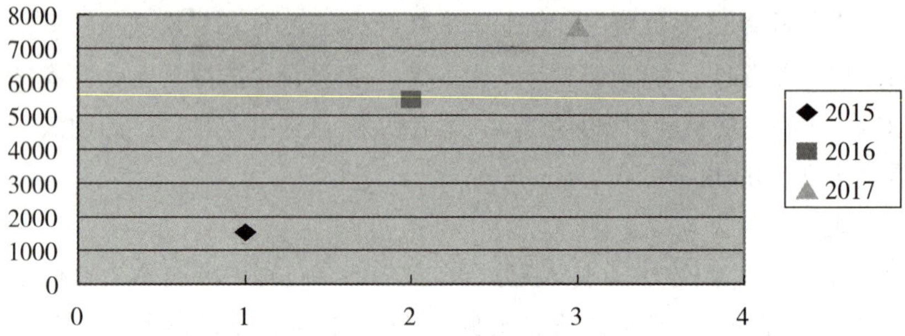

图二 中国裁判文书网近三年来行政协议案件数量

(三)行政协议一致"协商"的弊端

1. 法律性质不允许

行政协议固有的行政性不允许公共权力的任意处分,也不符合法理精神。如果全然将其比照民事诉讼法审理,适用民诉法程序,在认定其效力、或原告请求撤销、变更其内容时出现法律适用上的冲突,实际操作中也会造成行政机关囿于法律、法规等制度规定无法满足原告提出的要求,导致直接拒绝调解,效果不理想。

2. 不利于遏制权力腐败

公共政策理论提出行政机关也是由个体组成,个体并非总是处于理性状态,当出现利益诱导时,出现权力寻租现象不无可能。而法律如果在此开启方便之门,如同民事诉讼中恶意诉讼、虚假诉讼风险存在一样,当事人会以种种利益诱导和腐化行政机关,通过司法开启的快速通道实现其不法目的,不利于从根源上遏制腐败。

3. 降低审判质效

如果行政协议一概可以调解的理念深入人心,本着"调解优先,调判结合"的审判理念,法院会优先适用调解。然而,行政协议案件并非全然给付之诉,还包含有确认之诉等,且"民告官"的案件通常矛盾相当尖锐,每个行政协议案件都直接进入调解程序会大大降低审判效率。

4. 出现"滥诉"风险

由于行政机关掌握对资源分配的特权,不排除有当事人为与行政机关"平等"对话,交换利益,利用诉讼的方式制造调解机会"谈条件",从而造成行政效能低下。

(四)将重心由"协商"一致转到"一案一议"

由于行政协议纠纷属于新型的行政诉讼种类,在采用调解方式寻求实质性解决争议的时候,就需要法官采用"一案一议"综合判断的方式,明确其"行政优益权"特征的前提下,采用综合判断方式,首先识别行政协议,再区分协议中的权利义务哪些是行使自由裁量权可调解的范围,哪些是需要进行合法性审查不适用调解的范畴,并且在调解中根据案情需要追加主体,多元化帮助促成调解。

四、另辟蹊径:解开行政协议双重法律性质调解困境

(一)多元解纷为构建行政协议调解制度的启发

党的十八届四中全会在确立全面依法治国的同时,确定多元化纠纷解决机制的改革任务,并实施出台《关于完善矛盾纠纷多元化解机制的意见》,给予多元化纠纷解决机制建设政策支持。党的十八届三中、四中、五中全会也提出多元善治的理念,提倡改革过去单一主体管理的模式,从"管理"转向"治理",构建主体多元、民主的参与互动模式。"善治"则要求从硬性"法制"向多元"法治"转变,通过互动参与形成纠纷解决主体的多元化、民间化与社会化,协调社会关系形成良性互动,预防纠纷的发生,降低纠纷主体之间的对抗性和风险。"善治"应用到争端解决机制当中,究其关键在于:诉调对接,分流过滤,调解速裁。

以多元解纷的核心理念妥善处理好行政协议矛盾纠纷,对于多元善治,建立现代化国家治理体系,推进依法行政有着重要意义。行政协议由其自身双重性质,非常符合多元解纷背景下柔性行政、多元共治的理念。而调解作为实质性解决纠纷的重要手段之一,应重视其在带有"协商"性质的行政协议纠纷解决机制中的主导地位,进而完善整个行政诉讼调解制度。

(二)制度设想:对行政协议调解的立法完善

1. 增加"行政协议"纳入可调解案件范围

行政优益权的行使已有补偿制度与之形成对价关系[1],因此,从协议双方行使自由裁量权的角度看,行政协议应当纳入调解范围。但是并非所有行政协议案件都可以调解,应在审理中予以区别对待。

2. 明确"行政机关行使自由裁量权的条款"为行政协议可调解类型

因行政协议具有的双重属性,使得协议订立的程序和过程有可能涉及国家、集体或不特定第三人合法权益,因此,并非协议项下的所有条款都可调解,仅有行政机关

---

[1] 《行政诉讼法》第78条规定:"被告不依法履行、未按照约定履行或者违法变更、解除本法第十二条第一款第十一项规定的协议的,人民法院判决被告承担继续履行、采取补救措施或者赔偿损失等责任。被告变更、解除本法第十二条第一款第十一项规定的协议合法,但未依法给予补偿的,人民法院判决给予补偿。"

有权行使自由裁量权的条款才有协商的余地。

3. 对“自由裁量权”进行限缩解释

行政权不能自由处分，不存在自由裁量权条款。这里所称自由裁量权，只能是金钱给付之诉且相对人亦可自由处分的权益，在此种意义上，双方才存在“平等”协商的可能。

4. 对可申请参加调解的“第三人”进行扩大解释

这里的第三人可以是与案件处理结果有利害关系的人，应当允许案外第三人参与调解。行政诉讼的政策性突出，社会效应也较为广泛，应当采纳多元调解理念中案外人，如当地有名望的长者、基层组织代表，村委，政府的参与模式。有的案件中，行政行为正确，当事人问题的症结在于其基本需求得不到满足，为避免案结事不了，允许可以对当事人所反映问题作出处理的有权机关或个人参与调解，有利于真正发挥调解的功能，达到诉讼目的。

5. 增加对当事人自行调解进行司法确认的条款

虽然法律有“行政诉讼未作规定的，参照民事诉讼法的有关规定”的兜底条款，但行政法发展至今，的确与民诉法凸显出更为明显的区别，以民事诉讼法作为兜底已不适应现实司法需要，也容易导致法官在裁判中混淆。在行政诉讼法中明确司法确认对自行调解的效力，不仅鼓励当事人积极运用调解手段解决争议，消除当事人顾虑，对行政机关依法行政、依法调解也起到一个很好的司法监督作用。

（三）在繁简分流改革背景下构建多层次行政协议调解制度

繁简分流是当前为提升司法质效的一项重要改革，是针对全国普遍存在的“案多人少”顽症开出的一剂“强心”药方。繁简分流实施的关键在于根据案件事实和社会影响等具体因素，选择适用适当的审理程序，并完善不同程序之间的转换衔接，努力以较小的司法成本取得较好的法律效果。繁简分流试点改革已取得一定实效，总结出不少有益经验。在行政协议案件的处理上，可以借鉴繁简分流改革中，推进行政诉讼立案环节对可调解行政协议的甄别分流，通过调解简化行政协议案件审理程序。对于已经立案但不符合起诉条件的行政案件，经过庭前会议，认为不需要开庭审理的，可以径行裁判。对于符合行政协议典型法律特征且争议不大的案件，探索建立行政协议速裁工作机制。具体做法是：

1. 案由的进一步精细化分流调解。当事人递交材料但未立案阶段，立案法官应当先行对协议条款进行初审和识别，找出问题症结。进而如果双方均对行政机关的单方行为予以认可，可与调解员对案情简单、法律有明文规定的行政赔偿、补偿部分先行调解，分流一部分案件。对于赔偿、补偿案件，调解员应当先行询问当事人的调解方案，对于愿意接受货币补偿方案的当事人先行做工作，仅对补偿数额不满意不能调解的记录在案，不能接受货币补偿方式的直接进入开庭程序。

2. 调解不成回流审判。调解不成的，审查材料进行立案登记，进入诉讼程序，将先行调解的结果登记在案。立案后开庭前，专门的调解团队可跟踪调解。诉讼前，由主审法官根据先行调解的情况以及庭前会议归纳的争议焦点再次审查是否属于行政机关行使自由裁量权的行政协议案件，评估双方的对立情绪和矛盾尖锐程度，决定是否再次进行诉前联调，诉前联调可联系有权处理的行政机关如交警、工商、街道、村委等部门，目标是实际解决案件真实存在的问题，达到当事人诉讼目的，联调结果保密，且调解作出让步的内容不作为诉讼证据使用。

3. 诉前或诉中调解不成的，或者主办人经过庭前会议、书面阅卷方式界定行政协议中的内容不属于可调解范围或不宜调解的，或者当事人诉求无理以及矛盾难以调和的，应当及时判决。

4. 技术层面上，需要配备专门的调解人员，并引入社区调解、第三人调解、在线调解等多元方式。

笔者通过问卷调查的方式了解 G 市三级法院员额法官对借鉴民事诉讼繁简分流改革成效，建立多层次行政协议调解制度的态度，多数员额法官对此持积极态度，少部分法官不支持的原因一是出于行政诉讼不调解原则，认为应直接分案进入审理程序再根据案情决定是否调解；二是行政案件往往矛盾尖锐，初审阶段调解阻力较大。而更少部分员额法官认为没有区别（见图三）。

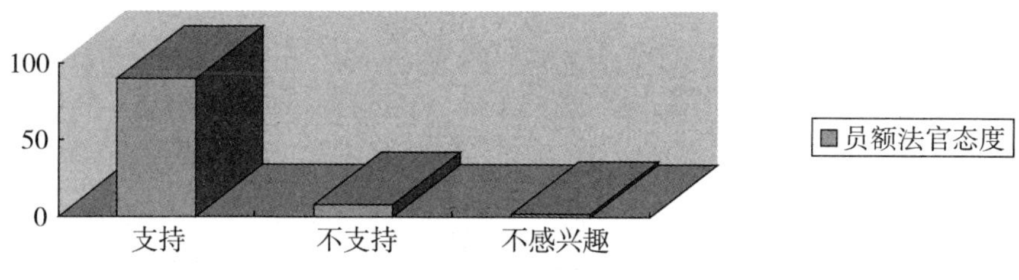

图三　建立行政协议多层次调解的法官意愿调查

（四）恪守司法谦抑在公法领域之界限

行政协议究其根本是行政行为，法院应当尊重行政机关的专业性和权威性，虽然协议是当事人协商订立，但其实际上是行政管理权的让渡，司法不应过度干涉，仅需对调解内容的合法性进行审查。在调解的过程中，司法介入采取适度为宜，过松的控制将诱发不正当撤诉行为，走回一条老路；对协议双方干涉过多（其实是对行政权的干涉过多），不仅有过度司法之嫌，又会妨碍调解的自由与成功。因此，在对行政协议调解时应把握好职权介入的限度，最好采取调审分离模式。

法院的职权介入在不同阶段需要关注的侧重点不同。在立案初审阶段，对行政协议调解主要关注类案或关联案件检索，这既有利于法院识别典型行政协议类型实现归口管理，有利于法院提高调解的成功率，进而提高审判质效。而审理阶段调解则主要是关注行政协议的合法性审查和实质性解决争议。坚持行政诉讼不调解原则，对于进入审理阶段的案件按诉讼程序进行合法性审查，附带审查行政协议中有无可“协商”余地，评估案件难易程度及相应的诉讼风险，有余地的仍应向当事人作出调解建议，释明诉讼可能的风险，并且限定调解期间。期间经过仍然无法达成调解协议的，调解程序终结，即时作出判决。

五、结语

行政协议能否调解虽然法律没有明确规定，但根据其法律性质和行政诉讼法对行政案件调解范围的界定，行政协议因其行政优益权原则上不可以调解，但不是所有的行政协议项下条款都不可以调解，行政协议中涉及行政赔偿、补偿以及行政机关行使自由裁量权的案件才能调解。在多元解纷改革背景下，在案件繁简分流取得阶段性成果的同时，将多层次调解制度引入行政协议调解当中，探索建立行政协议调解制度，对于更加明确把握行政协议的法律特征，提高解决行政协议纠纷的司法效率和质量，更有利于推进行政“依法”和“善治”。

司法实践视角下构建行政协议案件裁判方式类型化思维体系

封　宇*

摘要:2015 年实施的《行政诉讼法》将政府特许经营协议、土地房屋征收补偿协议等协议列入行政诉讼受案范围,但在实践中行政协议案件裁判方式并没有统一规定。本文通过一些案例分析行政协议的性质、行政协议行为对行政协议裁判方式的影响,提出审查行政协议案件使用的七种裁判类型思维体系。

2015 年 5 月 1 日实施的《行政诉讼法》第 12 条第 1 款第 11 项规定行政机关不依法履行、未按照约定履行或者违法变更、解除政府特许经营协议、土地房屋征收补偿协议等协议的属人民法院审理行政案件的受案范围;第 78 条规定了审理行政协议的裁判方式,即"被告不依法履行、未按照约定履行或者违法变更、解除本法第 12 条第 1 款第 11 项规定的协议的,人民法院判决被告承担继续履行、采取补救措施或者赔偿损失等责任。被告变更、解除本法第 12 条第 1 款第 11 项规定的协议合法,但未依法给予补偿的,人民法院判决给予补偿"。但在新法出台之前,行政协议纠纷是通过行政诉讼抑或民事诉讼解决,这一问题在法学理论和审判实践中存在争议,致使各级法院审理行政协议做法不统一,裁判方式也有所不同。同时,由于最高人民法院颁布的相关司法解释和批复答复也没有给予完全一致的解释,造成审理行政协议普遍存在困惑。在最

* 广西壮族自治区高级人民法院行政审判庭法官助理。

高人民法院对如何审理行政协议未出台相关司法解释之前，笔者通过对一些案例裁判方式进行分析，研究行政协议的性质、行政协议案件中审查对象与行政协议裁判方式的关系进行研究，就行政协议裁判类型化思维体系提出一些建议。

一、部分法院审理行政协议的裁判方式与分析

通过北大法宝司法案例数据库，2017 年 1 月 1 日至 2018 年 6 月 30 日，输入“行政合同”“政府特许经营协议”“土地房屋征收补偿协议”“二审判决书”等词组进行检索，对 137 份裁判文书引用的法律及判决方式进行分类。经过整理、比对、排除，归纳分析部分法院审查行政协议案件的裁判方式和适用法律规范。具体分析如下：

从文书裁判方式看，在这 137 份裁判文书中，排除不属于政府特许经营协议和土地房屋征收补偿协议案件 14 件，各类系列案共 79 件，折算后符合统计要求的一共有 54 件案件。其中，法院对行政机关实施行政协议行为的合法性审查为 15 件，占 27.78%；对行政合同的效力及合同的履行进行审理的案件一共有 37 件，占 68.52%；其他审查为 2 件，占 3.7%。从上面的数据看，虽然《行政诉讼法》将行政协议列入行政案件受理范围，但是在行政审判中大部分审理行政协议的办案思路是按照审理民事合同的思维方式进行审理，即强调围绕原告的起诉请求进行审查，以合同约定条款、双方履约情况作为审查行政协议的主要依据，强调缔约自由、当事人地位平等和意思自治。

例如，吉林省佰亿投资担保集团有限公司诉公主岭市经济开发区管理委员会特许经营协议及行政赔偿纠纷。一审法院认为根据《合同法》第 52 条规定：“有下列情形之一的，合同无效：……（五）违反法律、行政法规的强制性规定。”本案吉林省佰亿投资担保集团有限公司与公主岭市经济开发区管理委员会签订的《吉林省公主岭市范家屯城市供水特许经营协议》《范家屯供水项目协议书》违反了法律的强制性规定，且双方均未能举证证明其在签订协议前履行了法定的各项程序，应属无效协议，自始就不具有法律效力。二审认为一审判决认定事实清楚，适用法律正确，亦认为涉案的《吉林省公主岭市范家屯城市供水特许经营协议》《范家屯供水项目协议书》为无效合同。

从裁判文书中是否直接引用民事法律规范看，这 54 个案件中有 22 个案件没有适用民事法律规范，这 22 个案件主要涉及受案范围的界定、当事人主体资格的认定等程序类问题，占 40.74%；有 32 个案件在文书中直接适用民事法律规范（包括适用《民法总则》《合同法》《民事诉讼法》等），占 59.26%。从这些数据看，在行政审判实

务中，多数行政协议案件在采用民事审判思维模式进行审理的前提下，导致审理结果也直接适用民事法律法规。例如，王某某、陈某某诉杭州市余杭区良渚街道办事处征迁行政协议案。杭州市中级人民法院二审认为，陈某某其在杭州市余杭区无常住户口，但其属于王某某户内王某芳结婚三年以上的配偶，依据《杭州市征收集体所有土地房屋补偿条例》第20条第2款第1项规定可以计入安置人口。良渚街道拒绝将陈某某列入安置人口，不符合上述规定，也造成显失公平的后果，依法应予纠正。依照《行政诉讼法》第89条第1款第2项、第77条第1款，《合同法》第54条的规定，判决撤销一审判决，将良渚街道与王某某户签订协议第6条第1项中确定的安置人口6人变更为7人，安置面积480m^2相应变更为560m^2。

二、行政协议本质、审查对象之争对裁判方式的影响

通过上述归纳分析，修正后的《行政诉讼法》虽将行政协议纳入行政受案范围，但审判实践中一些法院对行政协议案件的审查思路是延续使用审查民事合同的思维，在行政判决中直接适用民事法律规范进行说理分析及作出实体判决的案件数量占了一半以上。笔者认为，行政协议案件裁判方式民法化的原因有如下几点：(1)目前，在行政审判中对行政协议本质属私法领域还是公法领域存有分歧，而行政协议的本质影响案件审理思路的方向及判决方式的法律适用。(2)行政协议案件的审查对象不明晰，导致在行政协议纠纷中对审理对象的理解不统一，即是审查行政行为还是审查合同本身存在争议，造成裁判方式多样化。(3)行政协议之诉属何种诉并未明确，造成一个文书中作出的裁判方式出现了行政行为侵权责任与违约责任共同存在的奇怪现象。因此，有必要探究行政协议的本质和审查对象对行政裁判方式的影响，从而构建相对应的裁判思维体系。

(一)行政协议性质的公、私法理论争鸣对行政协议裁判方式的影响

行政协议，又称行政合同，是指行政机关为实现公共利益或者行政管理目标，在法定职责范围内，与公民、法人或者其他组织协商订立的具有行政法上权利义务内容的协议。[1] 在新修订的《行政诉讼法》颁布实施之前，行政法学界的学者们与民法界的学者们对行政协议（民法称为行政合同）的本质存在争议。行政法学界的学者认为，行政协议是为了解决现代行政管理出现新情况、新问题而产生的一种新的行政管

〔1〕 江必新主编：《中华人民共和国行政诉讼法及司法解释条文理解与适用》，人民法院出版社2015年版，第95页。

理手段。随着我国法治政府建设的发展,强调以法律约束政府,防止政府权力的滥用,在行政机关行使职权过程中应当保护公民、法人和其他组织的合法权益等法治观念深入人心。而单一的行政命令、行政强制等行政管理手段往往容易引起行政相对人的反感、对抗。因此,在行政管理领域借鉴私法中契约理论,行政机关以行政管理者的身份与行政相对人充分协商,在意思表示一致的基础上与行政相对人签订协议,以此达到实现与增进公共利益的目的。由于行政协议存在行政主体特定,目的在于履行行政职责、实现行政管理公益目标,协议签订履行过程中行政机关享有优益权的行政法上的特征,行政法学界认为行政协议为公法合同;虽源于民事合同,但已独立于民事合同,因其具备行政性而为行政法学上一个重要概念。而民法学者认为不存在独立于民事合同的行政协议(行政合同)。理由是行政合同具备合同双方或各方意思表示真实、平等协商一致的特点,仍属于民事合同的范畴。理论上对行政协议本质之争也影响到审判实践当中。法院对行政机关依职权签订的合同性质是行政法范畴还是合同法范畴并没有统一。例如,《最高人民法院关于审理涉及国有土地使用权合同纠纷案件适用法律问题的解释》(法释〔2005〕5号)将国有土地使用权出让合同纠纷规定为民事案件;而《最高人民法院行政审判庭关于拍卖出让国有建设用地使用权的土地行政主管部门与竞得人签署成交确认书行为的性质问题请示的答复》(〔2010〕行他字第191号)规定,"土地行政主管部门通过拍卖出让国有建设用地使用权,与竞得人签署成交确认书的行为,属于具体行政行为。当事人不服提起行政诉讼的,人民法院应当依法受理"。由于理论与实践的不一致,导致处理该类纠纷的思路和方式不一致,不利于纠纷的妥善化解。

(二)行政协议性质的实证歧路对行政协议裁判方式的影响

如前所述,由于行政协议的本质在理论与实践上长期存在争议,致使实务中审理方向产生分歧,导致行政协议裁判方式也不尽相同。而本文第一部分列举的吉林省佰亿投资担保集团有限公司诉公主岭市经济开发区管理委员会特许经营协议及行政赔偿纠纷中法院依据《合同法》认定特许经营协议属无效合同;王某某、陈某某诉杭州市余杭区良渚街道办事处征迁行政协议案中法院同时适用《合同法》和《行政诉讼法》进行审理,则是实践当中对行政协议裁判方式存有分歧的表现。即使在修改后的《行政诉讼法》将部分行政协议明确纳入行政诉讼受案范围后,行政审判内部也存有争议。一种观点认为,既然行政协议本质为公法意义上的契约,那么应根据《行政诉讼法》第6条的规定对行政机关订立、履行、变更、解除行政协议的行政行为是否合法进行审查,而对应的行政裁判方式也应遵循行政诉讼法规定的裁判方式。理由是:

(1)修正后的《行政诉讼法》第12条第1款第11项将行政协议明确纳入行政诉讼的受案范围,这是肯定了行政协议属独立的行政法上概念,不再隶属于民事合同,因而需通过行政诉讼途径予以解决。(2)《行政诉讼法》的立法目的是保护公民、法人和其他组织的合法权益,监督行政机关依法行使职权;并规定公民、法人或者其他组织认为行政机关和行政机关工作人员的行政行为侵犯其合法权益,有权提起诉讼。同时,规定了行政诉讼的审查客体是行政行为的合法性。从这些规定可以看出在审理行政协议过程中,应遵循行政诉讼法特有的规定,即对行政机关的行政行为合法性进行审查,而不是跳出行政诉讼法规定,直接适用《合同法》审查行政协议的法律关系。(3)既然立法已经将行政协议列入行政诉讼的受案范围,则行政协议属于行政法上的法律关系,如果仍以私法的理论以及按照审理行政协议合同纠纷的思路去审查行政协议,那么在公私法对立的情况下,行政协议的本质违背了传统行政法学思想(一个生活关系尽量统一在一个法律关系中),这将造成法律内部逻辑的混乱。(4)审判实践中长期将行政协议归类为民事合同,淡化了行政协议在行政法上的特殊性,以致人们对行政协议的惯性认知限于私法领域,认为行政协议等同于一般的市场交易行为,其裁判方式也应遵循市场交易规则。将行政协议列入行政法范畴,有助于突出行政协议本质特征,使用行政裁判方式更有利于强化其行政法的本质,也有利于改变人们以往的观念。如果行政协议的审判模式依旧遵循《合同法》的规定,那将行政协议列入《行政诉讼法》显得多此一举。另一种观点认为,行政协议属民事合同的一种,即使列入行政诉讼的受案范围,但仍应依据《合同法》的规定审查行政合同效力及双方当事人的履约行为,并按照协议的约定及《合同法》的规定作出实体裁判。理由是:(1)行政协议为私法意义上的合同,强调缔约双方意思自治,缔约自由。(2)基于合同相对性原则,合同仅对当事人产生法律上的约束力,即《民法总则》第119条关于“依法成立的合同,对当事人具有法律约束力”的规定。这要求在实践当中,依法成立的有效行政协议,除当事人同意或者有特殊的法律原因外,不容当事人反悔或者解除、撤销;债权人有权请求相对人履行该合同约定的义务。(3)在一方当事人违约的情况下,守约方有权要求对方承担违约责任。这有助于保护交易安全,符合信赖利益保护原则,也是诚信政府的重要体现。特别是在国有土地使用权出让合同、特许经营行政协议当中,有利于保护行政相对人的合法权益。笔者倾向认同第一种观点。首先,行政协议签订双方地位并非民事法律关系上的平等主体,行政协议设定双方的权利义务往往不对等。其次,行政协议往往涉及公共利益,如果完全按照《合同法》的规定去处理行政协议,有可能对公共利益造成损害。最后,《合同法》规定的违约责任不一定能解决行政协议引起的一些争议。如在行政协议中对行政机关设定不允许行政机关单方解除合同的条款。在政策、行政法律法规变动的情况下，行政机关无法履行行政协议，相对方仍要求行政机关承担继续履行的违约责任，如果按照违约责任去裁判，不能实质化解争议。虽然《行政诉讼法》确立了行政协议的独立地位，也是行政诉讼法修改的最大亮点，但是行政协议在立法上的概念，行政协议具备哪些法律特征、审查方式的体系化都没有作出明确规定，需要尽快出台相关司法解释以明确。

（三）行政协议审查对象对行政协议裁判思维的影响

行政协议审查对象是行政协议裁判方式的前提。由于行政协议为公法合同，只能按照行政诉讼程序监督行政机关作出行政协议行为是否依法行使职权，即行政协议案件的审查对象是行政机关作出行政协议行为的合法性，而政府特许经营协议、土地房屋征收补偿协议等书面协议是审查合法性的途径。民法上的合同是债的发生原因之一，是当事人之间设立、变更、终止民事关系的协议。民事合同的审查对象平等主体之间的财产关系，强调不告不理原则。由于行政诉讼与民事诉讼审查对象不同，这就存在一个问题，即行政协议纠纷中侵权责任与违约责任的竞合问题。在民事诉讼中，侵权与违约责任竞合时，规定原告只能择一提起诉讼，不能同时或混淆两种不同的民事责任。而在行政协议纠纷中，是否也可以按照民事诉讼的规定择一起诉呢？笔者认为，根据《行政诉讼法》第 2 条的规定，行政协议行为纠纷只能是侵权诉讼，而不是行政协议合同纠纷。因此，行政协议行为的利害关系人只能提起侵权之诉，不能提起违约之诉。侵权之诉与违约之诉所适用的规则和审理思维是不相同的，两者不能在同一诉讼中并存，所以行政协议的裁判方式不能直接适用或混淆使用合同违约责任的相关规定。而我国多年行政诉讼理论和司法实践的发展，已经逐步形成了以行政行为为审查对象，实行行政裁判方式类型化的行政诉讼审理模式。现行的《行政诉讼法》继承并发展了这种模式，使得行政判决方式类型更加完善，各类裁判方式的法定适用条件更清晰，也规范法官选择判决方式的自由裁量权，进一步实现实质化解行政争议的诉讼目的。因此，针对目前审理行政协议的思路不明确、裁判方式类型没有统一的问题，笔者认为，有必要构建类型化的行政协议裁判思维模式。

三、行政协议裁判方式类型化思维模式的建构

根据《行政诉讼法》第 69 ~ 78 条的规定，行政诉讼判决类型一共有七类，包括：驳回原告诉讼请求判决、撤销或撤销重作判决、限期履行法定职责判决、给付判决、确认违法判决、确认无效判决、变更判决等。行政协议案件裁判方式也适用上述七类方

式，不存在独立的行政协议案件裁判方式。以下结合具体审查对象，分析七类裁判方式在行政协议中适用情形及相关问题。

（一）判决驳回原告诉讼请求的适用情形

根据《行政诉讼法》第69条的规定，行政行为证据确凿，适用法律、法规正确，符合法定程序的，或者原告申请被告履行法定职责或者给付义务理由不成立的，人民法院判决驳回原告的诉讼请求。在行政协议案件中，适用判决驳回原告的诉讼请求的情形有：第一，行政机关履行行政协议行为证据确凿，适用法律、法规正确，符合法定程序的；第二，行政机关不履行行政协议法定义务或约定义务、给付义务证据确凿，适用法律、法规正确，符合法定程序的；第三，原告申请被告履行法律规定、行政协议约定的职责或者给付义务不成立的；第四，行政机关单方变更、解除行政协议行为证据确凿，适用法律、法规正确，符合法定程序的，原告请求依据原行政协议约定判决被告限期履行法定职责或给付义务不成立的。在实践中，存在行政协议约定行政机关不得单方变更、解除行政协议的情况，法院对此不应支持，理由是行政机关在行政协议中享有优益权。当然，行政机关只有在协议订立后出现了由于公共利益的需要或法律政策的重大调整，必须变更或解除时，才能行使单方变更、解除权，由此造成相对人合法权益损害的，应予以补偿。

（二）判决撤销或部分撤销的适用情形

根据《行政诉讼法》第70条的规定，行政协议适用撤销判决的情形有：(1)主要证据不足的；(2)适用法律、法规错误的；(3)违反法定程序的；(4)超越职权的；(5)滥用职权的；(6)明显不当的。以上撤销判决的适用情形也是判决行政协议行为是否违法的法定条件。但在审判实践中，原告提请撤销之诉往往是按照《合同法》中合同效力的思维模式表达诉请的。如《合同法》规定了可变更可撤销的情形：(1)因重大误解成立的合同；(2)显失公平的合同；(3)因欺诈成立的合同；(4)因胁迫成立的合同；(5)乘人之危订立的合同。据此原告也是按照《合同法》规定的撤销情形作为申请理由。但行政协议行为合法性审查是全面审查，不受原告诉讼请求和理由的限制，审理思路和裁判类型需跳出当事人架设的民事思维。比如，重大误解的行政协议行为，属于行政协议行为主要证据不足的情形；显失公平的行政协议行为属于明显不当的情形；行政协议行为存在欺诈，属超越职权的情形；胁迫和乘人之危的行政协议行为则属滥用职权的情形。法院可以审查行政协议行为所对应的《行政诉讼法》第70条规定的情形，作出撤销或者部分撤销行政协议行为的判决。

关于撤销行政协议行为后是否判决行政机关重作的问题。法院认为行政机关需要按照行政协议约定继续履行的，应依照《行政诉讼法》第 78 条规定，同时判令行政机关继续履行行政协议义务、采取补救措施或赔偿损失。如果行政机关违法变更、解除行政协议的，法院撤销之后认为需要按照行政协议约定继续履行义务，则依据《行政诉讼法》第 78 条规定判令行政机关继续履行。

（三）限期履行法定职责判决的适用情形

从《行政诉讼法》第 72 条规定可知该条的适用条件是行政机关存在逾期不履行法定职责的行为。所谓“逾期”，是指超过法律、法规规定的，或者双方约定的，行政机关向相对人单方承诺的履行相关法定职责的最后期限。[1] 不履行法定职责包括：拒绝履行、不予答复、拖延履行、不完全履行、不恰当履行。[2] 因此，行政机关在行政协议行为中不依法履行法定职责、未按约定履行法定职责的，法院可判决行政机关在一定期限内履行。这里需要注意的是，如果行政机关不依法履行法定职责、未按约定履行法定职责的，造成原告实际损失，应当判决行政机关承担相应的行政赔偿责任，而不是判决行政机关承担行政协议的违约责任。

（四）给付判决的适用情形

《行政诉讼法》第 73 条规定，人民法院经过审理，查明被告依法负有给付义务的，判决被告履行给付义务。给付判决往往针对的是行政机关不履行金钱给付、财物交付义务的情形。但在行政协议中，法院要判决行政机关履行给付义务，需要查明行政机关负有法律、法规或者合法有效的规章、规范性文件规定、有效行政决定承诺，或者有效行政协议约定的给付义务。例如，法律、法规或规章规定某行政协议应当经有关政府或者部门批准后生效的，判决时未经批准的，法院不能将该协议约定的给付内容作为判决行政机关限期履行给付义务的根据。

（五）确认违法判决的适用情形

《行政诉讼法》第 74 条规定了两款确认违法的情形，该条同样适用于行政协议案件中对确认行政协议行为违法的判决。即行政协议有下列情形之一的，法院判决确认违法，但不撤销行政行为：(1)行政协议行为依法应当撤销，但撤销会给国家利益、社会公共利益造成重大损害的；(2)行政协议行为程序轻微违法，但对原告权利不产生实际影响的。行政协议有下列情形之一的，不需要撤销或者判决履行的，法院判决

---

〔1〕 郭修江：《行政诉讼判决方式的类型化——行政诉讼判决方式内在关系及使用条件分析》，载《法律适用》2018 年第 11 期。

〔2〕 同上注。

确认违法:(1)行政协议行为违法,但不具有可撤销内容的;(2)行政机关改变原违法行政协议行为,原告仍要求确认原行政协议行为违法的;(3)行政机关不履行或者拖延履行法定职责,判决履行没有意义的。虽然这两款都规定了确认违法的适用情形,但两款确认违法的法律效果是不同的:第1款确认违法但不撤销行政行为,保留了行政协议行为的法律效力,其后续行政行为的权利来源是合法的。第2款确认违法后被诉的行政协议行为不保留法律效力,其后续行政行为合法性被予以否定。

在行政协议纠纷案件中,往往会出现确认违法判决和撤销判决的优先适用问题。笔者认为,虽然是全面审查行政协议行为的合法性,但并非只要出现违法行政协议行为就一律予以撤销。因为在实践当中,行政机关签订行政协议行为的背后往往涉及各级政府、多个行政主管审批部门,一些大型的经济投资和城市规划建设还需要地方人大及人大常委会讨论审议通过,并与当地民众生产生活等公共利益息息相关。如果撤销则引起一连串连锁反应。因此,根据行政法上合法行政原则和信赖保护原则,符合判决确认违法条件的,应优先适用确认违法判决,甚至保留行政协议的效力,以维护政府公信力及公共管理行为,保护行政相对人的交易安全,不能判决撤销,以此确保行政协议行为的实际履行。

(六)确认无效判决的适用情形

《行政诉讼法》第75条规定了判决确认无效的情形,因此适用于确认行政协议行为无效的前提必须是"重大且明显违法",具体表现有:(1)行政行为有实施主体不具有行政主体资格;(2)没有依据,包括行政协议中约定增加义务或减损权利缺乏法律法规及规范性文件的依据;(3)行政协议的内容客观上不可能实际履行。确认无效的行政协议行为不仅包括订立行政协议行为,也包括单方变更、解除行政协议行为。确认无效判决适用于最严重的明显违法情形,符合无效判决适用条件的,应优先适用无效判决,而不是撤销判决。如果判决确认无效会给国家利益、社会公共利益造成重大损害的,应优先适用确认违法但保留行政协议法律效力的判决。此外,法院判决行政协议行为确认违法或者无效的,可以同时判决责令行政机关采取补救措施;给原告造成损失的,依法判决行政机关承担赔偿责任。以前文所举的吉林省佰亿投资担保集团有限公司诉公主岭市经济开发区管理委员会特许经营协议及行政赔偿纠纷案为例。假设双方签订的特许经营协议缺少法律依据,法院可以根据《行政诉讼法》第75条规定判决确认行政机关签订特许经营协议的行政行为无效。

在审判实践中,行政协议相对人会将《合同法》第52条规定作为请求确认行政协议无效的法律依据。笔者认为,法院对《合同法》第52条列举合同无效的情形可以从行政行为是否合法的角度考虑所对应的行政裁判方式,但不宜在裁判文书中直接适用《合同法》的条款,以避免在同一份判决中出现侵权与违约之诉的"混搭"。例如,一方以欺诈胁迫的手段订立合同,损害国家利益、恶意串通,损害国家集体或者第三人利益、损害社会公共利益,可以根据具体情况或适用驳回原告诉讼请求或撤销判决或确认无效判决。如果行政协议约定的实施主体不具有行政主体资格,这也符合合同无效中违反法律、行政法规强制性规定的情形,但应判决确认行政协议行为无效而不是判决行政协议无效。

(七)变更判决的适用情形

根据《行政诉讼法》第77条的规定,变更判决适用如下情形:(1)行政协议相对人不履行或迟延履行行政协议义务,行政机关对其作出的行政处罚明显不当;(2)行政协议涉及对款额的确定、认定确有错误的;(3)行政协议被判决确认违法或者无效后,对赔偿或补偿款额的确定、认定确有错误的。变更判决审查的对象依然是行政协议行为合法性,与《合同法》上合同变更并非同一个概念和适用相同情形。行政协议的变更判决适用上述三种情形,如果是行政机关与行政相对人就行政协议其他内容的变更,如变更履行期限、履行方式、双方权利义务等,则应具体问题具体分析,对应适用《行政诉讼法》规定的其他六种裁判方式。以前文所举的王某某、陈某某诉杭州市余杭区良渚街道办事处征迁行政协议案为例。假设法院查明陈某某其在杭州市余杭区无常住户口,但其属于王某某户内王某芳结婚三年以上的配偶,依据《杭州市征收集体所有土地房屋补偿条例》第20条第2款第1项规定可以计入安置人口。而良渚街道拒绝将陈某某列入安置人口,不符合上述规定。这种情况不属于行政裁判类型当中变更判决的适用情形,因此,可以考虑适用《行政诉讼法》第70条第1项规定,良渚街道作出行政协议行为所依据的主要证据不足,撤销良渚街道与王某某户签订的征迁协议,并判决良渚街道与王某某户重新签订征迁协议。

四、结语

受行政协议的性质和审查对象的影响,行政协议的裁判方式应与《行政诉讼法》规定的裁判方式一脉相承,不宜突破现有规定。但由于各地法院审查行政协议案件适用的裁判方式各有不同,迫切需要建构统一行政协议的裁判类型化思维模式,这才有利于避免同案不同判的现象发生,以维护司法权威。

结婚登记行为的司法审查研究

——兼论行政诉讼一并解决民事争议的适用*

刘韦唯**

摘要:婚姻源自婚意,缔结法律婚姻关系应办理结婚登记。民政局作出的结婚登记行为是一项行政确认行为,不具有设权效力。婚姻关系与结婚登记行为关系属于不同的法律关系,分别由民法和行政法所调整,有争议时应适用不同的诉讼法规则。不能通过诉结婚登记行为合法性,达到否定婚姻关系效力之目的;只有优先解决婚姻关系效力,人民法院才能对结婚登记行为合法性作出正当的评价。在行政诉讼与民事诉讼交叉时,若被诉行政行为合法性审理需要以基础民事争议解决为前提,应当以行政诉讼附带民事诉讼一并解决基础民事争议的审理模式为原则。经人民法院释明后当事人仍坚持不一并审理或另行提起民事诉讼的,人民法院可结合案件实际情况,分别采取全面不予审理主义、不审理民事争议主义以及有限审理民事争议主义等审理模式,审理行政争议。

诉结婚登记行政行为,是较为典型的行政诉讼与民事诉讼交叉案件。《婚姻法》第8条规定,缔结婚姻关系的男女应亲自前往婚姻登记机关办理结婚登记,登记领证时夫妻关系宣告确立。根据《婚姻登记条

---

* 第六届全国行政审判优秀业务成果三等奖。已收入最高人民法院行政审判庭编:《行政执法与行政审判》,中国法制出版社2019年版。

** 武汉大学法学硕士,广西壮族自治区高级人民法院行政审判庭法官助理。

例》第 2 条规定，我国婚姻登记机关为地方人民政府的民政管理部门，结婚登记是一项具体行政行为，对当事人的人身、财产权益产生实质性影响。故结婚登记行政行为，属于《行政诉讼法》第 12 条第 1 款第 12 项规定的行政诉讼受案范围。若结婚登记行为相对人及利害关系人，对确认婚姻关系的结婚登记行为不服，向人民法院提起行政诉讼请求确认登记行为无效或者撤销登记行为，是否意味着婚姻关系亦随之被宣告无效或撤销。关于这个问题，尚欠缺统一认识，实践作法与理论观点存在较大争议。本文拟从婚姻的本质、结婚登记的性质以及行政诉讼附带民事诉讼规则等方面，谈论自己的一些观点和看法，希望能对理论与实务有所裨益，供大家参考，请教于同仁。

一、婚姻成立与结婚登记

婚姻的成立源自当事人的婚意，经由结婚登记获得国家的承认与保护。结婚登记是一项行政确认行为，不具有创设、变更婚姻关系的效力；亦是一项羁束性行政行为，婚姻登记机关不具有行政裁量权。

（一）婚意是婚姻成立的本质

婚意是缔结婚姻关系身份法律行为的效力意思表示，是男女成立婚姻关系并以夫妻身份共同生活的本质。民事主体的身份法律关系的设立、变更和终止，依据身份意思表示的内容，经由身份法律行为的作出而发生。依据《宪法》第 49 条第 4 款、《民法总则》第 110 条第 1 款以及《婚姻法》第 2 条第 1 款的规定，婚姻自由是我国公民的一项基本权利。婚姻家庭法奉行着婚姻自由原则，即婚姻当事人有权根据法律的规定，自主自愿地决定自己的婚姻问题，不受任何人的强制和非法干涉。[1] 因而婚姻的成立是双方当事人合意的结果，双方当事人就建立婚姻关系达成合意是婚姻成立的必要条件。[2] 这正是私法意思自治原则在婚姻关系中的重要体现。亦如《法国民法典》第 146 条“无合意，无婚姻”的经典立法论述，[3] 婚姻的成立源于以确认婚姻关系为目的之合意，即当事人的婚意。学理上关于“合意”的理解众多；主要观点认为，合意是经由解释所确定的“表示内容的一致”，而非内心意思的一致。[4] 对缔结婚姻

---

〔1〕 王洪：《婚姻家庭法》，法律出版社 2003 年版，第 24 页。

〔2〕 余延满：《论婚姻的成立》，载《法学评论》2004 年第 5 期。

〔3〕 有学者将该条译为“没有合意，不成婚姻”。参见《法国民法典》，罗结珍译，北京大学出版社 2010 年版，第 53 页。

〔4〕 崔建远：《合同法》，法律出版社 1998 年版，第 62 页。

关系而言，要求男女双方必须作出外界知晓，客观存在的身份行为效力意思表示。婚意是否为真实意思表示，属于婚姻关系效力的评价问题，不影响婚姻关系的成立。若无婚意则婚姻关系不存在，男女双方形成的是其他身份关系或事实，如同居、姘居或通奸等。若婚意并非真实意思表示，已确定成立的婚姻关系欠缺效力性要件。例如，《婚姻法》第11条规定，一方采取胁迫手段迫使另一方违背真实意愿结婚，受胁迫方可申请撤销婚姻关系；即婚姻关系已经成立确认后，因当事人不具备真实婚意，婚姻关系欠缺效力要件，婚姻效力存有瑕疵，属于可撤销婚姻的原因。[1]

对于缔结法律婚姻关系，现代各国婚姻法普遍规定一种法定的方式，让当事人婚意能够对外表示并得到社会的承认，使婚姻关系获得国家法律的保护。学理上将此称为缔结法律婚姻的法定形式。

（二）结婚登记是缔结法律婚姻的法定形式

当事人前往婚姻登记机关办理结婚登记，本质是依据法律规定，履行缔结法律婚姻关系的法定形式。婚姻是家庭的基础，家庭是社会的细胞。夫妻、亲子等相互之间的关系，伦理的色彩特别浓厚，亲属法之规定，须以合乎伦理的规范为适宜，而且有其必要。[2] 从而使亲属法被涂上了浓重的伦理色彩，具有鲜明的伦理性。[3] 家庭婚姻法作为亲属法核心，其规范紧密联系着社会伦理、公共秩序及善良风俗等公益性原则。因此，家庭婚姻法的规范多属于强制性规定，当事人必须予以遵守。基于维系婚姻关系法律效力之目的，现代各国婚姻立法一般均规定了缔结法律婚姻关系的仪式或形式，并以此为标准，将婚姻关系区分为事实婚姻与法律婚姻。法律婚姻亦因此被称为形式婚姻。诚然，将办理结婚登记解释为婚姻关系生效要件，或婚姻关系成立的特殊要件均不为过。值得注意的是，各个国家、地区和民族的文化传统、风气习俗或宗教信仰的不同，结婚的仪式或形式的也就有所差异。婚姻形式有登记制、仪式制或登记仪式结合制；婚姻仪式又分为宗教仪式、世俗仪式和法律仪式等。例如，我国台

---

〔1〕 关于婚姻的可撤销事由问题，我国《婚姻法》第11条只规定了胁迫导致的非真实婚意为婚姻的可撤销事由；但有部分学者认为规定过于狭窄，应借鉴其他国家、地区的成功立法经验，将重大误解、欺诈等原因列为婚姻的可撤销事由。

〔2〕 史尚宽：《亲属法论》，台湾荣泰印书馆1980年版，第4～5页。

〔3〕 马俊驹、余延满：《民法原论》，法律出版社2010年版，第777页。

湾地区规定，结婚的法定形式为证婚人签字见证并办理结婚登记。[1] 德国民法规定，缔结婚姻的法定形式为在户籍官员面前表示婚意。[2] 法国民法规定，结婚应在户籍官员前办理结婚手续，举行民事婚姻仪式，而且要予以公告。[3] 根据《婚姻法》第8条的规定，我国法律婚姻的法定形式为办理结婚登记。以结婚登记作为我国结婚的法定程序，其意义在于，为了保障婚姻自由、一夫一妻、男女平等的婚姻制度的实施，保护婚姻当事人的合法权益，依法处理违法的婚姻行为。[4] 综上所述，自当事人在婚姻登记机关办理结婚登记并领取结婚证之时，意味着他们的婚姻关系得到了国家法律的承认、尊重与保护，神圣不可侵犯。

此外，需要我们注意的是，根据《婚姻登记条例》第2条第1款的规定，我国婚姻登记机关是地方人民政府的民政管理部门。在行政法学理上，地方民政部门作出的结婚登记行为是一项对婚姻关系予以确认的行政确认行为。当前，我国婚姻法不承认事实婚姻的前提下，缔结婚姻关系唯一方法便是办理结婚登记。[5] 正因如此，家庭婚姻法与行政行为法的理论在此形成了交汇，"法定结婚仪式"与"婚姻关系行政确认行为"的"物化"表现形式均为"结婚登记"。在逻辑上构成了一个"三位一体"的公式，即法定结婚仪式 = 婚姻确认行为 = 结婚登记。若作为"物化"形式的结婚登记被确认无效或着撤销，亦意味着法定结婚仪式与婚姻确认行为自始不具有法律效力，当事人所缔结的婚姻关系亦因此自始无效。

（三）结婚登记行为是一项行政确认行为

结婚登记行为既是一项确认婚姻关系的行政确认行为，也是一项羁束性行政行

---

〔1〕 我国台湾地区"民法"第982条规定，结婚应以书面为之，有二人以上证人签名，并应由双方当事人向户籍机关为结婚之登记。值得注意的是，我国台湾地区"民法"第982条规定在1996年修改前，采取的是"仪式婚主义"，但因该主义公示效果薄弱，容易衍生重婚等问题，且公开仪式之认定常有争执，进而影响婚姻法律效力，故改采"登记主义"。参见陈忠五主编：《民法》，新学林出版股份有限公司2013年版，第6页。

〔2〕 《德国民法典》第1310条第1款规定："婚姻惟有通过结婚当事人双方在户籍官员面前表示愿意相互缔结婚姻，始为缔结。"《德国民法典》，陈卫佐译，法律出版社2010年版，第418页。

〔3〕 《法国民法典》第63条第1款规定："在举行结婚仪式之前，户籍官员于市镇政府门前张贴一份告示。该告示写明拟结婚的夫妇双方的姓名、职业、住所和居所以及举行结婚仪式的地点。"《法国民法典》，罗结珍译，北京大学出版社2010年版，第35页。

〔4〕 王洪：《婚姻家庭法》，法律出版社2003年版，第82页。

〔5〕 关于我国事实婚姻的问题，目前我国仅承认1994年2月1日前形成的事实婚姻，之后的结婚必须办理结婚登记，否则按同居关系予以处理。参见《最高人民法院关于适用〈中华人民共和国婚姻法〉若干问题的解释（一）》第5条的规定。

为,既没有行政赋权或确权的效力,也不具有行政裁量权。这是政府对户籍管理的需要,也是法律对婚姻关系予以保护的需要。行政确认行为系指行政主体对既存的法律事实和法律关系进行审查、认定并宣示其法律效力的行政行为;[1]最为主要的法律特征,是被确认事实的既存性、被确认效力的非处分性及对确认内容的宣示性等。民事法律关系遵从私法自治原则,正如卢梭在《社会契约论》中所言"人是生而自由的,却无不在枷锁之中",私主体的意思自治不能逾越权利的界线。传统民法理论奉行诚实信用、公共秩序与禁止权利滥用等原则,旨在限制私法自治的无度为我国民事立法吸收。例如,《民法总则》第 7 条、第 8 条规定,从事民事活动应遵守诚实信用及法公序良俗等基本原则。[2] 从公共行政管理角度而言,基于社会秩序及公共利益维系之必须,行政管理必定会对民事活动予以选择性介入,限制权利滥用并引导民事活动在社会所允许的价值范畴内行使。行政确认行为正是行政管理介入私权领域的重要载体之一,通过公权力对既存的民事法律事实、民事法律行为效力以及民事权利义务内容等予以审查、认定及宣示,从而赋予被确认的民事法律关系证据效力和对抗效力,保护民事主体的合法权益,维系公共秩序、家庭伦理、交易安全及第三人利益,等等。

应注意,结婚登记行为不具有赋权或确权效力。从《婚姻法》第 8 条"要求结婚的男女双方必须亲自到婚姻登记机关进行结婚登记。符合本法规定的,予以登记,发给结婚证。取得结婚证,即确立夫妻关系。未办理结婚登记的,应当补办登记"的文意来看,地方民政部门作出结婚登记之时,当事人始形成夫妻上的权利义务关系。因此,登记行为极易被理解为具有行政赋权或确权效力,但事实上却并非如此。第一,婚姻关系是涉及民事主体人身关系与财产关系的民事法律关系,它源于当事人的婚意而创设。我国《宪法》《民法总则》《婚姻法》均已经明确规定婚姻自由是一项公民的基本权利,公民可以自主地决定结婚或者不结婚,这并非民政部门的登记行为能够决定的。第二,结婚登记只是缔结法律婚姻关系的法定形式。男女双方通过向地方民政部门申请结婚登记的方式,向社会公布其婚意以期婚姻关系获得国家法律的承

---

〔1〕 胡建淼:《行政法学》,法律出版社 2015 年版,第 384 页。

〔2〕 我国实证法中是否明文规定禁止权利滥用原则存有争议。有学者认为《宪法》第 51 条的规定可以作为禁止权利滥用原则的规范基础。参见梁慧星:《民法总论》,法律出版社 2011 年版,第 273 页;魏振瀛主编:《民法》,北京大学出版社、高等教育出版社 2013 年版,第 25 页。也有学者认为《民法通则》第 6 条、第 7 条已经贯彻蕴含了禁止权利滥用的立法思想;参见佟柔主编:《中国民法学 · 民法总则》,中国人民公安大学出版社 1990 年版,第 76 页。

认、尊重与保护及社会的认可。地方民政部门的承担的行政职责，只是对当事人行使婚姻自由权的合法性及其结果进行审查确认，并以登记颁证的形式予以“物化”而已。第三，结婚登记行为是行政法的概念，登记行为的效力问题由行政法所调整；婚姻关系属于民法概念，缔结婚姻关系的身份行为效力或者说婚姻关系效力的评价系民法调整的对象。换言之，婚姻关系效力与结婚登记行为效力是两个不同的法律概念，产生的法律效力不同，并由不同的部门法所调整，必然适用于不同的诉讼程序。

二、婚姻关系效力与结婚登记行为效力

人民法院在审理结婚登记行为合法性之时，应严格区分婚姻关系效力与结婚登记行为效力、婚姻关系效力之诉与结婚登记行为效力之诉的关系。

（一）结婚登记行为适用行政行为监督制度

结婚登记是由地方民政管理部门作出的具体行政行为，依法适用行政行为监督制度。根据《婚姻法》第8条及《婚姻登记条例》第2条第1款的规定，我国缔结法律婚姻的法定形式，已“物化”为地方民政局的结婚登记行政行为。依据行政监督原理，“任何公权力行为都要受到监督，这是法治精神的体现和要求”，〔1〕结婚登记亦不例外。根据《行政复议法》第2条，《行政诉讼法》第2条、第12条第1款第12项以及《最高人民法院关于适用〈中华人民共和国婚姻法〉若干问题的解释（三）》（以下简称《婚姻法司法解释（三）》）第1条第2款的规定，若行政相对人或利害关系人认为，民政部门作出的结婚登记行为侵犯其合法权益或存在程序性瑕疵，可以向有权机关申请复议或向人民法院提起行政诉讼。值得注意的是，虽然我国尚无统一的行政自纠程序法，〔2〕但是依据违法行政行为自纠原则，若民政部门认为本机关作出的结婚登记行为确实存在效力瑕疵，可以援引行政自纠程序自行矫正或补救。自纠行为没有时间限制。

结婚登记行政行为被诉时，人民法院的行政审理活动应当围绕登记行为的合法性进行。根据《行政诉讼法》第6条的规定，人民法院审理的对象，是行政行为的合法

---

〔1〕 胡建淼：《行政法学》，法律出版社2015年版，第737页。

〔2〕 违法行政行为行政自纠的规定，散见于我国行政单行法与地方规章之中。例如，《行政许可法》第69条规定，行政机关有权自行撤销确有瑕疵的行政许可；《行政处罚法》第55条规定，行政机关发现行政处罚确有错误的应主动予以纠正；《行政强制法》第61条规定，行政主体有权对违法实施行政强制行为予以改正；《广西壮族自治区行政执法程序规定》第71条规定，行政持法机关发现持法行为有错误的，应当主动改正，等等。

性。故行政诉讼的所有活动,都应紧紧围绕着被诉行政行为的合法性展开。除此之外,基于对登记行为的监督,衍生出的第二性法律关系,即行政复议与行政自纠等监督性行政行为被诉时,亦是围绕着第一性法律关系,即结婚登记行为的合法性而展开。因此,人民法院在审理结婚登记行政案件时,应依照《行政诉讼法》第63条第1款规定,以法律和行政法规、地方性法规为依据,对被诉结婚登记行政行为的合法性予以审查。

(二)缔结婚姻的效力性规范与管理性规范

审理结婚登记行为时,应当注意区分婚姻法中关于缔结婚姻关系身份行为的效力性规范与管理性规范。依据《民法总则》第154条第1款的原理,民法中的强制性规定可分为效力性规范与管理性规范。效力性规范系指法律、法规对行为模式作出了禁止性规定,违反的民事法律行为欠缺效力性要件,可宣告无效或撤销。管理性规范,是指基于管理的需要对行为模式作出了强制性规定,但违反该规定并不会导致民事法律行为欠缺效力性要件。缔结婚姻关系身份行为同样适用这一原理。我国民法理论未对禁止性规范与强制性规范作出准确区分,导致司法实践中规范适用错误。[1] 诚然,学界对于民法的效力性规范与管理性规范的界线划分,未形成统一论断。但是笔者认为,结合家庭婚姻法的家庭伦理性、公序良俗原则以及《婚姻法》的规定,缔结婚姻关系身份行为的效力性规范与管理性规范的界线较为清晰。

首先,关于效力性规范的问题。《婚姻法》第2条婚意自由,第3条一夫一妻,第5条异性男女,第6条法定婚龄,第7条禁姻亲、禁特定疾病及第8条办理结婚登记等规定,均属于效力性规范。依据《婚姻法》第10条、第11条与《最高人民法院关于适用〈中华人民共和国婚姻法〉若干问题的解释(一)》(以下简称《婚姻法司法解释(一)》)第7条、第8条的规定,违反前述效力性规范,将导致婚姻关系身份行为欠缺效力性要件,可诉至人民法院宣告无效或撤销。其次,关于管理性规范的问题。《婚姻法》第8条中规定关于当事人必须亲自到婚姻机关办理登记手续的规定,属于管理性规范。其法理是要求当事人亲自对外作出婚意表示,并且禁止委托办理结婚登记和禁止缔结婚姻身份行为代理。但是婚姻法、行政法规及司法解释中,并未明文规定违反前述规定将导致身份行为存在效力问题。《最高人民法院关于婚姻登记行政案件原告资格及判决方式有关问题的答复》中亦明确指出:"婚姻关系双方或一方当事人未亲自到婚姻登记机关进行婚姻登记,且不能证明婚姻登记系男女双方的真实意

---

[1] 许中缘:《禁止性规范对民事法律行为效力的影响》,载《法学》2010年第5期。

思表示,当事人对该婚姻登记不服提起诉讼的,人民法院应当依法予以撤销。"该答复亦体现了"亲自到婚姻登记机关办理婚姻登记"只是管理性规范,导致结婚登记可撤销的根本原因是欠缺当事人的婚意表示。但是该答复也有商榷的地方。因为当事人婚意并非真实意思表示,只会导致已经成立的婚姻关系欠缺效力性要件,不表示婚姻关系当然无效。毕竟,民事诉讼贯彻不诉不理原则;依据《婚姻法》第12条规定,当事人唯有诉至人民法院,经司法裁判宣告婚姻无效或撤销之后,婚姻关系才自始无效。而该答复却将婚意是否真实,视作结婚登记行为的效力性要件,并将其纳入行政诉讼的审查范畴。进而允许人民法院通过行政诉讼,以撤销结婚登记的方式否定婚姻关系的效力。在司法实务上,混淆了婚姻关系效力与结婚登记行为效力,确有不妥。

(三)婚姻关系效力与结婚登记行为效力的区分

婚姻关系效力问题属于民事问题,人民法院在审理婚姻关系案件时,应当适用民事诉讼程序。婚姻有效,是指成立的婚姻关系符合法定的有效要件,法律予以承认并赋予其法律效力。婚姻无效,是指已成立的婚姻因违反法定的公益性要件,自始不产生法律效力;是已经具备婚姻形式,但欠缺效力性要件或违反禁止性要件的法律后果,能够预防和制裁违法婚姻。依据《婚姻法》第10条规定,婚姻无效的情形仅限于重婚、禁姻亲的亲属、婚前患有医学上认为不应当结婚的疾病且婚后尚未治愈以及未达到法定婚龄等四种情形。《婚姻法司法解释(一)》第7条、第8条及第9条第1款,对申请宣告婚姻无效的主体范围、法院审理无效婚姻案件的适用程序、婚姻无效的阻却事由等问题均作出了具体的规定。同时《婚姻法》第11条规定,婚姻可撤销的唯一法定事由是胁迫结婚。《婚姻法司法解释(一)》第10条与第11条对胁迫的内容、申请撤销的主体以及法院的审理程序亦作出了具体规定。

结婚登记行为效力问题是行政行为合法性的评判问题,属于行政诉讼的受案范围,而非民事案件的审查范围。结婚登记行为存在瑕疵,确认无效与撤销登记行为均是行政法学上的概念,受行政法的调整。根据《行政诉讼法》第75条的规定,地方民政部门作出的结婚登记行为具有重大且明显违法情形的,行为相对人及利害关系人可向人民法院提起行政诉讼,请求确认登记行为无效。《行政诉讼法》第70条规定,结婚登记事实所依据的证据材料不足、违反法定的登记程序、履行职权行为不当、登记的事项内容有误的,行为相对人及利害关系人可向人民法院提起行政诉讼,请求撤销结婚登记并可以责令民政部门重做登记。

前述可见,婚姻关系效力与结婚登记行为效力属于两种不同性质的问题,不能因为我国法律将法定结婚仪式与婚姻关系确认行为同时规定为结婚登记,而混淆了两者的区别。

三、婚姻效力之诉与结婚登记行为合法性之诉的关系

婚姻关系效力与结婚登记行为合法性之诉,属于不同的诉讼法律关系。婚姻效力问题是结婚登记行政诉讼的基础民事争议,后者的审理应当以前者的处理结果为依据,方符合法理逻辑。

(一)婚姻效力争议应当优先解决

第一,从民事审判角度而言,当事人诉至人民法院请求宣告婚姻无效或请求撤销婚姻关系,应向人民法院提起民事诉讼,请求权基础是《婚姻法》第10条、第11条规定的四种情形无效婚姻或可撤销婚姻的事由。结婚登记行为合法性的问题,并非人民法院民事诉讼的审理对象,亦非宣告婚姻无效或撤销婚姻的事由。若当事人以结婚登记程序违法为由,请求人民法院宣告婚姻无效或撤销婚姻关系的,法院可依据《婚姻法司法解释(三)》第1条第2款规定,向当事人释明另行提起行政复议或行政诉讼解决结婚登记行为合法性问题,并以判决的形式驳回当事人的申请。从司法救济逻辑来看,当事人的婚姻关系效力纠纷通过民事诉讼予以解决后,可以依据生效的裁判文书向婚姻登记机关申请变更结婚登记,使真实的婚姻关系与登记行为归于一致,根本上解决结婚登记行为的合法性问题。《婚姻法司法解释(一)》第12条关于"人民法院根据当事人的申请,依法宣告婚姻无效或者撤销婚姻的,应当收缴双方的结婚证书并将生效的判决书寄送当地婚姻登记管理机关"的规定,表明婚姻关系效力问题实质上是一个基础性的民事争议,只有待争议解决以后,才能去解决结婚登记的正当性与合法性的问题。

第二,不能通过诉结婚登记行为效力,达到解决婚姻关系效力之目的。根据《行政诉讼法》第70条、第74条第1款第2项、第75条的规定,行政诉讼法以违法性程度为标准,将违法行为分为轻微违法,一般违法与重大违法。程序轻微违法的结婚登记,仅确认其违法并给予治愈的机会;婚姻登记机关未尽到审慎审查义务,作出的登记行为主要证据不足、适用法律错误、违法法定程序的,撤销结婚登记行为;结婚登记行为重大且明显违法的,登记无效。但是如前文所论述,我国的法定结婚仪式与婚姻关系确认行为已经同时"物化"为结婚登记行为,若结婚登记行为被人民法院确认无效或者撤销,便意味着法定结婚仪式与婚姻确认行为不具备法效,实质上必将导致当事人的婚姻关系自始不发生法律效力。可是,婚姻登记机关仅仅是婚姻行政管理部门,体现的是国家对于婚姻在登记环节的监督管理。不能通过否定一项行政管理行

为或行政确认行为,达到否定民事法律关系效力之目的。若如此,将会超越人民法院的行政审判职责。

第三,人民法院对结婚登记行为的合法性审查,应以婚姻关系效力的争议解决为前提。对于结婚登记行为效力而言,婚姻关系效力属于它的基础性民事争议,两者具有法律上的因果关系。因此,在基础民事争议未能有效解决之前,人民法院是很难对登记行为的合法性作出正当评价的。当然,关键要视当事人的具体行政诉请而定。根据《行政诉讼法》第49条第3项"有具体的诉讼请求和事实根据"的规定,当事人提起行政诉讼的诉请应当具体明确。当事人诉请为确认结婚登记行为违法,表明当事人未对婚姻效力产生异议,即基础民事争议便不需要提前解决;此时的人民法院可以针对当事人诉请,直接审理登记行为的合法性。若当事人的诉请是请求确认结婚登记行为无效或撤销结婚登记行为,则表明当事人对婚姻关系效力存有异议;此时作为基础民事争议的婚姻关系效力未经过司法程序予以评价之前,人民法院是难以对结婚登记行为的合法性作出正当评价的。因此,人民法院应当向当事人释明先通过民事诉讼,解决婚姻关系效力纠纷。

第四,也是最为关键的一点,婚姻关系效力问题会涉及子女抚养、财产分割和债务承担等问题,这些并非行政诉讼的审理范畴。在婚姻关系的处理上,我们应坚持"事实在先"原则;即无论婚姻关系效力的最终评价如何,当事人"婚姻"存续期间以夫妻名义共同生活产生的人身关系、财产关系都是客观事实存在的,法律均应当予以尊重并处理。根据《婚姻法》第12条、《婚姻法司法解释(一)》第9条第1款、第2款以及《最高人民法院关于适用〈中华人民共和国婚姻法〉若干问题的解释(二)》第7条第2款的规定,婚姻关系宣告无效或撤销后,人民法院仍要继续审理当事人的共同财产及子女抚养问题;婚姻效力的判决一经作出立即发生法律效力,不能上诉;但当事人对财产分割和子女抚养问题的判决不服,仍可上诉。[1] 若允许人民法院通过行政诉讼确定结婚登记无效或撤销,实质就是宣告婚姻无效,此时的法院不能回避财产分割和子女抚养问题。倘若当事人无法调解,人民法院不得不在行政诉讼中作出处理。在庭审辩论中,行政机关与自然人就婚意、财产分割、子女抚养的问题展开激烈辩论,行政裁判书对财产分割和子女抚养作出裁判,当事人不服仍可进一步上诉?这

〔1〕 在司法实践中,宣告婚姻无效与财产分割、子女抚养等问题,均在同一份民事判决书之中予以处理。但是,当事人只能针对财产分割和子女抚养的处理进行上诉,所以宣告婚姻判项自一审法律文书作出后即发生效力,无须等待二审法院的审理裁判结果。

些问题细思极恐，显然违背法理，略有荒谬，不谈也罢。究其根本，就是混淆了婚姻关系效力之诉与结婚登记行为效力之诉的法律性质。

（二）几种特殊案件的裁判方式

关于司法实践中常见的特殊情形，笔者认为，在处理时应坚持婚姻效力解决在先。

1. 男女双方委托他人办理结婚登记

如前文所述，当事人一方或双方未到婚姻机关办理结婚登记违反的是管理性规范，不会对婚姻效力产生实质性影响。结婚登记程序虽然存在瑕疵，但仅是轻程序微违法，可确认登记行为违法。行政机关可依据行政自纠程序对程序瑕疵予以修正，或者依据《婚姻登记条例》第 18 条第 1 款规定，追究具体经办人员的行政责任；但不能以自行纠错的方式撤销。若当事人以此为由诉请结婚登记无效，人民法院可向其释明通过民事诉讼先行解决其婚姻效力问题。结婚登记程序轻微瑕疵，依据《行政诉讼法》第 74 条第 1 款第 2 项规定，确认登记违法。

2. 借用（冒用）他人身份信息办理结婚登记

一方未达法定婚龄而借用或冒用他人身份信息办理登记结婚的情形较为常见。若长相相似，婚姻登记机关实在是无法甄别。此时，婚姻登记机关已尽到审慎审查义务，但是登记事项与事实不符，登记属于重大且明显违法情形，登记行为自始无效。不仅如此，被借名（冒名）人与他人间自始不存在婚意，也不存在身份行为，婚姻关系也从未成立。而且被借用（冒用）人的身份权、姓名权、名誉权等人格权益受到严格侵犯。在证据确凿的情况下，被借用（冒用）人可直接诉至人民法院请求确认结婚登记行为无效，同时可以依据《行政诉讼法》第 61 条第 1 款的规定，一并提起民事诉讼，追究侵权人的侵权责任。

3. 以虚假的身份办理结婚登记

当事人使用虚假身份信息办理结婚登记或骗婚的行为，违反了我国《婚姻法》的规定。但是不能否认当事人双方已经履行了法定结婚仪式向婚姻登记机关作出婚意表示；因此当事人事实存在的“夫妻”关系应得到法律的尊重。受骗登记一方可以诉至人民法院请求确认婚姻关系不存在，或者诉请离婚。同时，人民法院在民事诉讼中还可以听取虚假信息提供方的答辩，并结合个案案情审理当事人的身份与财产关系。若虚假信息提供方已经失踪，受骗者可以依据《民法总则》第 40 条、《民事诉讼法》第 183 条第 1 款的规定，宣告对方失踪；同时亦可依据《婚姻法》第 32 条第 4 款的规定，诉至法院请求失踪离婚。待民事问题解决后，可依据生效的裁判文书向婚姻登记机关申请变更结婚登记，使真实的婚姻关系与登记行为归于一致。

4. 婚姻登记机关超越职权办理结婚登记

根据《婚姻登记条例》第4条的规定，男女双方应共同到一方常住户口所在地的婚姻登记机关办理结婚登记。若婚姻登记机关违反地域管辖的规定办理了结婚登记，属于超越行政职权；根据《行政诉讼法》第70条第4项的规定，为可撤销事由。但是当事人的婚意真实，也已经履行了法定结婚仪式，理应得到法律的承认和保护。因为婚姻登记机关的主体错误，否定当事人婚姻关系，明显不当。此种情形下，人民法院可依据《行政诉讼法》第74条第2款第1项规定，确认登记行为违法，但不撤销。

在司法实践中，婚姻效力之诉与结婚登记行为合法性之诉的关系，是一种行政诉讼与民事诉讼的交叉关系。人民法院在审理时，可以采取行政诉讼附带民事诉讼的方式，一并解决两者争议。

四、行政诉讼一并解决民事争议规则的适用问题

人民法院在审理行政案件时，若被诉行政行为合法性争议与基础民事争议并存，会形成行政争议与民事争议交叉。对此，《行政诉讼法》第61条第1款、第2款规定，行政、民事诉讼交叉时，人民法院可行政诉讼附带民事诉讼一并审理争议，或者行政诉讼等待民事诉讼先行审理；前者称为“一并审理”规则，后者称为“民事先行”规则。

（一）一并审理民事争议的问题

笔者认为，若被诉行政行为合法性审理需要以基础民事争议解决为前提，人民法院应当以一并审理为原则、民事先行为例外。在司法实践中，一并审理应当注意以下几个问题：

1. 一并审理的民事案件范围

行政诉讼附带民事诉讼一并审理的民事案件范围，应仅限于与被诉行政行为合法性具有关联性的基础民事争议。有观点认为，一并审理民事争议的范围包括：作为行政争议基础、以行政争议为基础、事实存在交叉以及其他相关的民事争议等均属于一并审理的范畴。[1] 这个界定，值得商榷。行政诉讼以监督行政主体依法行政，维护行政相对人的合法权益为宗旨；民事诉讼旨在维系社会经济秩序，定分止争，保护

---

〔1〕《最高人民法院关于行政诉讼一并解决相关民事争议若干问题的规定》（第四稿）第2条规定：“发生在平等主体之间的民事权利义务纠纷，符合下列情形之一的，属于行政诉讼法第六十一条规定的相关民事争议：（一）作为行政争议基础的民事争议；（二）以行政争议为基础的民事争议；（三）与行政争议所涉的事实相互交叉的民事争议；（四）其他与行政争议相关的民事争议。”

民事主体的合法民事权益;两者的法理基础、制度体系、价值理念、受案范围、程序规则等方面具有本质的区别。若一并审理民事争议的范围界定太大,会弱化了行政诉讼与民事诉讼的职权分工,变相地扩大了行政审判的职能。因此,以行政争议为基础的、事实存在交叉的民事争议,应当排除在一并审理的范围之外。笔者建议,最高法院即将出台的《行政诉讼一并解决相关民事争议若干问题的规定》中应将一并审理的范围界定为:发生在平等主体之间的民事权利义务纠纷,为行政争议的关联性基础民事争议的,属于《行政诉讼法》第61条规定的相关民事争议。

2. 关于法院地域管辖的问题

行政诉讼附带民事诉讼一并审理,应当以行政诉讼与民事诉讼属于同一人民法院管辖为原则。行政诉讼法与民事诉讼法中关于人民法院的一般属地管辖原则都是就被告原则。《行政诉讼法》第18条第1款规定,行政案件由最初作出行政行为的行政机关所在地的人民法院管辖;《民事诉讼法》第21条第1款规定,民事诉讼由被告所在地法院原则。但是行政诉讼与民事诉讼中的被告不是同一当事人,由不同法院管辖,一并审理的行政案件由哪个法院管辖是一个非常现实问题。有观点认为,考虑到行政附带民事诉讼问题解决的是经济和效力,应当由行政机关所在地的人民法院统一管辖,在管辖问题上同意适用《行政诉讼法》。[1] 对此,笔者持赞同意见。但是依据《行政诉讼法》的规定来确定管辖法院,会造成民事案件原告规避民事诉讼管辖的规定,使民事案件被告受到不当诉讼的侵扰。例如,甲的住所地在三亚市,乙的住所地在佳木斯市,两人在三亚市某区民政局办理了结婚登记;后因感情破裂,乙回到了佳木斯居住。若甲诉至法院请求离婚,应当到乙所在地法院进行起诉。但是,甲若起诉三亚市某区民政局的结婚登记行为并申请一并审理离婚诉讼,那么就会由三亚某区的基层法院进行管辖,迫使乙必须回到三亚参加民事诉讼。明显有违民事诉讼地域管辖的就被告原则。所以,笔者进一步建议:人民法院一并审理民事争议,应当以民事争议当事人一致同意为前提;若人民法院发现一并审理可能严重损害民事争议当事人的地域管辖权益时,应当向当事人作出释明。

3. 关于法院级别管辖的问题

若行政案件与民事案件的法院级别管辖不一致的,应当就高管辖,由级别高的法院一并审理。行政诉讼法与民事诉讼法中关于法院受理案件的审级标准并不一致,

---

[1] 江必新主编:《中华人民共和国行政诉讼法及司法解释条文理解与适用》,人民法院出版社2015年版,第394页。

前者主要依据行政机关的行政级别而定，后者则是依据民事争议标的来确定。因此人民法院一并审理民事争议时，应当同时尊重行政诉讼法与民事诉讼法中关于法院级别管辖的规定。《最高人民法院关于适用〈中华人民共和国行政诉讼法〉的解释》（以下简称《行政诉讼法司法解释》）第138条第1款规定，一并审理相关民事争议的，由受理行政案件的法院一并管辖。此规定值得商榷，若“一刀切”的全部交由受理行政案件的法院管辖，会导致民事案件变相的“提级”或“降级”管辖。

根据《行政诉讼法》第24条第1款、第2款规定，上级人民法院有权审理下级人民法院的行政案件；下级人民法院对其管辖的第一审行政案件，认为需要上级人民法院审理或者指定管辖的，可以报请上级人民法院决定。《民事诉讼法》第38条第1款、第2款规定，上级人民法院有权审理下级人民法院的民事案件；下级人民法院对它所管辖的第一审民事案件，认为需要上级人民法院审理的，可以报请上级人民法院决定。即人民法院仅有权审理本级或下级人民法院的一审行政（民事）案件，下级法院认为需要将本级行政（民事）案件交由上级人民法院审理的，应当报请上级人民法院决定。依据上述规定，笔者建议，最高法院即将出台的《行政诉讼一并解决相关民事争议若干问题的规定》中应对《行政诉讼法司法解释》第138条第1款予以修正，修正内容为：“当事人申请一并解决的相关民事争议，属于上级人民法院的一审受案范围的，下级人民法院应当报请上级人民法院决定是否一并审理。当事人申请一并解决的相关民事争议，属于下级人民法院的一审受案范围的，应当决定一并审理或告知当事人向下级法院提起民事诉讼。”

（二）当事人不愿提起一并审理时的审理方法

当事人没有申请一并解决民事争议，或者经人民法院释明后仍未提起，也没有另行提起民事诉讼的，是当事人诉讼权利行使，法院应当予以尊重。但是，人民法院如何继续审理行政案件，观点争议较大。在司法实践中，以下三种观点较有影响力。

第一种观点是全面不予审理主义，即人民法院应当终结行政案件的审理或者驳回原告起诉。该观点认为，若行政案件的审理必须以民事争议解决为基础，在争议未解决前，人民法院难以对被诉行政行为合法性作出准确评判。[1] 如前文所论述的，当事人诉请确认结婚登记行为无效或撤销，应当以婚姻关系效力纠纷解决为前提；当

〔1〕“经法院释明后当事人坚持不申请一并解决民事争议或者另行起诉的，法院应当终结行政案件的审理或者驳回起诉。”参见江必新主编：《中华人民共和国行政诉讼法及司法解释条文理解与适用》，人民法院出版社2015年版，第406页。

事人不能通过诉结婚登记行为的手段,达到否定婚姻关系效力之目的。因此经法院释明后,当事人坚持不愿一并提起民事争议,也不另行起诉的民事争议的,法院此时无法审查被诉登记行为的合法性,唯有终结审理或驳回起诉。该观点强调诉讼法的公法属性,主张法院职权主义诉讼模式,旨在禁止当事人滥用行政诉讼与民事诉讼交叉规则,“另辟蹊径”地解决其民事争议。

第二种观点是不审理民事争议主义,即人民法院可直接审理被诉行政行为合法性,基础民事争议不属于审查范围。该观点认为,一并解决民事争议是一种诉讼效益性规定;当事人坚持不一并提起民事争议或另行提起民事诉讼,是当事人的诉讼权利;人民法院应当继续依法履行行政审判职责,径直审理被诉行政行为合法性。但是,也是最为关键的一点,基础民事争议不是行政诉讼的审查范围。当事人关于民事法律事实、民事法律行为及民事权利义务等民事法律关系内容的异议,未经法定途径解决前,法院对该异议不予支持。人民法院应当依法支持既存民事法律关系的效力,并以此为基础,审理被诉行政行为的合法性。最高人民法院(2016)最高法行申1413号判决书持这一观点。[1]

第三种观点是有限审理民事争议主义,即人民法院在行政诉讼中可以对相关民事争议进行有限性审理。此观点认为,人民法院在行政诉讼中能够,并且只限于对,与被诉行政行为合法性相关的基础民事争议的事实和法律问题进行审理。[2] 其强调的是法院对被诉行政行为合法性的“全面审查”,赋予行政审判更大的审查力度,给予法院更大自由裁量的范围,有利于保护相对人的合法权益,并实质性化解行政争议,具有一定的现实意义。但是有限审理民事案件主义的观点,亦有待商榷。该主义,在一定程度上扩大了人民法院的行政审判职权,及行政诉讼受案范围,违背了行政诉讼、民事诉讼二分的立法宗旨。当事人不愿一并提起民事争议是他的诉讼权利,法院应当予以尊重。人民法院一并审理民事争议,也仅是行政案件与民事案件的合

---

〔1〕“行政机关对申请登记材料的真实有效性已尽到审慎审查义务而作出的土地行政登记行为,在申请登记材料的真实有效性未经法定途径予以否定前,人民法院依法予以支持。土地行政登记行为所依据的基础民事法律关系,不属于行政诉讼的审查范围,行政相对人或利害关系人对其有异议的,可通过民事诉讼途径予以解决。”参见(2016)最高法行申1413号判决书。

〔2〕“审理民行交叉行政案件中,当事人对基础民事争议既不一并,又不另行提起民事诉讼的,人民法院只对与被诉行政行为合法性相关的基础民事争议的事实和法律问题进行审理。与被诉行政行为合法性无关的基础民事关系的履行争议等内容,不属于行政诉讼的审理范围。”参见《第一巡回法庭巡回区四省区行政审判法律适用若干疑难问题的意见(征求意见稿)》。

并审理,仍要尊重一案一诉、管辖规则、审判程序等诉讼规则,并分别对行政案件和民事案件作出裁判。虽然如此,不利于完全解决行政争议,但是在人民法院已经向当事人释明清楚及法律后果的前提下,当事人也要对自己的诉讼行为和诉讼选择承担必要的诉讼风险及不利后果。

上诉三种观点均具有一定的实践合理性和不足,应当辩证地看待。笔者认为,在司法实践中,行政诉讼附带民事诉讼一般解决民事争议规则的适用问题,较为复杂,不应当"一刀切"地采纳某一观点,而是赋予人民法院一定的自由裁量权,结合个案的实际情况辩证地灵活适用。

行政审判调研报告

关于海事行政案件受理范围的调研报告*

北海海事法院**

摘要:2016年2月24日,最高人民法院颁布《关于海事法院受理案件范围的规定》,海事法院具有海事行政案件管辖权。但在司法实践过程中,由于经济、人文、执法状况等方面的差异以及各地对海事行政机关、海事行政行为、海事行政法律关系存在不同的理解,导致海事行政案件在受理标准上出现差异,进而影响行政相对人合法权益的有效保障。如何界定海事行政案件受案范围、探究何种行政案件属于海事行政案件,是现今海事行政审判工作迫切需要解决的问题。本调研课题首先对海事行政案件的概念、特征和海事行政案件管辖的历史沿革进行了论述,其次分析了海事法院受理海事行政案件的现状和受理过程中所遇到的问题,最后创造性地提出以"涉海(水)性""涉船性""涉渔性"为标准对海事行政案件受理范围进行合理界定,并对完善海事行政案件受理范围提出深层思考。

随着"一带一路"建设及海洋强国等重大国家战略的实施,我国对海域和通海通航水域的行政管理不断增强,海事行政行为也日渐增多,

---

* 本文在2016~2017年全区法院优秀调研成果评选活动中获二等奖。本文有删减。

** 课题组主持人:王普明。课题组成员:邱德平、陆英涛、张黔鄂、赵波、庞慧、韦雨忱。执笔人:张黔鄂、赵波、庞慧、韦雨忱。

海事行政案件在受理范围方面的问题相继呈现。2016年2月24日最高人民法院颁布的《关于海事法院受理案件范围的规定》(以下简称2016年《受案规定》)成为海事法院受理海事行政案件的法律依据,但该规定未能对海事行政机关、海事行政行为以及海事行政法律关系作明确界定,而且由于各地经济发展、人文水准、执法状况等均存在较大的差异,对海事行政机关、海事行政行为以及海事行政法律关系存在不同的理解,导致海事行政案件在受理标准上无法达成一致。因此,如何界定海事行政案件的范围、探究并明确何种行政案件属于海事行政案件,是现今海事行政审判工作迫切需要解决的问题。为此,北海海事法院成立了党组成员、副院长王普明为组长,邱德平、张黔鄂、陆英涛、赵波、庞慧、韦雨忱为成员的课题调研组,课题组查阅国内外研究专著和数十篇论文,通过走访、座谈、发放调查函收集汇总资料,在充分调研的基础上形成本课题研究成果。

一、海事行政案件及其管辖的历史沿革

(一)海事行政案件的概念和特征

海事行政案件是指海上、通海可航水域内从事海洋运输、生产等活动的行政管理相对人不服海事行政机关具体行政行为,或不服海事行政机关不作为,在法定期限内向法院起诉,由法院根据法定程序进行审理裁判的行政争议案件。[1]

海事行政案件具有三个显著特点:一是被告固定,只能是海事行政机关;二是诉争对象相对固定,只能是与海事管理相关的行政行为;三是专业性强,涉及船舶运输、码头管理、海洋开发利用及渔业环境生态保护等,涉及面广,专业技术性强。

(二)海事行政案件管辖的历史沿革

1. 管辖权的尝试阶段(1984~1991年)

1984年11月和1989年5月,最高人民法院先后颁布《关于设立海事法院几个问题的决定》[2]和《关于海事法院收案范围的规定》,[3]通过这两个规定,将行政处罚类行政诉讼案件和行政处罚强制执行案件以及涉及海洋、内河主管机关的行政案件

〔1〕 许俊强:《海事行政案件管辖之反思——在实然与应然之间》,载《海峡法学》2014年第4期。

〔2〕 1984年11月28日《关于设立海事法院几个问题的决定》规定:“……三、海事法院收案范围暂定为:……16. 因违反有关海事的法律、条例受主管行政机关处罚,当事人不服,在法律规定的期限内起诉的案件;或者在期限内不起诉,期满又不履行,主管行政机关申请强制执行的案件;……”

〔3〕 1989年5月13日《最高人民法院关于海事法院收案范围的规定》规定:“……三、其他海事海商案件……9. 涉及海洋、内河主管机关的行政案件;……”

授予海事法院管辖。

2. 管辖权的剥离阶段(1991～2001 年)

海事法院系中央委托交通部组建,交通部又委托港航部门代管海事法院,海事法院很长一段时间属于部门管理体制,海事法院审理行政案件必然会受到主管部门的制约。为此,最高人民法院先后颁布《关于贯彻执行〈中华人民共和国行政诉讼法〉若干问题的意见(试行)》和《关于执行〈中华人民共和国行政诉讼法〉若干问题的解释》,将海事行政案件管辖权从海事法院剥离。[1]

3. 管辖权的回归阶段(2001～2003 年)

随着市场经济体制的建立与完善,海事法院的部门管理体制已不能适应法治发展需求。1999 年 7 月 1 日,中央编办、最高人民法院、交通部、财政部联合下发《关于理顺大连等 6 个海事法院管理体制若干问题的意见》,至此,海事法院脱离部门管理体制,纳入司法管理体系。2001 年 8 月,最高人民法院颁布《关于海事法院受理案件范围的若干规定》(以下简称 2001 年《受案规定》),授予海事法院行政案件管辖权。[2]

4. 管辖权的摇摆阶段(2003～2015 年)

2001 年《受案规定》虽授予海事法院行政案件管辖权,但由于海事法院管辖海事行政案件的利弊问题一直争论不休,2003 年 8 月,最高人民法院办公厅下发《关于海事行政案件管辖问题的通知》,将海事行政案件管辖权再一次转移给地方法院。[3]

2009 年开始,最高人民法院考虑到海事行政案件具有涉海(水)、涉船、涉渔等与

---

[1] 1991 年 6 月 11 日,最高人民法院颁布《关于贯彻执行〈中华人民共和国行政诉讼法〉若干问题的意见(试行)》,第 9 条规定:"专门人民法院不设行政审判庭,不受理行政案件。"1999 年 11 月 24 日,最高人民法院颁布《关于执行〈中华人民共和国行政诉讼法〉若干问题的解释》,第 6 条规定:"各级人民法院行政审判庭审理行政案件和审查行政机关申请执行其具体行政行为的案件。专门人民法院不审理行政案件,也不审查和执行行政机关申请执行其具体行政行为的案件。"

[2] 2001 年 8 月 9 日,最高人民法院颁布《关于海事法院受理案件范围的若干规定》,第三类"其他海事海商纠纷案件"包括:……(40)海事行政案件;(41)海事行政赔偿案件;第四类"海事执行案件"包括:……(60)海洋、通海水域行政主管机关依法申请强制执行的案件。

[3] 2003 年 8 月 11 日,《最高人民法院办公厅关于海事行政案件管辖问题的通知》规定:"行政案件、行政赔偿案件和审查行政机关申请执行其具体行政行为的案件仍由各级人民法院行政审判庭审理。海事等专门人民法院不审理行政案件、行政赔偿案件,亦不审查和执行行政机关申请执行其具体行政行为的案件。本通知下发之前,海事法院已经受理的海事行政案件、行政赔偿案件,继续由海事法院审理;海事法院已作出的生效行政判决或者行政裁定的法律效力不受影响。"

普通行政案件不同的特点，又多次研探恢复海事法院行政案件管辖权问题。2011年和2013年，几个海事法院的上诉审高级法院根据《最高人民法院关于设立海事法院几个问题的决定》，分别指定辖区内海事法院具有海事行政案件管辖权。（见表一）

表一 2011年8月~2016年2月部分海事法院受理行政案件情况

海事法院名称	受理时间段	案件数量
海口	2011年8月~2016年2月	30
青岛	2011年11月~2016年2月	39
广州	2011年12月~2016年2月	89（含系列案）
大连	2013年2月~2016年2月	191（含系列案）
宁波	2013年4月~2016年2月	16

5. 管辖权的确立阶段（2016年3月1日至今）

虽然上述几个海事法院在5年间所受理的海事行政案件数量有限，但却为最高人民法院决定将海事行政案件管辖权正式授予给海事法院奠定了良好的基础，2016年《受案规定》出台后，全国海事法院全部具有海事行政案件管辖权。

二、2016年《受案规定》施行后海事法院受理行政案件现状

根据2016年《受案规定》第79~85条的规定，海事法院管辖的行政案件的种类有：第一类，行政诉讼案件，包括：(1)涉及海上、通海可航水域或者港口内的船舶、货物、设备设施、海运集装箱等财产的行政案件；(2)涉及海上、通海可航水域运输经营及相关辅助性经营、货运代理、船员适任与上船服务等方面资质资格与合法性事项的行政案件；(3)涉及海洋、通海可航水域开发利用、渔业、环境与生态资源保护等活动的行政管理行为以及有关海事行政机关拒绝履行第79~81条所涉行政管理职责或者不予答复的行政案件。第二类，行政赔偿和行政补偿案件。第三类，强制执行案件（含非诉行政申请执行审查案件）。[1] 截至2017年10月，全国海事法院共受理各类海事行政案件192件。（见表二）

〔1〕 许俊强：《海事行政案件管辖之反思——在实然与应然之间》，载《海峡法学》2014年第4期。

表二　2016 年 3 月 ~2017 年 10 月全国海事法院受理行政案件情况

法院名称	案涉行政管理范畴	案件数量
海口	海域使用权、海上救助、海事事故调查、行政处罚、行政赔偿等	14(含 1 件不予受理)
青岛	渔业行政处罚、渔业行政赔偿、渔业行政强制、海洋行政许可等	18
广州	行政强制执行、行政赔偿、环境管理行政处罚、海域行政处罚、强制清理整治、渔业行政许可、水上交通事故责任认定、海域使用行政许可等	17(含 3 件不予受理和不予立案)
大连	不履行法定职责、收回海域使用权行政补偿、发放污染补偿款纠纷、确认行政行为违法、行政赔偿等	22(含系列案)
宁波	渔业行政管理、信息公开、渔业行政登记、渔业行政处罚、渔业行政赔偿等	12
厦门	交通行政处罚、渔业行政处罚、交通行政确认、渔业行政征用、渔业行政赔偿、渔业行政强制、拆迁补偿等	35
武汉	行政强制、行政处罚、行政管理、行政登记、行政许可等	13
天津	信息公开等	21
北海	渔业行政给付、渔业行政处罚、渔业行政许可等	38(含系列案和 5 件不予受理)
上海	行政处罚	1

经对 2016 年 3 月 ~2017 年 10 月全国海事法院受理的海事行政案件进行分析，发现海事法院受理的海事行政案件具有如下特点：

(一)海事法院受理的海事行政案件均与海、船、渔、水相关联

根据表二可见，虽然 2016 年《受案规定》未对海事行政机关或海事行政行为作出具体的界定，但各海事法院均不约而同地将涉及海洋、渔业、船舶的行政管理行为以及不行为类案件作为受理对象。如北海海事法院受理的行政案件就主要集中在渔业行政许可、渔业行政给付、渔业行政处罚以及海洋环境保护类非诉行政申请执行审查等几大类。(见图一)

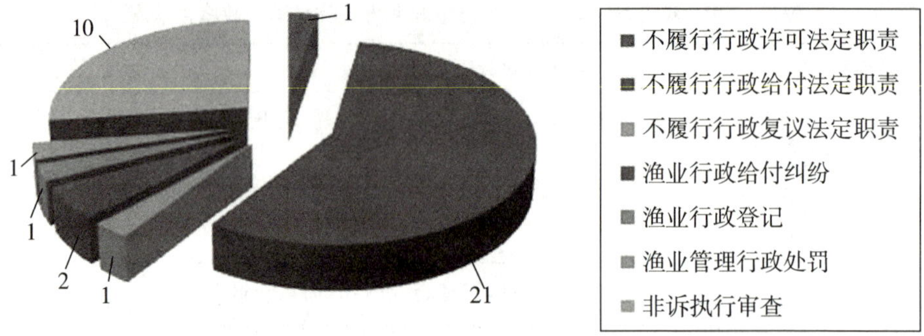

图一 2016年《受案规定》施行后北海海院受理行政案件结构图

(二)海事法院受理海事行政案件的数量增幅较大

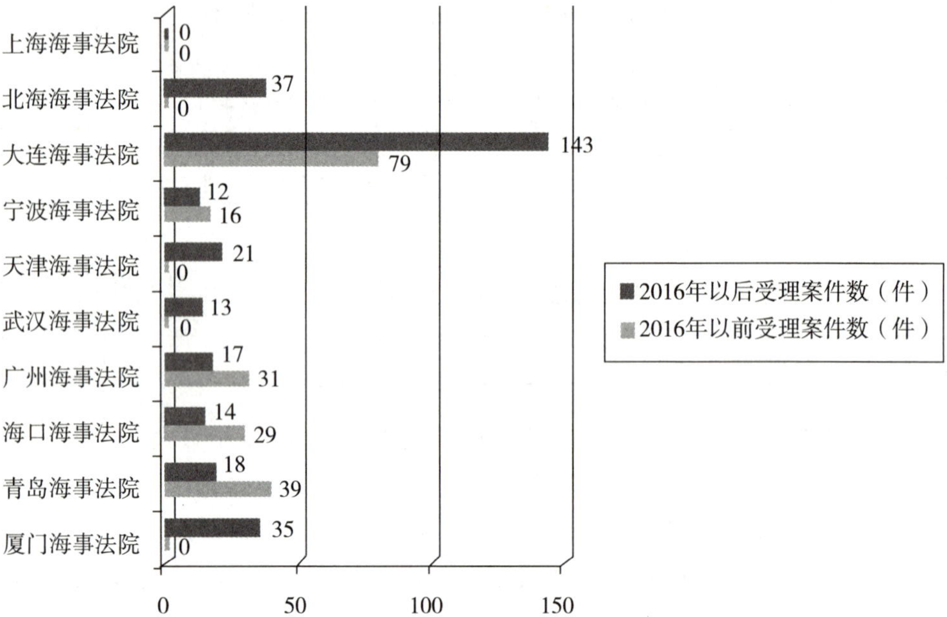

图二 2016年《受案规定》施行前后海事行政案件受理情况对比图

由图二可见,2016年3月1日后各海事法院受理的行政案件与2016年以前受理的案件相比,数量增幅较大,且系以较快的速度飞速增长,有5个海事法院2016年3月以后受理行政案件数已达过去5年内受理案件总数的一半或一半以上。

(三)海事法院受理海事行政案件的做法和标准不一

2016年《受案规定》施行后,上海市高级人民法院出台《关于上海海事法院管辖海事行政案件的规定》,该规定虽初步限定了海事行政机关的类型,但未细化海事行政行为;其他海事法院对哪些行政机关属于海事行政机关,何种行政行为属于海事行政行为的理解和把握上也不尽相同。

三、海事法院受理海事行政案件过程中遇到的问题

2016年《受案规定》第79~85条虽然界定海事法院受理的海事行政案件的执法主体是海事行政机关,但何为海事行政机关?承担哪些海事管理职权的行政机关属于海事行政机关?怎样的海事行政行为属于海事行政案件受理范畴?这些问题并未作解释,现行法律法规也没有对海事行政机关的范围作清晰界定,海事管理职权职能也存在界限不清、属性不明和争议不断的情形。具体表现在以下几点:

(一)同种类的海事管理权限的机构设置存在较大差异

各省、各市、各地对海事行政机关的机构设置没有形成统一体例,机构设置混乱。以海洋和渔业机构设置为例,省级机构设置上,11个沿海省(区)、直辖市中,8个采用"海+渔"模式设置,3个采用海洋与渔业分设模式,其中辽宁、山东、福建、广东、海南的海洋与渔业部门为政府组成部门,浙江和江苏为省政府直属机构,天津为市政府直属机构,上海市与河北省系合署办公;广西区内市级机构设置上,钦州、北海、防城港设立海洋局和水产畜牧兽医局两个机构,2017年机构改革,北海市撤销水产畜牧兽医局,将水产和渔业归入海洋局,并将海洋局更名为海洋与渔业局,将畜牧兽医归入农业局,而防城港市和钦州市则仍保持原状;广西区内县区级的机构设置上,北海市"三区一县"中,海城区、银海区、铁山港区设置海洋和水产畜牧兽医局,合浦县则分设海洋局和水产畜牧兽医局两个机构。海事行政机关设置的不统一,导致各机构所承担的行政管理职能也有所不同,对海事行政行为的属性定义也不清,导致海事法院难以判断哪些案件属于海事行政案件。

(二)非传统意义的海事行政机关作出的涉海事的行政行为是否属于海事行政案件范畴有分歧

毋庸置疑,海事局、渔政、渔监、海洋局、船检局等行政机关属于传统意义的海事行政机关,对传统意义的海事行政机关作出的涉海(水)、涉船、涉渔管理事务的行政行为属于海事行政案件范畴,理论界和司法实务界均没有争议,但对海关、海监、海警等非传统意义的海事行政机关所作出的行政行为是否均应纳入海事行政案件受理范畴则意见不一。以海关为例,《行政诉讼法》第15条规定海关处理的案件由中级人民

法院管辖,[1]海事法院具备级别管辖条件,但 2002 年 1 月最高人民法院又印发《关于海关行政处罚案件诉讼管辖问题的解释》(以下简称《海关管辖规定》),[2]根据此规定,海关作出的行政处罚类行政行为不属海事行政案件受理范畴,这类案件由地方中级人民法院受理。但海关不仅具有行政处罚权,而且还具有通关管理、征税、查缉走私等职能,这些职能均系与海事事务相关的事务,对海关作出的这些海事事务是否属于海事行政案件受理范畴?海关处理案件与海关行政案件如何区分?学术界存在分歧。一种观点认为,《行政诉讼法》第 15 条涵盖了行政处罚类案件,新《行政诉讼法》是全国人大常委会讨论议定并于 2015 年 5 月施行,而《海关管辖规定》是最高人民法院印发并于 2002 年 1 月施行,很显然,新《行政诉讼法》是上位法、新法,《海关管辖规定》是下位法、旧法。根据上位法优于下位法、新法优于旧法原则,应适用上位法和新法,故海关作出的所有涉海(水)、涉船、涉渔等海事管理行政行为属于海事行政案件的管辖范畴。[3] 另一种观点认为,新《行政诉讼法》系对 1990 年《行政诉讼法》进行修订而来,关于海关处理案件由中级人民法院管辖的规定保持不变,从这个意义来说,《行政诉讼法》的此项规定系旧条款,《海关管辖规定》系新规定,《行政诉讼法》是普通法,《海关管辖规定》是特别法,根据特别法优于普通法的原则,应适用《海关管辖规定》,即海关处罚类行政行为不属海事行政案件,海关作出的涉海(水)、涉船、涉渔等非处罚类海事行政行为才属于海事行政案件的受理范畴。

(三)非海事行政机关作出的与海事相关联的行政行为是否属于海事行政案件观点不统一

现实中,个别地方行政机关兼顾行使海事行政职能的情况并不鲜见。如安全监督机关对海上、通海水域以及港口、码头的水域工程建设、港航设备等进行安全生产的监督管理;公安、武警、边防等对沿海船舶的违法犯罪行为采取相应的执法行为等。这些机关并不是海事行政机关,但他们作出的与海事相关联的行政行为是否属于海

---

[1] 《行政诉讼法》第 15 条规定:"中级人民法院管辖下列第一审行政案件:(二)海关处理的案件……"

[2] 2002 年 1 月 28 日,最高人民法院颁布的《关于海关行政处罚案件诉讼管辖问题的解释》规定:"为规范海事法院的受理案件范围,根据《中华人民共和国行政诉讼法》的有关规定,现就海关行政处罚案件的诉讼管辖问题解释如下:相对人不服海关作出的行政处罚决定提起诉讼的案件,由有管辖权的地方人民法院依照《中华人民共和国行政诉讼法》的有关规定审理。相对人向海事法院提起诉讼的,海事法院不予受理。"

[3] 《行政诉讼法》第 18 条第 2 款规定:"经最高人民法院批准,高级人民法院可以根据审判工作的实际情况,确定若干人民法院跨行政区域管辖行政案件。"

事行政案件范畴？学术界观点不统一，实践中做法也不相同。一种观点认为，这些部门属于地方行政机关，是行使地方管理职能，其行政行为应由地方法院管辖。另一种观点则认为，这些部门虽然不是海事行政机关，但只要其作出的行政行为具有涉海（水）、涉船、涉渔等海事特性就应属海事法院管辖。

（四）程序性行政行为的可诉性尺度难以把握

新《行政诉讼法》撤销"具体行政行为"的提法，改变诉讼对象为"行政行为"，[1] 2016年《受案规定》秉承新行政诉讼法的提法，将海事行政诉讼对象表述为"海事行政行为"，作出一个海事管理行政行为会涉及多个程序性行为，如通知行为、受理行为、听证行为、公告行为、处理行为等，这些行为是否都可单独提起行政诉讼？一种观点认为，对于这些程序性行为，相对人对其中任何一个程序行为不服，均可单独提起诉讼，因这是相对人依法享有的诉权，若加以限制，则不仅剥夺了相对人的诉权，而且与现行法律精神相悖，不利于相对人监督行政机关依法行政；另一种观点则认为，若这些程序性行为均可诉，则会出现一个行政行为引发数个行政诉讼情形，这样不仅浪费司法资源，而且会出现滥用诉权，影响行政机关正常管理秩序，因此，有必要对程序性行为的可诉性加以限制，只能对最终处理的行政行为提起诉讼，不能对中间环节的程序性行为提起诉讼。

（五）海事行政行为侵犯相对人合法权益的程度难以界定

若行政行为对相对人的合法权益不产生实际影响则裁定驳回起诉的规定，实质上是将对相对人不产生实际影响的行政行为排除在行政案件受案范围之外。如海事局作出的水上交通事故结论书是否可诉？最高人民法院与公安部联合印发的《关于处理道路交通事故案件有关问题的通知》系将交通事故责任认定行为列为不予受理范畴[2]，据此，有的法院认为相对人对海事局作出的水上交通事故结论书不可诉，因为该责任认定书并未直接确定双方当事人的权利和义务，并未界定具体的责任数额，只是作为证据提交，采信与否，由法院决定，对当事人的权益不产生实际影响。但有的法院

---

[1] 《行政诉讼法》第2条规定："公民、法人或者其他组织认为行政机关和行政机关工作人员的行政行为侵犯其合法权益，有权依照本法向人民法院提起诉讼。"

[2] 最高人民法院与公安部联合下发的《关于处理道路交通事故案件有关问题的通知》规定："当事人仅就公安机关作出的道路交通事故责任认定和伤残评定不服，向人民法院提起行政诉讼或民事诉讼的，人民法院不予受理。"《全国人民代表大会常务委员会法制工作委员会关于交通事故责任认定行为是否属于具体行政行为，可否纳入行政诉讼受案范围的意见》规定："根据道路交通安全法第七十三条的规定，公安机关交通管理部门制作的交通事故责任认定书，作为处理交通事故关键的证据使用。"

则认为,法院否决水上事故责任认定书的情形极为少见,几乎都是依据该认定书所认定的责任大小判定各方所应负的赔偿数额,该认定书实际上对权利义务予以了界定,直接影响当事人权益,对当事人权益造成实际影响,应当纳入海事行政案件受理范畴。

四、完善海事行政案件受理范围的建议和对策

如何界定海事行政案件的受理范围?海事法院受理海事行政案件过程中存在的问题应采取怎样的措施或对策予以解决?我们认为,科学界定海事行政案件受理范围,应从两个方面予以考虑:一是正确理解和把握现有法律和司法解释,在审判实践中根据个案情况进行合理界定;二是加强法律和司法解释的修订以及完善体制建设和机制构建,便于总结海事行政案件审判经验,提升海事审判能力。

(一)以"涉海(水)性""涉船性""涉渔性"为标准对海事行政案件受理范围进行合理界定

立案登记制实施后,法院受理的行政案件数量逐年增长,相对人的法律意识逐渐增强,通过行政诉讼监督行政机关依法行使职权的社会呼声也不断增强,纵观海事法院成立至今所受理的案件可见,所有案件均具有"涉海(水)性""涉船性""涉渔性"(以下简称"三性"),则海事法院受理的海事行政案件亦应以上述"三性"作为基准点进行甄别和判断。

1. 海事行政诉讼法律依据的"三性"考量

2016年《受案规定》第110条规定:"当事人提起的民商事诉讼、行政诉讼包含本规定所涉海事纠纷的,由海事法院受理。"这条规定是海事行政诉讼"三性"原则的法律依据。

这条规定明确界定了海事法院受理案件的纠纷性质是海事纠纷,而不是普通纠纷,海事纠纷包含民事类海事纠纷、行政类海事纠纷、刑事类海事纠纷,只有行政类海事纠纷才是海事行政案件的受理范围,海事法院受理的海事行政案件只能是海事行政纠纷。

这条规定实为兜底规定,意在补充2016年《受案规定》第1~108条列举式规定中未能涵盖的其他情形,而通观第1~108条的内容表述,发现每一条中都包含有"海""船""港""水""航"的内容,这充分体现出海事事务就是与"海""船""港""水""航"等相关联的事务。因此,海事法院受理的海事行政诉讼也必须是与"海""船""港""水""航"等相关联的行政诉讼。

2. 海事行政机关的“三性”考量

如前所述,由于我国海事行政机关的建制存在各省、各地、各市、各县设置不一,机关数量庞杂而巨大,个别机关或机构承担的行政管理职责交叉混杂,管理规则混乱无序,存在多头执法或“都不管”现象。故而,我们不可能用列举式的方法界定出具体哪个或哪几个或哪些行政机关是海事行政机关,也不能以机关或机构的名称中是否包含有“海”“船”“港”“水”“航”等字样来判断,而应该从行政机关的法定职责中是否具有上述“三性”进行判断。

最高人民法院民四庭负责人就《关于海事诉讼管辖问题的规定》答记者问中指出:“海事行政诉讼是指从事海洋运输、生产等活动的行政管理相对人不服海洋及通海水域行政管理机关的行政行为,或不服复议决定,在法定期限内向法院起诉,由法院根据法定程序对该海事行政争议进行审理和判决的司法活动。”这个定义中“行政管理机关”之前的定语是“海洋及通海水域”,也是与“海”“水”相关联,这个定义界定了海事行政机关就是对海洋及通海水域进行行政管理的机关及其上一级行政机关,也就是依法有权对海洋及通海水域行使行政管理职责的机关,而且,这种海事性质的管理职责必须是法定的。

最高人民法院民四庭负责人就《关于海事诉讼管辖问题的规定》答记者问中还指出:“当前国家海洋局、海事局、海警局等相关涉海行政部门对海洋及通海水域活动的管控进一步加强,由此引发的各类海事行政诉讼案件需要专门化的审理。”这段话的着重点在于“涉海行政部门”,这里的“涉海行政部门”也应理解为法定职责中具有海事管理职责的行政部门。

综上,我们应根据行政机关的法定职责来判断该机关是否属于海事行政机关,即只要行政机关或机构的法定职责中包含有对“海”“船”“港”“水”“航”等进行行政管理的内容,那么这个机关或机构就是海事行政机关。反之,则不属海事行政机关。

3. 海事行政行为的“三性”考量

海事行政行为是海事行政案件重点审查对象,海事行政机关在行使行政管理职责过程中所作出的行政行为多种多样,有作为和不作为,有内部行政行为和外部行政行为,管理类行为和执法类行为,有行政处罚、行政许可、行政给付、行政强制、行政征收等,这些种类繁多、样式多种的行政行为并非都属于海事行政行为。既然我们界定对“海”“船”“港”“水”“航”等进行行政管理的行政机关是海事行政机关,那么,与之相应,海事行政机关对“海”“船”“港”“水”“航”等进行行政管理而作出的行政行为才是海事行政行为。否则,就不是海事行政行为。

海事行政行为的“三性”是判断案件是否属于海事行政案件亦即是否属于海事法院受理案件范围的重点核查内容，这是因为：

（1）关于涉船性和涉渔性。众所周知，海事法院从开始设立开始就与船舶密不可分，所审理的海事海商案件几乎都与船舶存在不同程度的关联，随着航运的发展和我国经济的腾飞，与船舶相关的行政管理事项也日渐增多，产生的行政纠纷的数量也越来越多，类别也越来越繁杂，这就决定了海事行政行为中必然包含大量对船舶以及与船舶相关联的渔业、航运业的管理行为，使得海事行政行为的涉船性和涉渔性成为海事行政案件的重要特征。

（2）关于涉海（水）性。海事行政行为通常发生在海域或特定水域中，国家的强大需要彰显我国的海洋主权，科技的进步使得人类的经济活动向海域和水域大范围迈进，国家对海洋及通海水域的管控进一步加强，在对海域或水域管理过程中所发生各种社会关系和多重国际关系，特别是行政管理关系而引发的海事行政纠纷决定了海事行政行为的涉海性和涉水性。

（二）完善海事行政案件受理范围的深层思考

1. 加强立法或修法

“立善法于天下，则天下治；立善法于一国，则一国治。”2016年《受案规定》用列举方式对海事行政案件受案范围进行界定，虽然简洁明了，但对海事行政案件的受案范围难以全覆盖，受案范围涉及面较为有限。我国目前没有“海事行政法”，海事行政机关主要依据行政规章执法，行政规章的内容庞杂，在条件成熟时有必要设立“海事行政法”，明确规定海事行政行为的类型、构成要件、救济制度等，以法律形式规定海事行政案件的受理范围。有学者还呼吁建立“海事行政法”和“海上刑法”，二者共同构成“海事法”，与海商法共同构成“大海法”体系。[1] 既然现阶段设立“海事行政法”的条件不成熟，但可以对《海事诉讼特别程序法》进行修改，使海事诉讼程序符合海事审判实践需求。如在《海事诉讼特别程序法》第4条中增加海事行政案件的内容，建议改为：“海事法院受理当事人因海事侵权纠纷、海商合同纠纷、海事行政纠纷以及法律规定的其他海事纠纷提起的诉讼。”

2. 强化案例指导

海事行政案件管辖权回归海事法院后，有的海事法院或上诉审高院出台了实施细则，但各地海事法院对海事行政案件受理范围的界定不一。例如，上海市高级人民

〔1〕 王世涛：《海事行政法论纲》，载《大连海事大学学报》2010年第1期。

法院出台的《关于上海海事法院管辖海事行政案件的规定》只将传统意义的海事行政机关认定为海事行政机关,[1]而宁波海事法院出台的《关于贯彻海事法院受理案件范围的规定的实施意见》[2]中对海事行政案件类型的界定则与上海有所不同;对于公安、边防、海警等是否属于海事行政机关,其所作处罚是否属于海事法院受理范畴等问题,有的海事法院受理,有的海事法院不予受理。为此,建议最高人民法院及时发布海事行政案件典型案例,加强案例指导,为全国海事法院审理海事行政案件指明方向。

3. 重视审判专业化建设

一是建议海事法院设立海事行政审判庭。随着立案登记制的实施和海洋经济、航运经济的快速发展,海事行政纠纷同样呈逐年增加的态势,而海事法院绝大多数未设立行政庭,从事过行政审判的法官也为数不多,这必然会影响海事行政审判工作的质量和效率。二是加强海事行政案件的业务培训。海事法院法官办理海事行政案件的经验非常少,客观上要求加强海事行政案件的培训。为此,建议最高人民法院或上诉审高院加强海事行政案件业务培训,各海事法院也应结合实际通过跟班学习、邀请专家学者授课等方式开展业务培训。

4. 加大沟通协调的宽度、广度和力度

第一,要加强与当地党委政府的沟通和联系。海事法院要定期向院本部所在地的党委政府以及派出法庭所在地的党委政府汇报工作情况,积极主动为当地经济社会发展提供海事司法服务,获取当地党委政府的大力支持,为海事法院的审判工作创造更好的外部环境。第二,要加强与地方法院的联络和协作,地方法院长期受理行政案件,行政审判经验丰富,但也存在对案件管辖权审核不严,受理了应属海事法院专属管辖的案件,这样不仅不利于保护当事人的合法权益,而且还会加剧当事人对法院的不满。为此,建议海事法院上诉审高院不仅要组织海事法院学习2016年《受案规定》等司法解释,而且还要组织地方法院参加学习。海事法院自身也要主动与地方法院沟通,避免地方法院管辖错误。第三,要畅通与海事行政机关的反馈交流途径。海事行政案件审理中时常会发现行政执法瑕疵或存在程序问题,海事法院可以通过旁

[1] 《上海市高级人民法院关于上海海事法院管辖海事行政案件的规定》,载上海法院网:http://shfy.chinacourt.org/article/detail/2017/01/id/2508636.shtml,2017年12月15日访问。

[2] 王佩玲:《新司法解释下稳固海事行政案件管辖权的构思与对策——从设计类型到定义的受案范围确定方法展开》,载宁波海事法院网:http://www.nbhsfy.cn/info.jsp? aid=27128,2017年12月15日访问。

听庭审、授课、座谈等途径及时反馈给海事行政机关，以期促进海事行政机关执法水平的提升。第四，要加强海事法院之间的业务交流和协作。虽然海事法院每年都举办一次海事审判研讨会，但随着海事审判业务宽度和广度的增加，一年一次的以学术研究方式进行的交流已不能满足审判工作实际的需要，为此，建议最高人民法院针对海事行政案件的审判举办专门的培训班，各海事法院自行加大走访频率，增进沟通和互动。

行政诉讼中被诉行政机关负责人出庭应诉情况分析

——以广西行政机关负责人出庭应诉实践为视角*

广西壮族自治区高级人民法院、玉林市中级人民法院**

2014年11月修改的《行政诉讼法》第3条第3款设立被诉行政机关负责人应当出庭应诉制度。[1] 为推进这项制度有效落实，本文通过对广西被诉行政机关负责人出庭应诉情况的分析，发现实践中存在出庭人员范围不明确，出庭不出声、重形式轻实质等问题，本报告从健全行政机关负责人出庭应诉配套和考评机制等角度，提出完善行政机关负责人出庭应诉的建议，以供参考。

一、行政机关负责人出庭应诉制度的实施概况及其成效

行政机关负责人出庭应诉制度实施后，广西各级法院主动履责，勇于担当，采取了一系列措施使此项制度的贯彻落实取得明显成效。据统计，本次调研的南宁等四个市2015年行政机关负责人出庭应诉案件为124件，比2014年增加78件，应诉率为12.85%，比增9.71%；案件胜诉率为93.55%，比增2.25%；调撤率为20.47%，比增2.39%；案件服判息

---

* 2015年全国法院司法统计分析重点课题优秀奖。本文有删减。

** 课题组主持人：林秋慧、梁文华。课题组成员：韦威助、周善能、王小成、卢小军、梁宁、陈务健、林阳、庞忠、江永胜、梁凤。课题执笔人：梁宁、江永胜、庞忠。

[1] 《行政诉讼法》第3条第3款规定："被诉行政机关负责人应当出庭应诉。不能出庭应诉的，应当委托行政机关相应的工作人员出庭应诉。"

诉率为 57.77%,比增 10.51%。行政机关负责人出庭应诉经历出庭件数由少到多、由自觉到制度规范、应诉制度的价值导向和应然作用逐步体现。

（一）出庭应诉率呈上升态势

表一 2012～2015 年南宁等四市行政机关负责人出庭应诉总体情况统计表

年份	2012	2013	2014	2015	合计
行政诉讼案件数	871	895	1464	965	4195
负责人出庭应诉案件数	30	35	46	124	235
负责人出庭应诉率	3.44%	3.91%	3.14%	12.85%	5.60%

表二 2012～2015 年南宁等四市行政机关负责人出庭应诉具体情况统计表

年份	南宁			贺州			玉林			百色		
	行政案件数	负责人出庭应诉数	负责人出庭应诉率（%）	行政案件数	负责人出庭应诉数	负责人出庭应诉率（%）	行政案件数	负责人出庭应诉数	负责人出庭应诉率（%）	行政案件数	负责人出庭应诉数	负责人出庭应诉率（%）
2012	408	12	2.94	147	4	2.72	183	9	4.92	133	5	3.76
2013	420	11	2.62	77	5	6.49	223	18	8.07	175	1	0.57
2014	739	12	1.62	154	17	11.04	257	9	3.5	314	8	2.55
2015	497	48	9.66	112	50	44.64	146	18	12.33	210	8	3.81
合计	2064	83	4.02	490	76	15.51	809	54	6.67	832	22	2.64

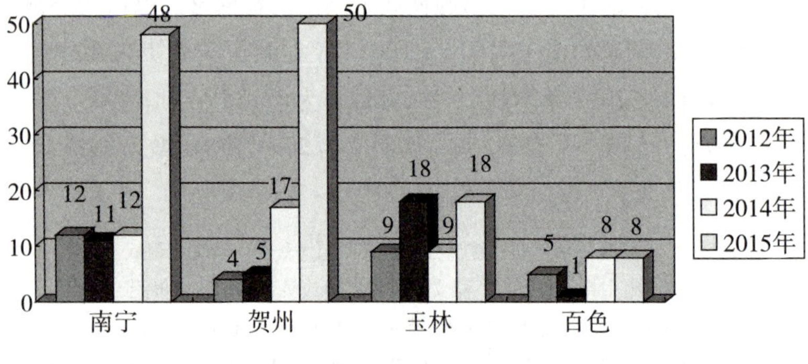

图一 2012～2015 年南宁等四市行政机关负责人出庭应诉案件对比图

从表一、表二和图一分析，2012～2015年南宁等四市行政机关负责人出庭应诉案件数逐年递增，2013年比2012年多5件，2014年比2013年多11件，2015年比2014年多78件；出庭应诉率从2012年到2014年连续三年年均不足4%上升到2015年的12.85%。这表明行政机关负责人出庭应诉逐渐成为新常态。

行政机关负责人出庭应诉制度的出台，有效推动解决"民告官难见官"的难题。行政机关负责人以被告的身份出现在法庭上，并充分表明政府勇于承担依法行政的职责，对促进全社会遵法守法产生更好的示范效应，也将会对社会观念的转变起到潜移默化的积极作用。2015年10月27日，玉林市中院开庭审理容县黎村镇太平村村尾队村民不服玉林市政府行政复议维持容县政府颁发土地证行为的行政诉讼案，[1]玉林市委常委、副市长刘世斌亲自出庭应诉。旁听庭审的太平村20多位村民认为，副市长出庭这种做法能让官员接近群众，更了解民情，体现了政府官员对老百姓权益的尊重，也让他们更加相信法律。

（二）出庭应诉的案件胜诉率、调撤率明显提升

表三　2012～2015年南宁等四市行政机关负责人出庭应诉案件胜诉情况统计表

年份	负责人出庭案应诉件数	胜诉案件数	胜诉率
2012	30	26	86.67%
2013	35	31	88.57%
2014	46	42	91.30%
2015	124	116	93.55%

表四　2012～2015年南宁等四市行政机关负责人未出庭应诉案件胜诉情况统计表

年份	负责人未出庭案应诉件数	胜诉案件数	胜诉率
2012	841	647	76.93%
2013	860	665	77.33%
2014	1418	1108	78.21%
2015	841	673	80.02%

[1] 玉林市中级人民法院(2015)玉中行初字第40号。

从表三和表四分析，纵向比较，南宁等四市行政机关负责人出庭应诉案件的胜诉率逐年提高，由2012年的86.67%提高到2015年的93.55%；横向比较，2012～2015年南宁等四市行政机关负责人出庭应诉胜诉率每年均高于行政机关负责人未出庭应诉案件的胜诉率，其中2012年比增9.74%，2013年比增11.24%，2014年比增13.09%，2015年比增13.53%，并且是稳步递增。

胜诉率的提高，表明行政机关负责人出庭应诉有助于提高依法行政水平。出庭应诉，有利于行政机关负责人掌握统筹行政执法工作的全局，了解整个案情，用法律的标准衡量、审视和改进行政执法工作。

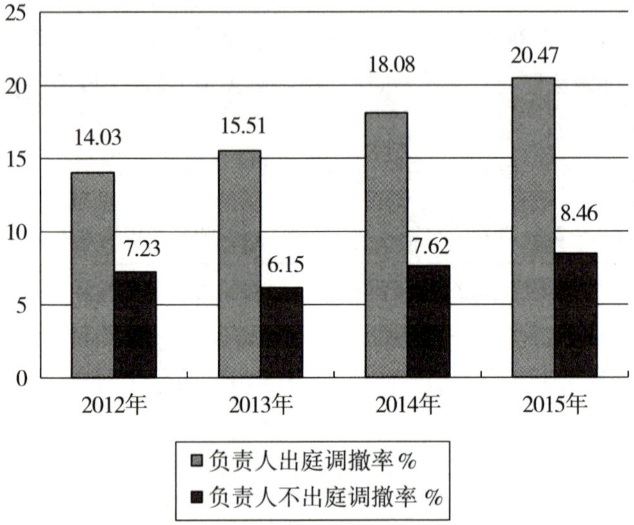

图二　2012～2015年南宁等四市行政机关负责人出庭应诉案件调撤率情况图

从图二分析，纵向比较，2012～2015年南宁等四市行政机关负责人出庭应诉案件的调撤率逐年上升，从2012年的14.03%提高到2015年20.47%；横向比较，2012～2015年南宁等四市行政机关负责人出庭应诉案件的调撤率每年均高于行政机关负责人未出庭应诉案件的调撤率，并且是逐年比增，其中2012年比增6.8%，2013年比增9.36%，2014年比高增10.46%，2015年比增12.01%。

调撤率的提高，表明行政机关负责人出庭应诉能有效促进行政纠纷的实质性解决。从审判实践中发现，行政机关负责人出庭应诉的案件，行政机关对被诉行政行为的认识更加理性，撤销或变更违法行政行为、和解的意愿更加强烈，是提高调撤率的主要因素。

（三）行政审判质效不断提升

表五　2012～2015年南宁等四市行政机关负责人出庭应诉案件审判质效评估指标统计表

年份	行政机关负责人出庭应诉案件数	上诉率（%）	申诉率（%）	服判息诉率（%）	调撤率（%）
2012	30	72.88	20.28	27.12	14.03
2013	35	65.25	14.32	34.75	15.50
2014	46	52.74	10.30	47.26	18.08
2015	124	42.23	7.61	57.77	20.47

法院行政审判运行态势的评估指标主要体现在上诉率、申诉率、服判息诉率、调撤率等。从表五分析，2012～2015年，南宁等四市行政机关负责人出庭应诉案件的上诉率、申诉率逐年下降，服判息诉率逐年上升。这表明：行政机关负责人出庭应诉的案件有利于优化审判环境，成为改善行政审判运行态势的创新之举，对提升法院审判质效产生了更好的促进效应。如2012～2015年百色市法院行政机关负责人出庭应诉案件22件，协调撤诉12件，调撤率54.55%，远远高于全区法院10.67%的平均数。玉林市法院2015年审结的18件行政机关负责人出庭应诉案件中，判决12件案件中有6件驳回诉讼请求，原告均服判息诉，行政机关败诉案件4件，均已全部履行，行政审判的效果得到提高。如原告罗武等22人不服容县政府作出的《〈关于同意浪水林场、高山林场、天堂山林场处置优惠购房方案的请示〉的批示》行政诉讼案，[1]一审在玉林市中院开庭时原告方来了数百人要求旁听，情绪非常激动，矛盾非常尖锐。经审理，一审作出了驳回原告的诉讼请求。经法院主动细致做好释法工作，原告方对容县政府高度重视此案、副县长覃光出庭应诉的做法甚为满意，表示尽管败诉，对一审判决服判息诉。

（四）出庭应诉制度不断规范完善

新《行政诉讼法》施行后，广西各地根据法律规定制定规范性文件。广西壮族自治区人民政府办公厅于2015年8月31日出台了《广西壮族自治区行政机关负责人出庭应诉工作规则》，广西壮族自治区高级人民法院于2015年12月28日出台了《关于行政诉讼中行政机关负责人出庭应诉若干问题的意见》，就依法支持行政机关负责

〔1〕 玉林市中级人民法院（2015）玉中行初字第6号。

人出庭应诉作出四项规定。贺州市政府出台了《贺州市行政机关负责人出庭应诉工作暂行办法》,玉林市中院出台了《关于推动行政案件行政机关负责人出庭应诉工作的通知》等,这项制度不同程度规定了行政机关负责人出庭应诉的案件类型以及不出庭应诉的后果,对促进行政机关负责人出庭应诉起到了积极作用。

二、行政机关负责人出庭应诉存在问题

行政机关负责人出庭应诉制度施行以来取得了明显的成效,但是作为新兴事物,也存在不少问题和困难。

(一)负责人出庭应诉率仍然较低

从表一分析,2012~2015 年南宁等四市法院受理的 4195 件行政案件中,行政机关负责人出庭应诉的案件只有 235 件,平均出庭应诉率只有 5.60%。2015 年新行政诉讼法实施后,行政机关负责人出庭应诉率有了较大幅度的提升,由 2012~2014 年每年不足 4% 上升到 2015 年的 12.85%,但出庭应诉率与社会期待值仍有差距。

课题组对南宁、百色、玉林、贺州四市 834 名社会群众对行政机关负责人出庭应诉率进行评价(见表六),从调查情况看,对行政机关负责人出庭应诉率低表示难以理解的占 78.54%,希望改进的占 15.83%,理解的仅占 5.64%。可见,目前的行政机关负责人出庭应诉率仍有待提高。

表六　南宁等四市公众对行政机关负责人出庭应诉情况评价调查情况表

问卷调查对象	对负责人出庭应诉率低评价意见			对负责人出庭不出声评价意见			对法律可操作性评价意见		
	难以理解	希望改进	能够理解	难以理解	希望改进	能够理解	强	一般	不强
南宁(215 份)	182	23	10	175	23	17	15	40	160
百色(116 份)	82	25	9	80	24	12	14	29	73
玉林(388 份)	311	62	15	305	63	20	86	102	200
贺州(115 份)	80	22	13	81	19	15	18	37	60
合计(834 份)	655	132	47	641	129	64	133	208	493
所占比值(%)	78.54	15.83	5.64	76.86	15.47	7.67	15.95	24.94	59.1

（二）正职负责人出庭应诉率低

根据相关司法解释规定，行政诉讼出庭的行政机关负责人包括正职和副职负责人。从图三分析，近四年来南宁等四市行政机关正职出庭应诉的案件数是 43 件，副职出庭应诉的案件数是 192 件，副职出庭应诉率为 81.70%，远高于正职的出庭应诉率 18.30%，正职出庭应诉成为例外情况。

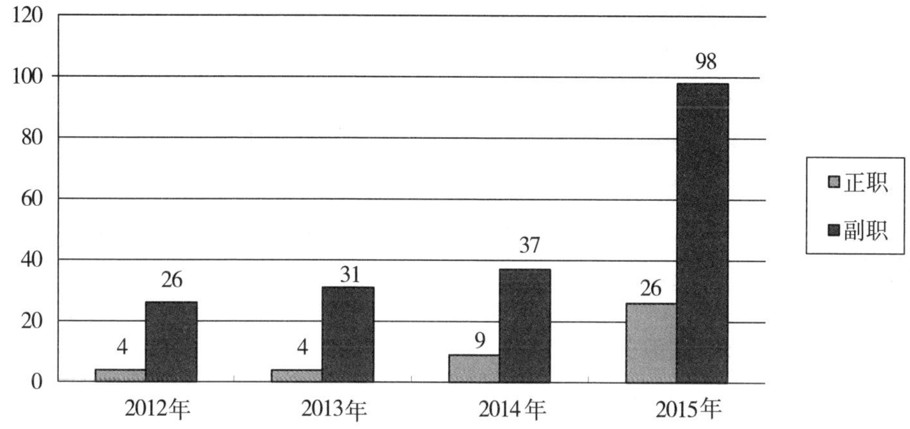

图三　2012～2015 年南宁等四市正副职出庭的案件数量对比图

（三）出庭应诉区域发展不平衡

从表二来看，2015 年南宁市行政机关负责人出庭应诉率为 9.66%，贺州市为 44.64%，玉林为 12.33%，百色仅为 3.81%。行政机关负责人出庭应诉率各地发展不平衡的问题仍然比较突出，工作的常态化、规范化和机制化的程度还普遍较低，亟待科学谋划和积极推进。[1]

（四）出庭应诉形式化

不愿应诉、不敢应诉、不懂应诉、出庭不出声在行政机关负责人出庭应诉时普遍存在，庭审中基本以相关工作人员或者律师应诉为主，负责人只是形式上参与庭审，例如：近四年来，百色市负责人出庭应诉的 22 件案件中，负责人与律师一起出庭应诉的是 15 件，负责人与相关工作人员出庭的是 7 件；玉林市负责人出庭应诉的 54 件案件中，负责人与律师一起出庭应诉的是 13 件，负责人与相关工作人员出庭的是 41

〔1〕 江必新：《积极推进行政机关负责人行政诉讼出庭应诉工作》，载《人民法院报》2011 年 7 月 13 日，第 5 版。

件;南宁市负责人出庭应诉的 83 件案件中,负责人与律师一起出庭应诉的是 30 件,负责人与相关工作人员出庭的是 53 件。负责人单独出庭应诉的案件数为 0。通常出庭的都是行政机关工作人员,甚至存在只由委托律师出庭的情况,这种行政诉讼案件很难真正解决官民之间的矛盾。[1] 行政机关负责人出庭应诉的初衷是为了让行政机关负责人参与到案件中,了解案件情况,促进行政争议的解决,提高行政执法水平,而行政机关负责人"出庭不出声",无异使出庭应诉形式化。[2] 从表六来看,社会公众对行政机关负责人出庭不出声表示难以理解的占 76.86%,希望改进的占 15.47%,理解的仅占 7.67%。

出庭应诉形式化的另一个表现是,出庭应诉对实质性解决矛盾、提高服判息诉率的作用发挥不明显,行政机关对行政机关负责人出庭应诉的理解往往局限于庭审时的表现,而不是参与行政诉讼的整个过程,认为庭审结束就完成了任务,不愿意进一步参与矛盾纠纷的解决过程。

三、存在问题的原因分析

(一)法律可操作性不强

行政机关负责人出庭应诉制由"合理"转向"合法",新行政诉讼法将行政机关负责人出庭应诉制写进法律满足了司法实践的需求。[3] 但是由于规定不够明确,弹性较大,过于笼统、模糊,造成运行机制不畅。从表六来看,社会公众对行政机关负责人出庭应诉的法律可操作性认为不强的占 59.1%,一般的占 24.94%,强的仅占 15.95%。由此可见,公众普遍认为行政机关负责人出庭应诉的法律可操作性并不强。包括:对"应当出庭"要求不够明确。界定正副职出庭应诉的情形不明确,由此造成行政机关和行政相对人理解不一致,行政机关往往将"应当出庭"中的"应当"理解为"不是必须要",而原告往往理解为"是必须要"。2015 年,玉林市法院有 5 件由行政机关工作人员出庭应诉的案件,原告诉讼代理人在庭审中提出要行政机关负责人出庭应诉;有 3 件由行政机关副职出庭应诉的案件,原告诉讼代理人在庭审中提出要行政机关正职出庭应诉。对原告方提出的要求,行政机关以法律"不是必须要"为由

---

[1] 陈业业:《依法治国背景下新行政诉讼法的保障作用探微》,载《法制博览》2015 年第 32 期。

[2] 李梦媛:《论我国被诉行政机关负责人出庭应诉的现状及相关机制的完善》,载《宿州学院学报》2015 年第 8 期。

[3] 院晓慧:《浅议行政机关负责人出庭应诉制度的完善及其意义》,载《商》2015 年第 20 期。

予以拒绝。这些问题,不仅发生在玉林市法院,其他法院也不同程度存在。

(二)思想认识不到位

从当前的司法实践来看,行政机关负责人实际出庭应诉案件无论是绝对数量还是相对数量都较少。究其原因,主要还是思想问题。思想上有顾虑,怕丢人、怕惹麻烦、怕影响名声、怕别人误解等想法,是行政机关负责人出庭应诉的主要心理障碍。思想法治观念淡薄,缺乏基本法治理念。[1]

(三)诉讼专业性和技术性的限制

行政诉讼是一项专业性与程序性特别严格的司法活动,不仅需要出庭人员具备相应的法律知识,而且需要具有一定基础的应诉技巧,并了解相关的庭审程序。行政机关负责人虽然都具有与自己的工作相关的丰富的专业知识,但是他们中的大多数可能并不具有太多专业的法律知识,对庭审诉讼程序和规定的陌生以及法律知识的欠缺就使得他们担心在回答法庭提问时由于自己的错误和漏洞从而带来了败诉的局面。大部分负责人认为与其亲自花大量的时间去准备应付诉讼,不如直接委托相关法律专业人士代为参加诉讼。

(四)诉讼成本的限制

为了应对开庭,行政机关负责人需要在庭前了解案件情况,熟悉法律规则和开庭程序,开会讨论案件,准备举证、质证和辩论提纲等,需要付出大量的时间和精力,对于公务繁忙的机关负责人而言,时间无疑是一项较大的成本。

四、完善被诉行政机关负责人出庭应诉制度的建议

健全完善行政机关负责人出庭应诉制度,应坚持问题为导向,以提高人民法院司法权威、树立行政机关依法行政形象、促进行政争议实质性解决为目标,从提高认识、完善机制、强化配合等各方面综合施策,形成机制完善、运行顺畅、成效明显的良好局面。

(一)尽快制定司法解释或规范性文件,解决法律可操作性不强的问题

出台科学可行的配套措施,既能避免行政机关负责人受逢案必出庭之累,又可防止行政机关利用例外条款的漏洞随意编造理由不出庭,还能让作为原告的行政相对人产生法院偏袒行政机关的合理怀疑,有利于树立司法权威,形成司法公信,构建法

〔1〕 刘权:《行政首长出庭应诉的反思——以群体性事件的公法消解为视角》,载《昆明理工大学学报》(人文社科版)2011 年第 1 期。

治政府，促进依法治国进程，使行政机关负责人出庭应诉常态化。[1] 针对行政机关负责人出庭应诉制规定不够明确，弹性较大，过于笼统、模糊，造成运行机制不畅的问题，以司法解释或规范性文件的方式予以明确，确保可操作性。

1. 明确负责人必须出庭应诉的情形

"负责人应当出庭应诉"，这里的"应当"二字体现了一定的强制性，如果应当出庭而不出庭必将影响自身政绩考核；即使不能出庭应诉，也必须有行政机关工作人员出庭应诉，这是法律规定的应尽义务。[2] 必须进一步明确负责人应对出庭应诉的情形，才能利于实际操作。

2. 明确"不能出庭的特殊事由"

新《行政诉讼法》第3条第3款的但书部分规定了"不能出庭的，应当委托行政机关相应的工作人员出庭"，至于何为"不能出庭"的法定情形，在司法解释尚未明确列举的情况下，司法实践中，目前大多是由行政机关就不能出庭的情况向法院说明。法律或者相关规范性文件没有赋予法院审查不能出庭的事由是否正当的职责，法院只能将情况记录在案，并不能强制要求负责人出庭，建议作出明确法定情形的列举，并对行政机关就不能出庭的情况向法院提出申请，是否准许由人民法院审查决定，这样能够赋予法院贯彻落实法律的职权，也彰显了该制度的司法主导特性。

3. 明确"行政机关负责人"及"相应工作人员"的范围

新《行政诉讼法》第3条立法的初衷是规定行政机关正职应当出庭应诉，考虑到行政机关正职确有特殊事由无法出庭的，可以委托副职或者相关工作人员出庭应诉的例外规定。在实践中，由于缺乏对行政机关正职出庭应诉的刚性约束，导致例外条款成为司法实践的常态，而正职出庭应诉成为例外。调研组认为，结合中国实际，"行政机关负责人"就是法定代表人，如果副职出庭应该是现行主管该方面业务的领导，而不是随便派一个副职或相当于副职的领导（如巡视员、调研员等）。"相应的工作人员"，是指具体从事该项行政事务的工作人员。

4. 明确行政机关负责人出庭应诉应做的工作

针对出庭不出声，出庭不化解矛盾纠纷的问题，明确要求行政机关负责人注重出庭应诉实际效果，充分做好出庭应诉各项准备工作，认真了解案件情况，及时提交行

---

〔1〕 史洪举：《行政首长出庭应诉还需配套措施》，载《民主与法制时报》2015年7月11日。

〔2〕 邹德华：《行政机关负责人必须出庭应诉——浅谈〈行政诉讼法〉修订对食药监管工作的影响》，载《中国医药报》2015年3月23日，第3版。

政诉讼答辩状和答辩证据材料，认真回答行政相对人的每一个质疑，依法化解行政矛盾，主动纠错违法行政行为，最大限度地减少负面效应，尊重法官的庭审活动，依法履行人民法院生效的判决和裁定，以解决出庭应诉形式化的问题。

（二）建立健全行政机关内部管理机制，解决行政负责人应诉实际效果不强的问题

俗话说得好，打铁需要自身硬。实现行政机关负责人出庭且出效果，单靠法院一家单打独斗是行不通的，必须要有地方党委政府的支持，也离不开行政机关自身依法行政意识和水平的提高。[1] 完善被诉行政机关负责人出庭应诉制度，建立被诉行政机关负责人出庭应诉考核机制，推进被诉行政机关负责人出庭应诉常态化，以应对新法实施后可能出现的行政案件数量大幅度增加、行政诉讼应诉难度加大等新情况，实现政治效果、法律效果和社会效果的有机统一。

1. 建立备案报告制度

行政机关负责人出庭应诉的，被诉行政机关的法制机构应当在收到人民法院生效判决或裁定之日起10日内，向同级政府法制办备案。对社会影响重大或者争议较大的行政诉讼案件，人民法院判决撤销、变更、确认具体行政行为违法或者责令限期履行的案件，涉及具体行政行为所依据的规范性文件需要修改、废止的案件应当提交书面报告。报告应当包括案件的基本案情、行政机关负责人出庭应诉情况、法院的判决结果、有关工作建议、整改落实措施等内容。

2. 加强应诉队伍建设

政府法制办要与人民法院密切配合，加强对行政机关负责人行政诉讼出庭应诉业务培训和工作指导，提高行政机关负责人出庭应诉技能，避免出庭不出声，出声不出效果的尴尬局面。[2] 要注重选拔、配备具有法律职业资格、熟悉法律业务的人员充实到行政应诉队伍，提高队伍的整体素质。

3. 完善考核机制

各级政府和行政机关要高度重视法院的司法建议，切实将司法建议的落实情况纳入领导干部年度考核，作为领导干部晋升的一项考评指标，作为行政机关的绩效考评指标，协助司法机关做好行政诉讼工作。要加强与法院的工作联系，将行政机关负责人出庭应诉情况以及庭审表现、在案件协调过程发挥的作用、调撤率等，作为提高

〔1〕 黄义涛、杨善松：《大埔让行政首长出庭出声出效果》，载《人民法院报》2015年4月26日。

〔2〕 曾洁雯：《行政首长出庭应诉的必要性与可行性探析》，载《知识经济》2010年第20期。

领导干部执政能力建设的重要方面,纳入政府行政机关绩效和领导干部个人业绩考核范围。

4. 建立责任追究制度

各级政府和行政机关应当落实行政机关负责人出庭应诉的工作责任。对行政机关负责人无正当理由不按规定出庭应诉、在出庭应诉活动中存在失职行为、未自觉履行人民法院裁判义务、对法院的司法建议未按有关规定进行处理,或者对本单位的行政败诉案件反映出的问题未进行整改而导致因同类问题多次被人民法院判决败诉的,要给予通报批评;造成严重后果的,依法追究相应责任。

(三)建立健全人民法院应诉引导机制,解决审判职能作用发挥不强的问题

充分发挥人民法院的审判职能作用,积极构建应诉引导平台,努力促进应诉良性发展。

1. 建立司法建议制度

人民法院对行政机关负责人出庭应诉实行"一案一司法建议",通过向行政机关和行政机关负责人发送司法建议,分析并指出行政机关负责人在出庭应诉中存在的问题,提出整改和改进意见;进一步完善行政诉讼案件在判决后规范执法行政行为的司法建议工作,及时促进规范行政执法、防范和化解行政执法风险;逐步推进行政案件开庭前建议行政机关负责人出庭应诉的司法建议,有效推动行政机关负责人出庭应诉,提高行政机关对行政纠纷案件的应诉能力;促进协调和解功能,通过加强行政案件审理中协调处理司法建议工作,积极促成行政案件协调和解。要定期召开座谈会,跟踪了解司法建议的落实情况。

2. 建立主审法官评价制度

设立出庭应诉后的评价总结机制,由法官将行政机关负责人在庭审时的表现情况予以记载,设置打分等级,并在庭审结束后以司法建议等形式定期向各级政府办、法制办、被诉行政机关发送,以敦促行政机关负责人从应诉观念和能力上进行改进。

3. 建立庭审旁听制度

人民法院根据实际情况,选择典型案件邀请行政机关组织负责人和行政执法人员参加旁听审理,观摩庭审活动。对行政机关负责人出庭应诉的案件,建议行政机关根据实际情况组织本单位或本系统人员旁听审理。

(四)建立健全法院与行政机关良性互动机制,解决合力推进不强的问题

1. 建立行政机关负责人出庭应诉程序制约机制

法院应向行政机关负责人发送出庭应诉通知书,同时抄告政府法制办,政府法制

办一方面可以督促指导协调,另一方面可以备案考核。行政机关负责人应当出庭应诉而不能出庭的,应书面向人民法院做出说明,并报政府办,政府和法院共同监督负责人出庭制度的落实。

2. 建立法院与行政机关负责人出庭应诉联动协调机制

构建法院与人大、政府的联动机制,确保行政机关负责人出庭应诉制度的有效实施。法院要积极与人大、政府相关部门联系,搭建沟通平台,加强普法力度,形成推动行政机关负责人出庭应诉制度的合力。特别是加强与行政机关的常态化沟通,包括召开座谈会、联席会等形式,更多地了解行政机关执法中的障碍所在,帮助行政机关查找行政执法中的难点和问题,并提出改进意见,提高行政机关依法行政的能力。人大要支持法院独立审判权的行使,监督行政机关行为,积极立法,早日实现行政机关负责人出庭应诉的制度化。行政机关应积极接受人大监督和法院的司法建议,主动排除对司法权的行政干扰,并把行政机关负责人出庭作为考核机制的重要部分,提升行政机关负责人出庭应诉的主动性。对于开展行政诉讼案件司法管辖区和行政区划分离的地方,由于需要到异地出庭,增加了各方当事人的诉讼成本,在一定程度上影响了行政机关负责人出庭应诉率。法院可以通过合理确定开庭时间、提高庭审效率、通过视频开庭以及到当事人所在地开庭等方式,减少各方当事人出庭应诉成本,从而进一步落实该项制度。

(五)建立健全司法公开机制,解决监督力不强的问题

结合法院公开体系建设,将行政机关出庭应诉情况纳入司法公开范畴。选择典型案件通过直播庭审实况、微博直播、网络直播和召开新闻发布会等形式,扩大相关情况的关注程度和知情范围,不断完善行政机关负责人积极出庭应诉制度。同时,制作行政机关负责人出庭应诉情况分析报告,通过外网向社会公布。法院还可以通过不定期向当地人大常委会专项汇报行政机关负责人出庭应诉情况,来加强对行政机关负责人出庭应诉制度的落实。

行政机关和人民法院要加强行政机关负责人出庭应诉案件的宣传,适时公布行政机关负责人出庭应诉案例,形成良好的舆论氛围。同时,对行政机关负责人不出庭应诉的较大影响的行政案件也要进行反面宣传,通过舆论监督引导其积极出庭应诉。

五、结语

实现行政机关负责人出庭应诉且出效果,必须要有地方党委政府的大力支持,法院和行政机关的密切配合。要建立健全被诉行政机关负责人出庭应诉相关配套制

度，推进被诉行政机关负责人出庭应诉常态化，实现被诉行政机关负责人从“不愿应诉、不敢应诉、不懂应诉”转化为“敢出庭，愿发声，有作为”。从而提高行政机关依法行政的能力，实现行政诉讼政治效果、法律效果和社会效果的有机统一。

广西国有土地上房屋征收行政案件疑难问题研究*

广西壮族自治区高级人民法院行政审判庭**

近年来,随着我区城镇化、工业化建设的加快,国有土地上房屋征收行政案件数量大幅上升,所引发的行政争议居高不下。该类案件往往既涉及当地重大工程项目建设,又事关民生根本利益,社会敏感度高,审理结果对社会影响广泛。为更好地规范我区国有土地上房屋征收行政案件的审理工作,统一裁判尺度,化解房屋征收拆迁行政纠纷,我们对近年来全区法院审理的国有土地上房屋征收行政案件情况进行了调研,针对在审理此类案件中的立案、审理、法律适用环节发现的疑难问题进行梳理分析,结合现行法律规定和审判工作实际,提出对策和建议,努力推进全区法院行政案件规范化审理。

一、我区国有土地上房屋征收行政案件的特点

因国有土地上房屋征收而引发的行政诉讼案件主要有三种类型:一是与国有土地上房屋征收决定相关的行政行为,如起诉征收决定、征收公告、征收补偿方案等;二是与国有土地上房屋征收补偿决定相关的行政行为,如起诉补偿决定、征收程序中违法建筑的认定行为等;三是对国有土地上房屋强制执行及其相关行政行为,如起诉裁执分离下的强制执行行为、行政机关自行组织的强拆行为等。我区审结的国有土地上房屋

---

* 第五届全国行政审判优秀业务成果二等奖。

** 课题组成员:韦威助、罗伊里、张丽丽、杨斌、刘建军。

征收案件的类型主要集中在上述第一种、第三种类型。通过对国有土地上房屋征补行政诉讼案件的审理及比对外省对该类案件的审理情况，发现国有土地上房屋征收行政诉讼案件总体呈现如下特点：

（一）社会关注度高，影响范围广

国有土地上房屋征收行政案件多涉及城市重点建设项目，涵盖新的经济增长点建设、旧城区改造以及重要交通路网建设等，且事关公民民生权益，社会关注度高。诉至法院的少数案件，背后往往涉及成百上千被征收人，案件审理结果具有导向性和示范效应，处理不当，极易引发群体性事件，影响社会和谐稳定。

（二）连环诉讼多发，案件处理难度大

与普通行政行为不同，房屋拆迁涉及规划、建设、国土、城管等不同行政机关的具体行政行为，而且这些行政行为相互之间存在密切联系，后一具体行政行为往往以前一具体行政行为作为前提和基础。从被拆迁人的角度来看，由于事关其切身利益，一旦对拆迁、补偿、安置等不满，从追求自身利益最大化考虑，往往会以强制拆迁为中心，向前追溯到用地批准、建设项目审批、拆迁许可、拆迁裁决、行政复议等环节，从而引发一系列连环诉讼，不仅影响了征收拆迁工作的顺利推进，还耗费了大量的司法资源。被拆迁人在提起行政诉讼的同时，往往还采取提起行政复议、民事诉讼、信访投诉等方式，进一步增加行政诉讼案件的审理压力和难度。

（三）矛盾尖锐，案件协调难度大

进入诉讼程序的涉及房屋征收与补偿案件都是社会矛盾尖锐、容易激化的案件，一方面，因为房屋征收与补偿案件涉及老百姓的生存居住问题，个人利益与公共利益之间的利益难以平衡，矛盾纠纷突出。另一方面，部分被征收人缺少法制意识，置政策与法律不顾，不按法律程序进行维权活动，虽经一审、二审以及大量的解释、说服，仍对裁判结果表示出偏执性的不满，不断上访，给司法审判工作带来许多困扰。同时，当前社会舆论对于征地拆迁工作呈现“一边倒”的趋势，提及房屋征收或拆迁，往往被简单地认为是政府与民争利，暴力欺压百姓，官民矛盾尖锐。对于法院积极组织的行政调解和协调，往往由于诉求相差较大，协调成功率低。

（四）法律规定过于原则，难以统一裁判尺度

《国有土地上房屋征收与补偿条例》（以下简称《征补条例》）规定的应由国务院住房城乡建设主管部门制定“房屋征收评估办法”，由省级政府制定的“选定评估机构”、“优先住房保障”以及“停产停业损失”办法等三个配套规范，除住房和城乡建设部于2011年6月出台《国有土地上房屋征收评估办法》外，其他三个办法我区均尚未

制定。各级人民法院缺乏可以适用的法律法规作为合法性审查的依据，还要面临处理好各地区制定的配套规范在审理中的理解与参照适用的问题，往往会出现各级法院之间对同类事实法律适用不统一的情况。

二、审理国有土地上房屋征收行政案件存在疑难问题

国有土地上房屋征收行政案件中的法律难点数量多、分布广，随着《征补条例》、新修订《行政诉讼法》的施行，新问题不断涌现，涉及立案、审理、裁判各个环节，调研组在广泛征求意见的基础上进行了梳理和分析。

（一）立案上的疑难问题

难点一：单独对征收补偿方案提起行政诉讼，是否属于受案范围

实践中，对于被征收人及其利害关系人单独对征收补偿方案不服提起行政诉讼的，人民法院是否应当受理，有两种不同的观点。一种观点认为，征收补偿方案（包括方案拟定、论证、公布、征求意见等行为）只是房屋征收过程中的阶段性行为，对被征收人及其他利害关系人的权利义务并不产生实际影响，依法不属于行政诉讼的受案范围。另一种观点认为，被征收人及其他利害关系人单独对征收补偿方案不服提起行政诉讼的，人民法院应当依法受理。征收补偿方案针对特定的房屋、特定的相对人而作出的具有独立法律效果的行政行为，且对被征收人及其他利害关系人的权利义务产生实际影响，应当可诉。至于当事人是单独对征收补偿方案提起诉讼，还是在就征收决定提起的诉讼中一并提出对征收补偿方案进行合法性审查，这是当事人的选择自由，人民法院均应当依法受理并予以审查。

难点二：对征收决定提起诉讼后，又对前置行政行为提起诉讼是否应当受理

对于被征收人及其他利害关系人对征收决定提起诉讼后，又对房屋征收有关的建设用地规划许可、建设项目批准等前置行政行为不服提起行政诉讼的，是否属于受案范围，调研组收集到两种意见。一种意见认为，在征收决定作出之前，上述前置行政行为的效力处于不完全确定的状态，性质上属于不成熟行政行为，其是否发生对外的法律效力取决于征收决定的最终作出，不属于行政诉讼的受案范围。另一种意见认为，被征收人及其他利害关系人对征收决定提起诉讼后，未作出生效裁判前又对房屋征收有关的建设用地规划许可、建设项目批准等前置行政行为不服提起行政诉讼的，人民法院应当依法受理；作出生效裁判后提起行政诉讼的，不予立案或者立案后裁定驳回起诉。

难点三:适格被告的推定

在调研过程中,下级法院普遍向调研组反映实践中有部分强制执行案件难以确定适格被告,即公民、法人或者其他组织对强制执行行为不服提起诉讼,但其并不能提供证明强制执行行为主体的相关证据,而被诉行政机关亦拒绝承认系其所为的,此种情况下应如何推定适格被告的问题。

难点四:未起诉的被征收人及其他利害关系人能否作为第三人参加诉讼

一种意见认为,有权就征收决定、补偿决定及强制执行行为提起行政诉讼的公民、法人或者其他组织但没有提起诉讼的,可以作为第三人申请参加已由人民法院受理的相关行政诉讼,或者由人民法院通知参加诉讼。另一种意见认为,征收决定涉及人数众多,从维护社会稳定、减少矛盾纠纷的角度考虑,不宜主动将未起诉的被征收人及其他利害关系人追加为第三人;并且,征收决定的内容通常情况下可具体到特定的对象、特定的人,人民法院就征收决定的特定内容进行审查并作出裁判,不会影响到征收决定中其他内容的效力。

难点五:诉讼请求不明确以及对多个行政行为一并提出多个诉讼请求,人民法院应如何处理

实践中,我区各地法院时常遇到被征收人及其他利害关系人笼统地就房屋征收拆迁行为提起行政诉讼,以及就征收决定、补偿决定、强制执行等多个行政行为一并提起行政诉讼的情况。对于起诉时诉讼请求不明,我区各级法院均依法进行了释明,告知当事人进行补正。对于就征收决定、补偿决定、强制执行等多个行政行为一并提起行政诉讼如何处理,有两种意见。一种意见认为,人民法院应当告知其分别起诉,拒绝补正的,裁定不予立案或者立案后驳回起诉。另一种意见认为,起诉人同时就征收决定、补偿决定、强制执行提出多个诉讼请求的,不属于诉讼请求不明确的情形,经释明和告知不宜一并审理后,当事人拒绝补正的,人民法院应当依职权选择位于第一顺位的征收决定纠纷进行审理,并驳回原告的其他诉讼请求。

(二)审理上的疑难问题

难点一:"公共利益"难界定

"公共利益"是一个不确定的法律概念,具有不确定性、发展性、开放性和复合性的特点。由于《征补条例》对于公共利益界定模糊,所以法院在审理具体案件时对于"公共利益"的界定出现难题。在涉及旧城改建的案件中,原告普遍提出涉案项目属于商业房地产开发,不属于《征补条例》规定的"公共利益的需要",此类案件如何看待公共利益与商业利益的关系,商业开发是否必然否定项目的公益性,成为争议焦点。

难点二:对未经登记建筑物补偿难把握

对未经登记的建筑补偿在房屋征收实践中常引发诸多争议。对未经登记的建筑物补偿标准如何认定,未经登记的建筑处认定和处理对征收与补偿决定案件的关联影响困扰着法院的审理。特别是对于历史遗留问题,不宜直接认定为违法建筑的情形,需要妥善研究和处理。

难点三:"公平补偿"难认定

《征补条例》规定市、县人民政府按照征收补偿方案作出补偿决定,同时又提出了"公平补偿"原则,如何理解"公平补偿",人民法院是否需要对每个被征收人的特殊情况与利益均作特殊评判才"公平"。

难点四:强制执行损失的证明责任和赔偿问题

在诉强制执行行为违法及行政赔偿纠纷案件中,需要明确原告和被告的举证责任,实践中个别案件原告提出超出日常生活经验无法认定的特殊类巨额损失,举证责任应如何分配更公平合理,在明确举证责任的前提下,如何确定原告主张损失的赔偿,这些是各地法院在审理环节中普遍反映需要解决的问题。

(三)法律适用

在被诉行政行为作出过程中,有新的法律、法规开始施行,如何适用相关法律,实践中,《征补条例》施行后,房屋拆迁许可证规定的拆迁期限已经届满或失效后,人民法院应适用新法还是旧法对市、县级人民政府及有关部门作出征收决定进行审查,需要统一适用标准。

三、对策和建议

对于调研中总结的上述难点问题,调研组在进行深入论证研究的基础上提出相应的处理意见。

(一)立案

1.征收补偿方案的可诉性问题

对被征收人及其他利害关系人的权利义务产生实际影响的是征收决定,征收补偿方案(包括方案拟定、论证、公布、征求意见等行为)只是房屋征收过程中的阶段性行为,对被征收人及其他利害关系人的权利义务并不产生实际影响,依法不属于行政诉讼的受案范围。但是,根据《征补条例》第10条、第11条的规定,拟定征收补偿方案等行为是市、县级人民政府作出房屋征收决定的必经环节,其合法、合理与否直接关系到征收决定的合法性及合理性,人民法院应当将其作为审查征收决定合法性及合理性的一项内容，一并予以审查。

2. 前置行为可诉性问题

行政行为一经作出即发生法律效力，房屋征收涉及的建设用地规划许可、建设项目批准等前置行政行为分别由不同的行政机关独立作出，其对外发生法律效力并不以征收决定的最终作出为条件，应当可诉。被征收人及其他利害关系人对征收决定提起诉讼后，未作出生效裁判前又对房屋征收有关的建设用地规划许可、建设项目批准等前置行政行为不服提起行政诉讼的，人民法院应当依法受理。由于人民法院在审理征收决定纠纷案件时应当依职权审查建设用地规划许可、建设项目批准等前置行政行为的合法性。因此，如果被征收人及其他利害关系人对征收决定提起诉讼后未作出生效裁判之前，又对前置行政行为提起诉讼的，应当依法受理并裁定中止审理，待征收决定纠纷案件作出生效裁判后，再恢复审理；如果被征收人及其他利害关系人在人民法院已经就征收决定纠纷案件作出生效裁判后，又对前置行政行为提起诉讼的，应当以“诉讼标的已为生效裁判所羁束”为由裁定不予立案。但是生效裁判仅是对征收决定不予受理或者驳回起诉的，人民法院应当依法受理。

3. 适格被告推定问题

房屋征收涉及被征收人及其他利害关系人的重大人身、财产权益，任何单位和个人组织实施强制执行行为都应当承担相应的法律责任。《征补条例》第27条明令禁止建设单位参与搬迁活动，《征补条例》第32条以及相关刑事、行政、民事法律规范亦有规定，对非法强制执行行为人依法追究刑事责任、行政责任及民事责任。作出征收决定、补偿决定的市、县级人民政府既是房屋征收等行政行为的权力拥有者，在某种意义上也是实现房屋征收行政管理目标的受益者。在原告不能提供证明强制执行行为主体的相关证据，而被诉行政机关亦拒绝承认系其所为的情况下，除非有充分的证据证明强制执行行为系项目建设单位等非行政主体组织实施的之外，根据权责利相统一的法律原则，可以推定作出征收决定、补偿决定的市、县级人民政府是适格被告。

4. 未起诉的被征收人及其他利害关系人能否作为第三人问题

根据《行政诉讼法》第29条第1款的规定，公民、法人或者其他组织同被诉行政行为有利害关系但没有提起诉讼，或者同案件处理结果有利害关系的，可以作为第三人申请参加诉讼，或者由人民法院通知参加诉讼。有权就征收决定提起行政诉讼但没有提起诉讼的公民、法人或者其他组织，可以作为第三人申请参加已由人民法院受理的相关行政诉讼，对于不申请的，人民法院可以根据具体情况决定是否通知其参加业经受理的相关诉讼；有权就补偿决定及强制执行行为提起行政诉讼但没有提起诉讼的公民、法人或者其他组织,可以作为第三人申请参加已由人民法院受理的相关行政诉讼,或者由人民法院通知其作为第三人参加诉讼。

5. 诉讼请求不明及多个诉讼请求如何处理问题

根据《行政诉讼法》第 49 条第 3 项的规定,提起诉讼应当有具体的诉讼请求和事实根据。当事人提出的诉讼请求应当表述规范,能够明确指向某个行政行为。根据《行政诉讼法》第 51 条第 3 款、《适用解释》第 1 条第 3 款、第 2 条的规定,当事人未能正确表达诉讼请求的,人民法院应当予以释明并给予必要的指导,告知当事人补正。释明过程应当制作笔录或者录音录像。当事人拒绝补正的,不予立案或者立案后裁定驳回起诉。被征收人及其他利害关系人笼统地就房屋征收拆迁行为提起行政诉讼的,人民法院应当告知其明确诉讼请求,拒绝补正的,裁定不予立案或者驳回起诉。根据《土地管理法》《征补条例》的有关规定,国有土地上房屋征收历经征收计划管理、征收许可审批、征收补偿、强制执行等一系列行政行为。不同行政法律关系中的行为主客体、职权范围均有所不同,可能形成的诉讼方式、标的亦不相同。当事人应当按照一行为一诉讼的原则分别起诉。否则,则属于诉讼请求不明确的情形。被征收人及其他利害关系人就征收决定、补偿决定、强制执行等多个行政行为一并提起行政诉讼的,人民法院应当告知其分别起诉,人民法院履行必要的释明和告知义务后,当事人拒绝补正的,不予立案或者立案后裁定驳回起诉。

(二)审理

1. 关于"公共利益"的审查

《征补条例》第 8 条以列举的方式规定了公共利益。公共利益主要包括以下情形:国防、外交;由政府组织实施的能源、交通、水利等基础设施建设;由政府组织实施的科技、教育、文化、卫生、体育、环境和资源保护、防灾减灾、文物保护、社会福利、市政公用等公共事业;由政府组织实施的保障性安居工程建设;由政府依照城乡规划法有关规定组织实施的对危房集中、基础设施落后等地段进行旧城区改建;法律、行政法规规定的其他公共利益的需要。市、县级人民政府以旧城区改建为由作出征收决定的,行政机关提供征收决定符合国民经济和社会发展规划、土地利用总体规划、城乡规划和专项规划等证明材料并能就此作出合理说明的,人民法院可以认定征收决定符合公共利益的需要。同时,公共利益并不排斥商业利益的存在。以旧城区改建为由的房屋征收,其条件是危房集中和基础设施落后两个,非商业性质不是条件之一,不应当因为存在商业开发因素而否定征收目的公益性。况且,旧城区改建本身就具有公益性,其公益性体现为对危房集中、基础设施落后的地方进行改建后,改善了当地交通、环境、居住等生活生产条件。

2. 对未经登记建筑的调查、认定及处理问题

一是并非所有未经登记建筑都是违法建筑，应区分情况处理，对未经登记的合法建筑物依法应给予补偿。对于那些因为历史原因没有登记，但是已经获得相关部门的审批手续的，只要相关部门能提供相关作出认定房屋性质、用途、面积的凭证并合理说明的，对于相关职能部门的认定，法院应予以尊重。被征收人仅以其未经登记建筑应按合法建筑给予同等补偿为由起诉的案件中，被告能够举证证明该未经登记建筑已经有关部门依法认定为违法建筑或超过批准期限的临时建筑的，对原告的该项请求不予支持；被告未能提供相应证据的，应认定被诉补偿决定违法，在判决撤销的同时责令被告重新作出补偿决定。二是未登记建筑的调查、认定及处理对征收与补偿决定案件的关联影响问题。一方面，当事人以其未登记建筑被违法认定及处理为由提出行政诉讼的，是否构成征收决定行政案件中止诉讼的法定事由。《征补条例》第24条规定在作出征收决定前，应当组织有关部门依法对未经登记建筑进行调查、认定和处理的程序，其立法本意不在于为征收决定设定一个构成撤销其效力的法定前置程序，而在于设置一个提前清除潜在补偿争议的过滤程序，其产生的法律效果在于确定未经登记建筑部分是否应当纳入补偿的范围。因此，人民法院在涉征收决定案件中，审查标准是政府是否已进行组织有关部门进行调查认定和处理的程序，而不是每一个被征收人所涉的未经登记建筑的认定处理结论是否合法、正确无误。另一方面，未经登记建筑的认定处理与补偿决定密切关联，对补偿决定产生了实质性影响，被征收人不服有关部门作出的对未经登记建筑处理结论，起诉并经人民法院依法受理后，又对市、县级人民政府作出的补偿决定提起行政诉讼的，人民法院依法受理后应中止对补偿决定案件的审理。

3. 对于“公平补偿”如何审查问题

按照《征补条例》第26条第2款的规定，补偿决定应当公平。由于客观情况的不同，现实中不存在绝对的公平，只能求大致一般的公平。在征收补偿工作中，被征收人与被征收房屋的状况各有不同，司法审查中认定公平补偿的关键在于是否依据补偿方案进行了补偿，被告不能采用征收决定中未载明并公布的补偿方案确定补偿决定的内容。被告有责任证明其补偿决定系依据已公开的补偿方案作出，能够证明的，应首先推定该补偿决定系“公平补偿”；原告主张被诉补偿决定“同等情况不同等对待”致其合法利益受损，或其涉案房屋具有“独特实际使用利用价值”而补偿决定未能体现，且能够证明其应获得的补偿利益有事实根据与法律依据的，人民法院可予支

持。一般而言,经审理查明补偿决定是按照征收补偿方案确定的,可以认定满足公平性要求,具备合法性要件之一。被征收人主张补偿决定"同等情况不同等对待"致其合法利益受损,或其房屋具有"独特实际使用利用价值"而补偿决定未能体现的,且有证据证明的,人民法院可予支持。

4. 对于强制执行损失的证明责任和赔偿问题

一是损失的举证责任问题,根据《行政诉讼法》第 38 条第 3 款的规定,在行政赔偿、补偿的案件中,原告应当对行政行为造成的损害提供证据。因被告的原因导致原告无法举证的,由被告承担举证责任。在此情形下,只要原告能够提供其主张的受损财产存在的初步证据,被告就应当承担原告受损事实不存在的举证责任,如其不能提供充分证据反驳原告的主张,应当承担败诉责任。在诉强制执行行为及行政赔偿纠纷案件中,原告应当对强制执行行为造成的损害提供证据,但因被告的原因导致原告无法举证的,由被告承担举证责任。同时,虽然《行政诉讼法》第 38 条第 3 款规定了举证责任转移(倒置)规则,但若原告所主张的财产损失属于运用逻辑推理和生活经验无法认定的巨额损失,或超出正常生活消费水平的贵重稀有物品,则不能免除原告对该项损失的证明责任,其应当提供证据证明。二是损失的赔偿问题,对于不动产存在损失的,行政机关已作征收决定,未作补偿决定就拆除当事人的建筑物的,应当按照征收补偿方案的标准赔偿。对于动产存在损失的,参照《司法部房屋拆迁证据保全公证细则》规定,实施强制拆迁前,拆迁人应向公证机关办理被拆除房屋有关事项的证据保全,并全程录像,同时应通知被拆迁人到场。如其拒不到场,应在笔录中记明;实施强制拆迁房屋中有物品的,应当组织对所有物品逐一核对、清点、登记、分类造册。并记录上述活动的时间、地点,交两名有完全行为能力的在场人员核对后,由街道办的人员和在场工作人在记录上签名。被拆迁人拒绝签名的,应在记录中记明;物品清点登记后,凡不能立即交与被拆迁人接受的,要监督拆迁人将物品存放在其提供的仓库中妥善保管。应制作通知书,通知当事人在一定期限内领取物品。可见,证据保全是拆迁人的责任。因此,调研组认为在强制执行过程中造成被征收人动产损失的,因被告的原因导致原告无法或者难以就损失情况举证,应当由行政机关就该损失情况承担举证责任。对于各方主张损失的价值无法认定的,应当由承担举证责任的一方当事人申请鉴定,但法律、法规、规章规定行政机关在作出行政行为时,依法应当评估或者鉴定的除外;当事人拒绝申请鉴定的,视为举证不能,应当由其承担不利后果。

(三)法律适用

被诉行政行为作出时新的法律、法规开始施行的,一般按照实体从旧、程序从新的原则作出处理，但适用新的法律、法规对原告更有利的除外。新法实施后，与之配套的实施细则尚未颁行前，原有实施细则与新法不相抵触的内容仍然可以适用。《征补条例》施行后，房屋拆迁许可证规定的拆迁期限已经届满或失效后，市、县级人民政府及有关部门按照《征补条例》依法启动征收补偿程序作出征收决定的，人民法院应予支持。已经取得房屋拆迁许可证但尚未完成的建设项目，有关部门按照《征补条例》第35条规定办理的，人民法院在相关行政诉讼案件中，可予支持。

（四）完善自治区实施细则和地方性法规，在法院内部建立统一的规范化裁判指引

《征补条例》第17条第2款、第18条、第20条、第23条规定有多项具体办法需要由“省、自治区、直辖市制定”，但目前自治区层面尚未出台实施细则。《征补条例》已颁布近四年有余，为确保全区有序展开国有土地上房屋征收工作，建议自治区层面尽快出台相关实施细则和配套制度。在现阶段相关法律法规未完善，案件又层出不穷的情况下，建议由高级法院依据《行政诉讼法》《补偿条例》以及有关司法解释的规定，结合审判工作实际，制定国有土地上房屋征收行政案件裁判指引，并印发各级法院，指导和规范同类案件的审查标准和尺度，避免出现影响司法公信力的裁判结果。

广西壮族自治区高级人民法院关于"三大纠纷"案件的调研报告*

广西壮族自治区高级人民法院行政审判庭**

涉土地、山林、水利的"三大纠纷"案件事关人民群众最关心、最直接、最现实的利益,紧系农村和谐稳定与群众生产生活,是广西法院行政审判的难点和特点。近年来,广西法院坚持司法为民、联动司法,全面加强"三大纠纷"案件审判工作,化解历史顽疾,切实为维护广西社会和谐稳定,保障边疆巩固安宁、人民安居乐业,扎实推进富民兴桂谱写新时代广西发展新篇章提供有力司法保障。针对审判实践中亟待解决的问题,广西壮族自治区高级人民法院成立课题组,对"三大纠纷"案件审理工作进行专题调研,提出对策和建议。

一、广西"三大纠纷"案件审理基本情况

"三大纠纷"案件审判工作事关人民群众最关心、最直接、最现实的利益(见图一、图二)。2015 年,广西各级法院共受理行政案件 7412 件,其中"三大纠纷"案件 2418 件,占行政案件总数的 33%。2016 年共受理行政案件 9145 件,其中"三大纠纷"案件 2876 件,占行政案件总数的 31%。2017 年共受理行政案件 10 437 件,其中"三大纠纷"案件 3008 件,占行政案件总数的 29%。广西各级法院坚持能动司法、联动司法,

---

* 调研报告刊登在 2018 年 9 月 27 日《人民法院报》,被最高人民法院行政庭汇编的《行政审判通讯》刊发。

** 课题组成员:梁梅、韦威助、禤达宇、王小成、宋丹丹、杜翰洋、刘韦唯。

充分发挥行政审判救济和修复功能，切实保障了人民群众切身利益，提升了人民群众的幸福感和获得感，有力监督和支持了行政机关依法履行调处职能，没有因为“三大纠纷”案件审判工作引发重大群体性事件，影响到广西经济社会发展，切实为维护广西社会和谐稳定，保障边疆巩固安宁、人民安居乐业，扎实推进富民兴桂谱写新时代广西发展新篇章提供了有力司法保障。

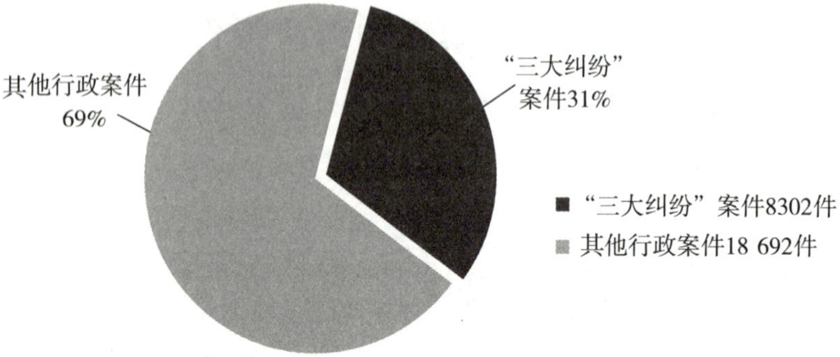

图一　2015～2017年“三大纠纷”案件占比

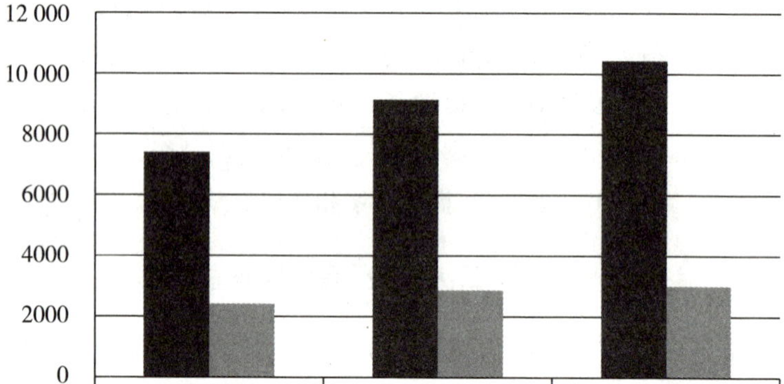

	2015年	2016年	2017年
■ 其他行政案件数	7412	9145	10 437
■ “三大纠纷”案件数	2418	2876	3008

图二　2015～2017年“三大纠纷”案件数

二、广西“三大纠纷”案件多发的原因

“三大纠纷”案件是人民内部矛盾在土地、山林和水利等资源开发利用过程中的集中体现，直接影响到和谐稳定环境和群众生产生活。广西“三大纠纷”行政案件多发，有以下几点原因：

（一）群众对土地的依赖程度高，是案件多发的内因

广西属于典型的喀斯特地貌，自然地理条件差，经济基础薄弱，农民收入较低。据统计，2017 年广西全区生产总值为 20 396.25 亿元，其中第一产业增加值 2906.87 亿元，占地区生产总值的比重为 14.2%。而广西常住人口 4885 万人，其中乡村人口 2481 万人，占比 50.79%。农村居民人均可支配收入 11 325 元，人均年消费性支出达到 9437 元，人均年净收入仅为 1888 元。广西农村仍以传统农业生产为主，属于“靠天吃饭”，且农村人口较多，土地是大部分农村家庭的唯一重要经济支柱和生产资料，农民对土地依赖程度高，“人多地少”矛盾相对突出。

（二）农村资源效益增长，是案件多发的外因

随着脱贫攻坚的深入开展，国家不断出台惠农政策，加大对“三农”的投入力度，农村经济、农业生产稳步增长。广西近年来经济实力显著提升，城镇化、工业化建设用地需求量大，征收农村土地规模逐年增大。同时，广西大力发展、支持农村产业经济，深化农村产业结构调整，优化农村产业链，农村土地、山林、水利的使用价值和经济效益明显提高。因此，农民更加看重土地、山林、水利的权属问题，争议亟须解决，导致现实中广西“三大纠纷”行政案件不断。

（三）权属问题长期悬而未决，是案件多发的实因

中华人民共和国成立后广西农村土地政策更替较快，先后经历了土地改革、合作化、“四固定”、联产承包制和林业“三定”等几次较大的调整，由于各方面原因，遗留了大量长期悬而未决的土地、山林、水利权属纠纷，渐而演变为历史顽疾。因“三大纠纷”而起的积怨越来越多，各方纠缠不休，械斗时有发生，极易引起群体事件，严重影响了当地民族团结和区域稳定。

（四）群众倾向于司法救济，是案件多发的主因

近年来，广西各级党委政府高度重视“三大纠纷”案件的法治调处和依法审理，在全区范围内大力开展法制宣传和法律咨询工作。群众逐渐理解和接受政府机关调处行为、人民法院行政诉讼的作用和区别，养成通过合法途径解决“三大纠纷”的习惯。在穷尽行政程序后，群众往往会向人民法院提起行政诉讼，审查政府权属处理决定，以期维护其合法权益。

三、广西法院审理“三大纠纷”案件所面临的主要问题

“三大纠纷”是一定历史阶段内必然存在的一类矛盾纠纷，“三大纠纷”案件涉及面广，涉及利益大，涉及人数多，往往还伴有宗族矛盾、民族矛盾，造成矛盾错综复杂，

互相交织,加大了人民法院审理“三大纠纷”案件的压力和难度。

(一)查清案件事实难

“三大纠纷”涉及年代较为久远,历史亲历人大多年老或去世,证人证言可信度一般不高。在土改、合作化、“四固定”等历史时期所形成的书面材料大多保管不善,林业“三定”时期,广西所发的权属凭证大多是在空白的山界林权、土地证上先盖公章,后逐级发放到自然村或生产队自行填写,没有经过相邻各方踩界勘验并签字确认,存在严重的瑕疵。各方当事人为了胜诉不惜制造假证、伪证,甚至毁灭不利证据。真正知情人员大都与一方或双方相熟悉,不愿意卷入纠纷,不愿站出来说公道话,提供真实的证据材料。政府机关的档案文书又往往残缺,或者由于历史原因,存留的一些资料含糊不清,甚至互相矛盾。证据少、证明力差、调处取证难等诸多困难,无异加剧了人民法院审理“三大纠纷”行政案件的难度。

(二)深入一线调处难

人民法院在审理“三大纠纷”案件时,具体承办法官需要对讼争土地、林木、水利的具体位置、四至界线、土地现状及管业事实等问题有清楚的认识和全面的了解,才能公正裁判、定分止争。法官亲自前往讼争现场,深入基层了解事实,听取当事人的想法,做好思想疏导,协调化解矛盾纠纷,显得非常重要。但是,部分案件当事人对立情绪大,不愿意配合法院的审理工作,消极对待法官的现场勘查和调处工作。个别法院审判力量仍有不足,一线调处存在许多困难。

(三)当事人服判息诉难

部分村民思想落后,在利益的驱使下,抱着“大闹大得,小闹小得”和“法不责众”的思想,无理取闹,甚至黑恶势力插手,利用纠纷制造事端,对政府调处、人民法院审理造成了极大的障碍。部分案件中的委托代理人或诉讼代表缺乏专业法律知识,不掌握法律解释、法律适用的技能,对法律条文作片面理解,又以这种片面理解来误导群众给地方党委、政府和司法机关施加压力,最终导致案件的处理结果难以让当事人真正的服判息诉。

四、广西法院审理“三大纠纷”案件的主要举措与经验

“三大纠纷”是行政审判的难点,也是广西法院行政审判工作的一大特点,经过全区各级法院长期的审判实践,总结形成了一套行之有效的办法及举措,取得了良好的成效。

（一）强化组织领导，优化“三大纠纷”司法环境

针对“三大纠纷”行政案件多发，群体性、对抗性突出等特点，全区各级法院充分依靠党委总揽全局协调各方的领导核心作用，主动把“三大纠纷”审判工作放到改革发展稳定大局中去思考、谋划和推动，自觉接受党委领导、人大监督，建立重大“三大纠纷”案件向党委、人大报告制度，积极组织邀请人大代表、政协委员旁听案件审理。全区法院加强了对审理“三大纠纷”案件工作的组织领导，分管行政审判的院领导为第一责任人，行政审判庭庭长为直接责任人，对重大案件、群体案件，院庭领导亲自与政府相关部门沟通、协调，组织召开案件研究分析会，担任审判长审理案件，到争议现场调查了解，做群众思想工作，化解矛盾纠纷。全区各级法院强化了“三大纠纷”案件工作的组织协调，主动与政府机关建立良性互动机制，通过联席会议制度深入研究解决审理“三大纠纷”案件中的突出问题，畅通信息渠道，对排查出来的不稳定问题，共同开展化解工作。例如，玉林市中级法院在审理容县石头镇螺北村香地队诉容县人民政府、第三人黄汉西等人、容县石头镇中心学校、容县石头镇石头村民委员会的颁发集体土地使用证一案中，及时向地方党委、政法委汇报，争取党委、政府的支持和配合，积极协调政府相关部门共同做好当事人思想工作，推行风险评估制度，制订周密的矛盾化解方案，落实稳控化解责任人。玉林中院的工作到位，没有出现当事人缠讼，影响社会稳定的情况。此外，在各级党委、人大、政府、政协的重视和支持下，广西“三大纠纷”行政审判司法环境得到了极大的优化。2017 年，自治区高级法院推动自治区全面深化改革领导小组办公室将“制定支持人民法院依法开展行政审判工作的具体实施意见”列入自治区 2017 年全面深化改革工作任务。自治区高级法院起草的《关于支持人民法院依法开展行政审判工作的实施意见》由自治区党委办公厅和政府办公厅联合下发执行，进一步助推人民法院依法审理“三大纠纷”行政案件。

（二）注重科学的群众工作方法，强化实质性解决争议

“三大纠纷”案件多属历史顽疾，牵扯利益面广，做好群众思想工作是关键。全区各级法院牢固树立群众意识，突出一线工作方法，走进群众、依靠群众，认真做好教育疏导，赢得群众对审判工作的信任、理解和支持，顺利化解矛盾纠纷，恢复争议地的正常生产经营。在审理“三大纠纷”案件中，探索出“诉前沟通、诉中协调、诉后疏导”的审理模式，即政府在调处重大案件时，主动与法院进行沟通；法院审理案件过程中亦注重与政府协调，坚持到现场勘验，划清地界、地标，了解争议地现状和历史管业事实，同时采取“走下去、请上来”的办法，法院领导带队走访政府部门、上门座谈交换意见，共同做好争议双方的思想工作；判后法院对重大案件的当事人进行回访，做好群

众疏导工作，做好政策法规咨询解答工作，减少群众对立情绪，取得了很好的社会效果。例如，玉林市中级法院在玉林市国土资源纠纷调处中心建立工作站，选派两名群众工作基础好，熟悉国土资源业务的审判人员进驻工作站，负责法律法规的宣传和法律咨询工作，并协助做好土地纠纷的调解工作，引导当事人正确行使合法权利，争取快速高效化解矛盾纠纷，减少当事人诉累。又如，崇左市中级法院针对江州区、扶绥县、宁明县“三大纠纷”相对集中的特点，通过与政府法制办、调处办、林业、国土等部门召开案件分析会，加强对调处工作中存在的问题进行沟通和交流，对案件的处理达成共识，使一批矛盾突出、纠纷人数众多的案件得到妥善处置。崇左、防城港等市法院审理“三大纠纷”案件，工作方法得当，和解率高、上诉率、申诉率低，受到当地党委政府的充分肯定。防城港市委还就防城港市中级法院审理“三大纠纷”案件促进社会稳定的做法和成效向自治区党委作了专题汇报，该工作方法在全区法院进行了推广。

（三）下足苦干实干功夫，严把证据分析与事实认定关

“三大纠纷”多为悬而未决的难案，个案中夹杂着各个历史阶段的处理决定、权属凭证、法律文书、证人证言等，待证事实错综复杂。全区各级法院在审理“三大纠纷”案件中，始终严格坚持行政诉讼证据规则，结合特定历史时期的国家政策、民族风俗习惯等，全面分析认定土改时期的档案清册、合作化时期的确权材料、国有农、林场设立或国有水利工程建设时经依法批准的材料、当事人之间达成的权属协议、县级以上人民政府依法核发的土地、山林权属证书以及取水许可证等各个历史时期所形成的证据。在此基础上，通过进一步查清争议各方的遗留问题以及讼争标的现状、管业事实等，最终对被诉政府调处行为的合法性作出公平、公正的评价。例如，南宁市邕宁区蒲庙镇良信村晚细坡村民小组诉南宁市邕宁区人民政府、南宁市人民政府林地权属处理一案，晚细坡村民小组与那祚坡第 10 村民小组曾于 1976 年签订《协议书》，对部分争议地的权属作出了划分，但是在林业“三定”时期，原邕宁县人民政府给那祚坡第 10 村民小组颁发的《山界林权证》及邕宁区人民政府于 2015 年作出的林地权属争议处理决定均未能尊重 1976 年《协议书》所作出的权属划分。自治区高级法院行政庭法官亲自到争议地现场踏界，查看讼争土地现状与管业事实，深入群众听取亲历见证人的意见，最终根据《广西壮族自治区土地山林水利权属纠纷调解处理条例》关于“县级以上人民政府核发的权属证书，当事人之间的协议可作为确权依据”的规定，认定那祚坡第 10 村民小组的《山界林权证》与 1976 年《协议书》存在部分冲突，不能作为确定权属的依据，依法撤销邕宁区人民政府的处理决定和南宁市人民政府的复议决定，责令邕宁区人民政府重新进行处理，维护了当事人的合法权益。

（四）坚决贯彻“三个有利于”原则，全力化解历史积案

“三大纠纷”案件事关当地群众的生产生活，农村的经营管理，区域的和谐稳定和民族团结，可谓牵一发而动全身。因此，审理“三大纠纷”案件的核心是“三个有利于”原则，即政府的调解、处理土地、山林、水利权属的结果，应当有利于安定团结、有利于生产生活、有利于经营管理。在司法实践中，法院在审查政府机关的调处、复议行为时，除了重点审查被诉行政行为的法律依据、事实依据及法定程序之外，还应当重点审查处理的结果是否符合“三个有利于”原则。若政府的处理结果明显不当，极易引起群众的对立情绪，产生群体性事件，影响了地方的和谐稳定，人民法院应当撤销政府的处理决定，并责令其重新作出行政行为。例如，恭城瑶族自治县嘉会镇共和村11至19村民小组诉恭城瑶族自治县人民政府、桂林市人民政府土地行政裁决一案，涉及9个村民小组，两个行政村村委和一个镇政府，社会影响面较大。案件讼争山林位于大明源林场内，四至范围清楚，但是山场历经合作化、“四固定”、林业“三定”等历史时期，政府均未确权划分。当事人向政府申请调处时，恭城瑶族自治县人民政府驳回当事人的权属申请，决定山场继续由镇政府代为管理，而桂林市人民政府作出复议决定竟然维持了恭城瑶族自治县人民政府的处理决定。自治区高级法院审理认为两级政府的处理结果继续搁置了山场的权属争议，明显违反了“三个有利于”原则，故判决撤销恭城瑶族自治县人民政府处理决定和桂林市人民政府的复议决定，责令恭城瑶族自治县人民政府重新作出处理决定。

（五）注重案件协调和解，有效化解矛盾纠纷

全区各级法院在审理“三大纠纷”案件中，积极沟通疏导、耐心说服教育，以真情打动村民，用真心同当事人对话，教育引导当事人学会换位思考，为其找到利益的平衡点和切入点，促成当事人平复积怨，最终握手言和，做到案结事了人和。例如，百色市中级法院认真贯彻“百分之百进山踏界”原则，克服地形险要、环境恶劣、交通不便等困难，坚持每一个案件都到涉案现场进行勘查，与国土、林业、水利等部门组成协调小组，并召集各方当事人共同到现场勘验指认，听取各方意见。通过现场勘查，发现在卷宗未能发现的问题，并以此为突破口，耐心宣传土地调处政策和法律法规，疏导群众的对立情绪，努力做好群众的思想工作，先后协调原告撤诉60余件案件，实质性化解了行政争议，为革命老区的民族稳定、和谐发展、群众安居乐业作出了积极贡献，得到了百色市委、政府的高度赞扬。

（六）强化行政审判机制改革，提高案件质量效率

全区各级法院以司法体制改革为契机，进一步健全完善“三大纠纷”案件行政审

判机制，在改革中发掘潜力、激发动力，实现提质增效。

一是全面实行团队化运作。为适应新时期“三大纠纷”审判工作繁重任务的需要，全区各级法院组建专业审判团队，实现类案专审，推动“三大纠纷”行政案件专业化审理，不断增强审判工作的公信力、凝聚力和战斗力。团队化运作后，职责更加分明，配合更加协调，在审理、研究、解决“三大纠纷”案件方面更为专业化、细致化。

二是大力加强司法能力建设。全区各级法院注重上下配合，齐心协力开展“三大纠纷”案件审理工作。通过推行新老法官一对一指导、发改案件上下级法院交换意见、发改案件原因分析、庭审观摩等方式，大力开展业务培训、理论探讨和调查研究，切实提高法官司法能力。

三是注重统一法律适用和司法裁判尺度。自治区高级法院充分发挥专业法官会议作用，对于典型案件，开会探讨相关审理思路、法律适用、裁判尺度等重要问题，形成会议纪要下发全区法院作为类案处理的参考意见。为规范土地山林水利权属行政纠纷案件审理工作，统一裁判尺度，自治区高级法院组织全区法院行政审判骨干进行类案裁判规则研究，制定《土地山林水利权属纠纷行政案件裁判指引》，明确庭前准备、开庭审理、裁判等关键环节、关键事项中的基本规程，细化“三大纠纷”案件需要查明的事实以及证据认定、法律适用等实体审查重点，明确案件裁判标准，规范法官裁判思路。

广西三级法院行政案件立案受理诉权问题的司法统计分析

——以新《行政诉讼法》实施为背景

广西壮族自治区高级人民法院立案庭*

一、样本数据的可视化分析——行政案件立案受理现状与特点

1. 行政案件立案总数呈上升态势(见图一)。

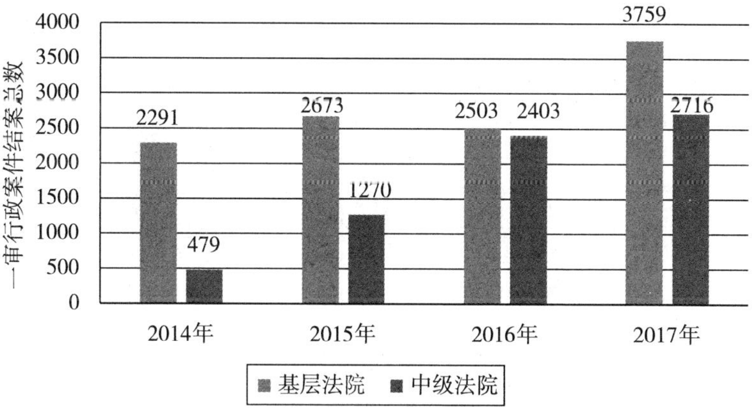

图一　两级法院一审行政案件结案总数

2014～2017年,全区两级法院行政案件立案总数分别为2770件、3943件、4906件、6475件,2015～2017年分别同比上升42.3%、24.4%、32%。

---

* 课题组成员:林玉棠、梁瑜、贺利研、杨钉、钟瑛嫦。

2. 不予受理、驳回起诉案件数量增多(见图二、图三、图四、图五)。

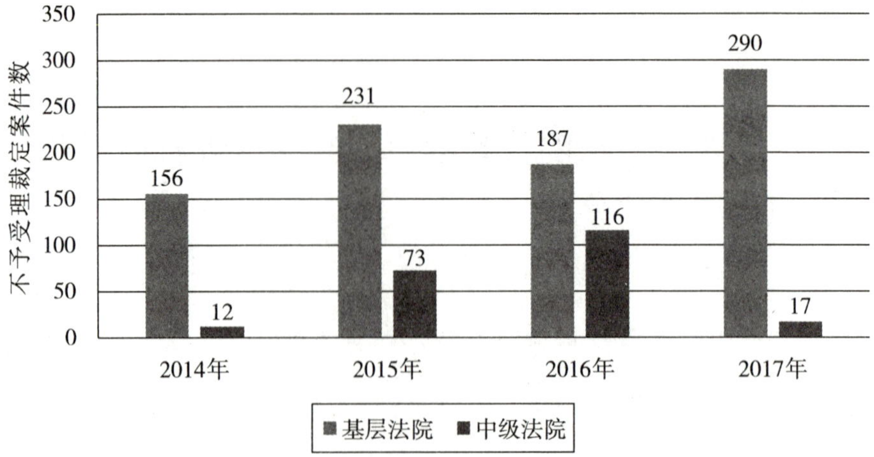

图二 两级法院一审行政案件不予受理数据分析

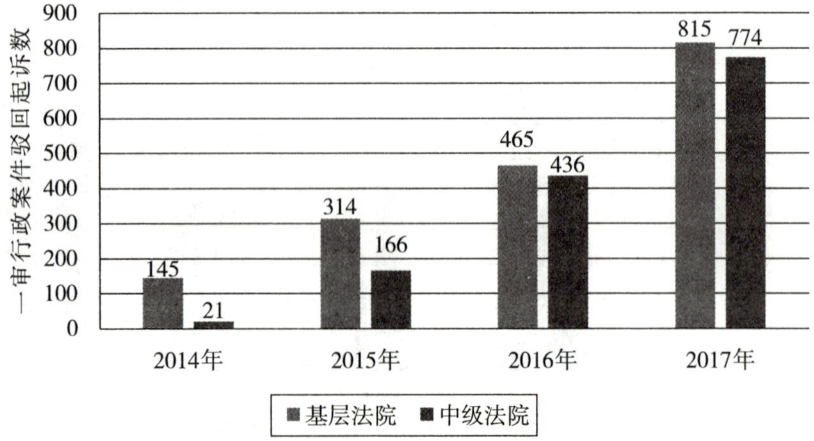

图三 两级法院一审行政案件驳回起诉

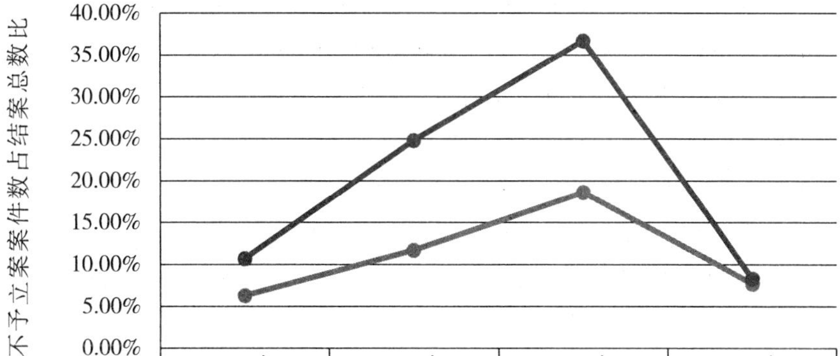

	2014年	2015年	2016年	2017年
中级法院	4.40%	13.10%	18.10%	0.60%
基层法院	6.30%	11.70%	18.60%	7.70%

图四　两级法院一审行政案件不予受理数占比

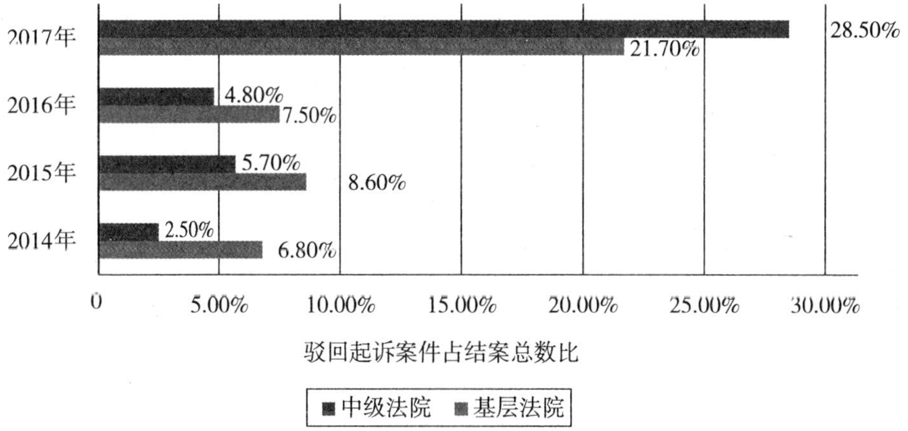

图五　两级法院一审行政案件驳回起诉占比

立案登记制实施后,立案庭裁定不予受理案件明显增加,2015 年基层法院同比增长 244 件,增幅为 5.4%。基层法院驳回起诉案件同比增加 206 件,增幅为 1.8%。且 2016～2017 年,基层法院与中级法院驳回起诉案件占行政案件结案总数比例呈明显增长趋势,基层法院增长了 14.2%,中级法院增长了 23.7%。

3. 当场立案登记率提高。自实行立案登记制至 2016 年年底,全区法院当场登记立案率为 95.04%;2017 年为 94.6%。但全区中院一审行政案件立案的平均天数为 4.5 天,能够全年基本保持当天立案的法院约有 2 家。

4. 诉权疑难问题集中在中级法院。在行政诉讼提级管辖后，被诉对象为县级以上政府的行政案件由中院管辖，故而中院所受理的行政案件种类增加，问题类型呈多样化；一审所面临的疑难问题在二审阶段也能够集中在中院反映。因此，本课题以中院提交的疑难问题数据材料作为研究样本。

5. 不具有诉权的理由主要集中在“受案范围”类型。2015～2017 年，以不属于行政诉讼受案范围被认定不具有诉权的数量为 2015 年 393 件占不予受理与驳回起诉总数比为 70.7%，2016 年 452 件占比 67.66%，2017 年 750 件占比 70%；以超过起诉期限不予立案或驳回起诉的数量为 2015 年 92 件占比 16.5%，2016 年 123 件占比 18.4%，2017 年 195 件占比 18.2%；以不具有利害关系不予立案或驳回起诉的数量为 2015 年 71 件占比 12.8%，2016 年 93 件占比 13.9%，2017 年 127 件占比 11.8%。

6. 具有滥诉嫌疑的案件数持续上升。2015 年 38 件，占 2015 年全区中院一审行政案件总数的 3.4%；2016 年 70 件，占 2016 年全区中院一审行政案件总数的 1.3%，2017 年 114 件，占 2017 年全区中院一审行政案件总数的 2.4%。土地征收房屋拆迁、土地行政登记，部分地方林权证登记等案件类型较为突出。

7. 土地征收房屋拆迁类纠纷的立案审理问题突出，诉权问题的再审案件类型也集中在该领域。2015～2017 年全区中院土地征收拆迁补偿类案件总数分别为 565 件、632 件和 537 件。

8. 因不具有利害关系被否定诉权的情形居多。全区中院土地征收案件中，起诉人因无法提供证据证明与被诉行政行为具有利害关系被驳回起诉或不予立案的情形居多。2015～2017 年分别为 25 件、27 件和 40 件。

9. 在土地征收案件中，行政行为不符合法定程序的仍占有一定数量。2015～2017 年分别为 13 件、33 件和 14 件。

二、存在的问题

1. 案由登记模糊，无法建立科学合理的司法统计数据库。目前全区法院的立案登记系统中，行政案件的类型分为处罚类、强制措施类、侵犯经营自主权类、许可类、保护人身、财产权类、抚恤金类、违法要求履行义务类、侵权类、确权类、赔偿类及其他。在调查中了解到，立案登记工作人员较难按照系统的分类对案件进行登记，除传统行政案件类型如处罚类、强制措施类、许可类、保护人身、财产权类案件较容易把握外，多数类型因较难划分则都归入到了“其他”项目中。这一操作使科学合理的数据库难以建成，也不利于司法统计分析的开展。随着司法统计工作的重要性不断增强，以解决立案案由的准确登记为首的司法信息数据库构建则成为当前亟待解决的问题。

2. 基层法院对行政案件的立案受理标准普遍难以把握，如对是否具有利害关系的判断，在二审及再审中对这一裁定理由予以纠正的数量并不少，一些法官对该理由的使用较为慎重。此外，近年来社会问题"逃跑新娘"引发的行政诉讼也给司法审判带来了重大挑战，案中丈夫一方因妻子下落不明提起离婚诉讼却被告知系统无此人身份信息，在民政局所登记的身份信息亦为虚假，通过民事诉讼解除关系已不可能，但请求法院裁判民政局撤销婚姻登记又几乎都遇到起诉期限的门槛，因为多数当事人在发现事实时已经超出法定的起诉期限，如何维护当事人的人身权益也就成了一大难题。新类型案件出现后，由于立法还不够细致完善，司法未形成统一，更是增加了立案审理的难度，一些法院坦言在法定 7 天期限内完成立案存在困难。

3. 立案庭与行政庭工作方式出现冲突。在调研中了解到，由于立案庭与行政庭各自对行政案件立案审查标准的理解不同，如对一些疑难案件的处理，立案庭认为应先予以立案，经实质审查后，再据情依法处理；而行政庭则认为，如果在立案阶段不进行适当地筛查，所有案件皆直接转入到实体审理阶段，容易因审理期限、管辖等因素演变成棘手问题。在新行政诉讼法实施中，新型问题纷纷出现，立案庭更难以准确把握起诉条件的审理标准，更加倾向于先立案，后转移到行政庭处理，若两个部门缺乏沟通，则易产生冲突。

4. 行政案件审判质效的影响（见图六、图七）。如图六、图七所示，2014～2017 年，基层法院在 2014 年中行政不予受理与驳回起诉案件的改判率最高。2015 年立法重新确立法院级别管辖标准后，对县级以上政府的起诉由中级法院受理，2015～2017 年基层法院案件总数增速放缓，并显示出下降的趋势，改判率也随之下降。而 2017 年，基层法院关于两种类型裁定的案件发改率略有回升的趋势。

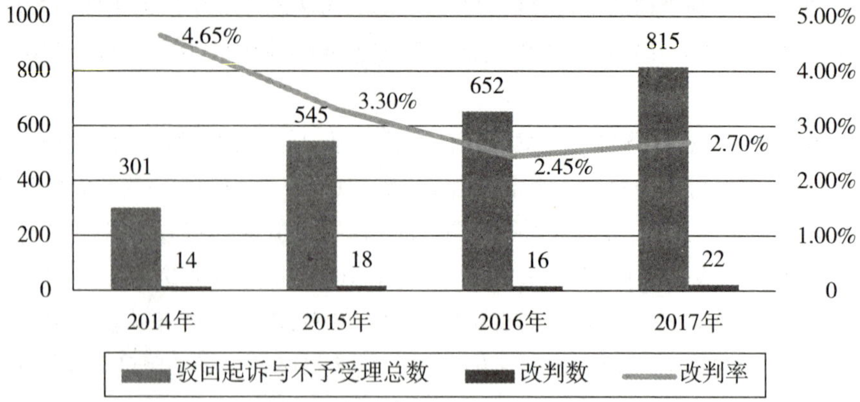

图六 基层法院不予受理与驳回起诉案件改判率

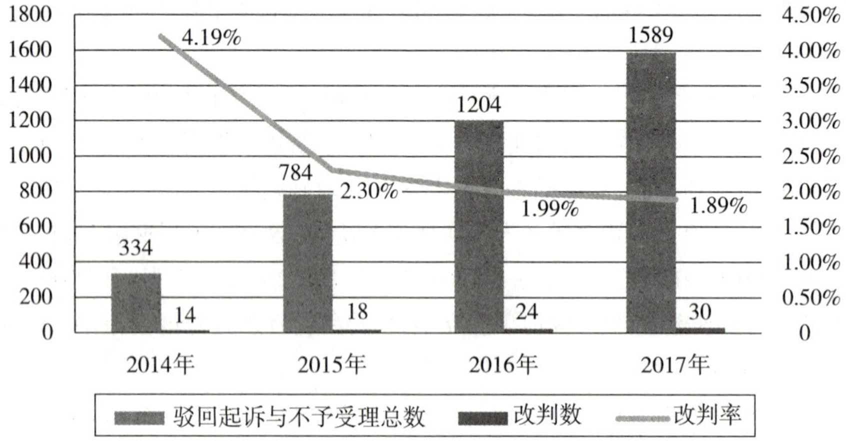

图七 两级法院不予受理与驳回起诉案件改判率

5. 具有滥诉嫌疑的案件数持续上涨，但立法尚未予以规范。根据本次调研统计，全区中院具有滥诉嫌疑的行政案件数逐年上升，2015～2017 年分别为 38 件、70 件和 114 件，主要集中在土地征收房屋拆迁、土地行政登记类型，部分地方林权证登记类型方面。在行政案件诉讼成本相对较低的背景下，滥诉更为易发，但目前立法尚未对该行为进行认定及规范，因而补充这一领域的立法空白尤为迫切。

三、应对行政案件受理问题之方策

1. 提高立案部门员额法官的配置比例。据统计，2016 年全区 16 个中院立案庭的员额法官共计 34 人,2017 年共计 32 人,截至 2017 年全区中院员额法官共计 747 人,立案庭员额法官占比 4.3%;2016 年上半年自治区高院立案庭员额法官 14 人,占全院员额法官总数比为 9.5%;2017 年为 8 人,占全院员额法官总数比 5.4%。按照诉讼服务中心升级版建设的总体思路,立案庭承担着立案登记制落实、对案件进行繁简分流等重要职能,案件的立案审查及案件的调解、分流均要求配置富有工作经验的法官。对此,2018 年 3 月 28 日全国法院深化立案登记制改革座谈会议上提出了"立案庭的员额法官的配置不低于全院员额法官的 10%"的设想。目前,浙江省高院立案庭的员额法官配置比例已经达到全院员额法官的 30%。相比而言,作为西部地区的典型代表,广西法院仍然远远落后于一线省份,与预设的基本水平也有一定的差距,应有针对性地予以解决,主要可以从新增人员、部际调动和跨级遴选三类源头中作调整,有侧重地向立案庭分配员额法官或法官助理,争取尽快达到最高法预定的基本水平。

2. 明确立案部门立案审查范畴。

首先,确定起诉条件解决的是标准问题,显然,立案庭与行政庭两者在对当事人是否具有诉权这一问题上采用的是同一个标准,但对于个别起诉要件审查程度的把握,两个部门应当予以区分。在行政诉讼案件中,对起诉人的事实证据、利害关系证据的审查,应在不同环节中建立不同的证明力标准。立案环节属于启动司法程序阶段,证据标准宜宽松以保护当事人诉权,审理环节属于进入实体审理以作决断的阶段,证据标准宜严格,确保司法的公正,因此两个阶段的证据标准应呈由低到高递进状态。况且,依照诉讼审理的进度,由浅入深,自简至繁,亦符合审判规律。另外,对立案登记制度的准确理解与把握不能顾此失彼,因起诉难而完全不设限制地开放通道会适得其反。立案制度作为进入司法程序的第一道关口,它的设立还在于其应起到一定的过滤作用。在实际操作中可通过内部机构的分工与协调,做到既能够保障当事人诉权,又能够减轻专业审判业务部门的负担,即立案庭在一定程度上解决部分较为容易判断的诉权案件,在起诉阶段排除确定的不具备原告资格的起诉人。

其次,对于需要经过实质性审查才能得出初步结论的情形,则在立案后移交行政庭。实际上,本次调研的数据在一定程度上印证了这一做法,全区法院行政案件不予立案的裁定均由立案庭作出,驳回起诉的一审行政案件均由行政庭作出,在二审和再审阶段的驳回起诉也出现由立案庭作出的情况。但相比来看,2017 年全区法院一审驳回起诉行政案件数量达 994 件,一审不予受理的行政案件数量 324 件,前者是后者的 3 倍之多。实际上,在行政庭作出的驳回起诉裁定案件中,仍有部分案件可以在立案庭进行解决。经过调查了解，一些法院在7天内不能确定应否予以立案的，都先行立案，但一些案件不能确定的因素并非需要通过实体审理才能明晰，而是基于案件数量与法定期限的考虑。因此，对于这部分案件，实际上仍然可以由立案部门消化，但应突破仅适用不予受理裁定的传统，可采取先立案后审理的方式，对初步审查后不符条件的作出驳回起诉裁定。

3. 加大对立案庭工作人员的行政业务培训力度，提高立案审查法官队伍能力素质。根据本次调研统计，2016年全区中院及高院立案庭中具备行政诉讼审判经验的法官共14人，2017年共13人；5个中院立案庭没有具有行政诉讼审判经验的法官。根据数据显示，全区中院在立案窗口工作的人员学历为本科的2016年为55人，2017年为63人，占全区中院立案庭人员总数比分别为75%、79%；学历为专科的人数2016年为10人，2017年为10人，占比分别为14%、12.5%；学历为研究生的人数2016年为8人，2017年为7人，占比分别为11%、8.8%；工作年限在1～3年的人数2016年共25人，2017年共35人，占比分别为34.1%、44%。可以看出，学历水平在本科的比例过大，研究生比例不足，专科人员还占有一定数量，且立案窗口的工作队伍呈现出年轻化趋势。从当前行政案件发展形势及现有人员结构来看，全区法院应注重提高立案庭工作人员的专业水平，以应对新的挑战。

首先，转变对立案庭工作职能的认识，扩大行政审判业务培训对象的范围，将立案庭纳入培训计划，使立案审查人员及时更新行政诉讼专业知识，把握行政审判最新动态，以确保对法律法规理解适用的一致，提高立案审查判断的准确度。其次，全区各级法院应有计划、有步骤地开展立案审查工作人员的业务能力培训，尤其针对行政案件立案受理疑难问题方面的专业培训，应定期安排学习交流。如桂林市中级法院在2017年组织了全市两级法院行政庭及立案庭员额法官和法官助理进行行政业务培训，专门邀请了最高法一巡的法官及高院领导授课；建立定期讨论典型行政案例交流机制，通过微信群等途径加强与最高法及各地法院的交流，多渠道提升立案审理法官的行政理论水平。

4. 创新组织机制，充分运用现有资源解决案多人少问题。

(1)在立案部门内组建新型组织。在数量剧增，类型多样的情势下，立案庭要承担起一定程度的审查职责，需专门成立行政案件审查小组，以“1+N”的人员模式构造，1为具有实体行政审判经验的员额法官，N为若干名立案庭办案人员。1名行政诉讼专业审判人员在该小组中主要起着实地实时的指导作用，通过以案训员的方式培养非专业人员；N名工作人员可在部门内部进行选择，以具有法学专业背景的人员为主。N名工作人员在该小组中以辅助专业审判人员为主，在1～2年后经验积累到一定程度，可独立审理。“1+N”模式在行政审判人员紧缺的环境中能够达到自给自足的效果，由经验丰富者培训行政案件专门审查小组成员，铸造新鲜血液，在一定时期内可以缓解案多人少的矛盾。

(2)建立行政庭与立案庭员额法官轮岗制度。作为上述行政案件专门审查小组运行的配套制度，行政庭与立案庭员额法官的轮岗制度不可缺位。行政庭与立案庭成员的换位流动，增强双方的沟通，有助于两个部门对行政案件的审查达成共识，形成一致标准；人员的换位，能够促使两个部门从全局、突破部门利益去考虑行政案件的立案受理问题，使问题能够从制度上进行解决。每次轮岗人数不宜过多，否则会造成部门运行秩序的混乱，定期安排每次1人的轮换。两部门的员额法官轮岗可与“1+N专门审查小组”机制形成有效衔接，“1+N”中的“1”可由轮换到立案部门的行政审判人员担任，而轮换到行政部门的法官亦可在交换期间提升自身的行政审判业务水平。

(3)创新部门之间的协作机制——行政立案疑难案件的联席会议制度。鉴于行政案件新类型层出不穷，疑难问题亦不断出现，为能够在短时间内攻克，需要建立长效机制。一般审判业务部门均成立有专业法官会议解决疑难案件，而立案庭虽有员额法官，但并不精于行政案件审理业务，这就需要联合行政庭审判人员，提高专业审判能力。因此，构建以立案庭、行政庭分管院领导，业务骨干法官为主要组成成员的联席会议制度成为重要举措。而跨部门组成的联席会议能够真正推行与落实，除具体运行机制的构建、人员的安排、职责的明确之外，关键在于共同上级领导的重视。只有自上而下层层压实，才能克服跨部门之困难，使联席会议制度的开展获得良好的开端。而从长远的发展来看，联席会议制度以解决立案部门的难题而设立，行政部门若无法从中获得丝毫利益，则难以推动此项制度良性发展。因此，设计适当的激励制度如创新办案折算规则，参加联席会议一次等同于办结案件2件，将出席联席会议探讨疑难案件纳入案件办理绩效考评的范畴，与员额法官的切身利益挂钩，提高行政部门人员的积极性。

5.调整行政诉讼案件受理费，加大对行政机关违法行政的惩罚力度，提高滥诉行为的实现成本。目前，依照2006年12月国务院颁布的《诉讼费用交纳办法》第13条第1款第5项规定的内容，“行政案件按照下列标准交纳：1.商标、专利、海事行政案件每件交纳100元；2.其他行政案件每件交纳50元”，行政案件远低于其他类型案件的收费标准。诉讼费制度存设的重要功能之一为对败诉一方实行经济制裁，要求其对进行诉讼所花费用的合理负担。在行政诉讼中,行政机关作为被告一方,其因行政违法而被裁判败诉,若按照目前的诉讼费用标准,可能难以达到惩戒的效果。当事人在诉讼活动也会具有趋利性,在行政诉讼费相对较低的情形下,更轻易选择该救济途径,其中不乏有错误使用和恶意使用的情形,因此,对于此类不当使用权利的群体,提高诉讼费用以加大其败诉负担的成本,也是打击和震慑的一种方式。但我国诉讼费交纳采用的是预缴制度,起诉人需预先交到法院指定账户,因此在考虑诉讼费用提高的同时,也应顾及大众的承担能力,掌握好提高的幅度,不能影响到人们对行政诉讼权利的正当行使,还应加强和完善司法救助制度,对实际困难者给予减免。

6. 加强信息化支撑保障,建立对外服务当事人,对内服务法官的信息化共享平台。"互联网+"是时代发展的潮流,全区法院应主动适应,广泛应用信息技术,实行网上立案、自助立案,开发诉讼服务APP,实行"微导诉"服务,让当事人更加便捷地获取诉讼信息,促进当事人诉讼权利的保护。要充分运用网络、电信等信息化手段,打破行政区划限制、地理障碍,实现异地立案、异地缴费、异地接收材料,降低群众的诉讼成本。构建司法系统的信息化平台,实际上还实现了对审判数据资源的整合,在技术研发与法官需求不断相匹配的过程中,审判效率可以获得有效提高;同时,在信息化基础上建立司法统计分析,亦能够助力审判业务专业化深度延展,探讨类案标准,研究区域性疑难问题,提升全区法院的审判质量。

7. 促进和支持行政机关依法行政。在全区中院立案受理的土地征收案件中,行政行为不符合法定程序的仍有一定数量,据统计,全区中院2015年有13件,2016年33件,2017年14件。在调研中也了解到,行政机关在行使职权过程中仍然存在不同程度的违反法律法规。从行为的起点来看,行政诉讼发生的因素一部分来源于行政行为的不规范甚至违法。因此,构建和谐社会、减少诉讼,还需从矫正、规范行政机关行政行为这一源头着手,法院应加强与政府法制部门、行政执法机关的经常性工作联系,通过联席会议等方式解决行政纠纷涉诉的突出问题;依法参与重大建设项目和重大政策的社会稳定风险评估工作,重点加强法律风险的研判,从源头上预防和减少行政纠纷。加强司法建议工作,及时就行政执法存在的突出问题向行政机关提出司法建议。推动建立行政机关负责人出庭应诉制度,引导行政机关依法参加诉讼活动,促进提升领导干部的法治思维和依法行政意识。

四、关于行政案件立案受理疑难问题的一两点建议

1. 从当前诉讼环境及规范制度进行判断,滥诉案件的数量有上升的态势,由此,

在立法上填补规制行政诉讼滥诉行为的空白尤为迫切。当前唯一的规范文件为最高法发布的《关于进一步保护和规范当事人依法行使行政诉权的若干意见》,其建议从诉讼的数量、周期、目的以及是否具有正当利益、恶意诉讼的主观故意等方面进行判断,但对于如何界定滥诉行为尚未抽象归纳出统一标准。本研究报告建议可以从主体、主观方面、行为、结果四个方面探讨滥诉行为的构成要件,即主体必须为行政诉讼当事人,不宜进行扩大;主观上应存在明知不具有诉权或没有胜诉权而不断进行诉讼行为,客观上实施了滥用诉权的行为。滥诉的行为后果为挤占司法资源、扰乱诉讼秩序以及不合理增加被诉行政机关的诉讼负担等消极影响。因对滥诉的规制程度的把握关系到群众诉权的保障,在设定具体的衡量指标时,应注意权衡考虑。

2. 在调研中了解到,多数法院对"利害关系"要件的判断存在较多不同意见,也是疑难点的频发领域。有鉴于此,本研究报告建议在司法实践成熟的基础上,归纳起诉人与被诉行政行为的利害关系的界定要点,通过立法予以确定,如起诉人所主张的必须是自己的合法权益被侵害,为他人主张权益的,可视为不具有利害关系;合法权益受到的影响必须与行政行为之间存在内在联系,内在联系的形态包括实际影响、职责义务下的因果关系等。

典型行政案例分析

陈德华诉北海市水产畜牧兽医局不履行行政许可法定职责案*

张黔鄂**

【裁判要旨】

本案是起诉不履行法定职责的案件。原告陈德华起诉前，颁发竹(木)排筏专用证的行政许可职责已转由北海市辖各区及涠洲管委会渔业主管部门负责，根据《行政诉讼法》第38条第1款的规定，涉案颁发竹(木)排筏专用证是依申请办理的行政许可事项，在被告北海市水产畜牧兽医局(以下简称北海市水产局)具有涉案行政许可职责期间，原告陈德华未曾向北海市水产局提出办理涉案行政许可证书的申请，被告北海市水产局也不存在未向原告陈德华颁发竹(木)排筏专用证的违法情形。原告陈德华对被告北海市水产局的诉讼理由不成立，不予支持。

一、基本案情

上诉人(一审原告)：陈德华

---

* 第二届全国法院环境资源优秀裁判文书优秀奖。一审案号：(2016)桂72行初5号；合议庭成员：王普明、张黔鄂、陆英涛。二审案号：(2017)桂行终196号；合议庭成员：周善能、宋玉杰、王小成。

** 北海海事法院审判委员会委员、立案庭庭长、四级高级法官。

被上诉人(一审被告):北海市水产局

陈德华于2007年建造一艘竹(木)排筏,主机功率44匹马力(32.36kW),后北海市铁山港区营盘镇白龙社区居民委员会(以下简称白龙社区)对辖区未持证生产的竹(木)排筏进行调查,制作《2006年铁山港区排筏普查表》,并将普查表递交给北海市铁山港区海洋和水产畜牧兽医局(以下简称铁山港区水产局)。陈德华认为铁山港区水产局和北海市水产局根据调查就会为其办理涉案专用证书。由于陈德华一直未能获得竹(木)排筏专用证,其和林帅等与其情况相同的渔民到有关行政机关上访或信访。2014年1月24日,广西壮族自治区水产畜牧兽医局(以下简称自治区水产局)作出桂渔牧财〔2014〕23号答复函,告知由于广西还需在原基础上压减渔船主机功率,林帅等人要求核发证书的问题无法解决。林帅等人对自治区水产局的答复不服,申请广西壮族自治区人民政府(以下简称自治区政府)复查,2014年5月5日,自治区政府作出桂信查字〔2014〕5号复查意见,认为自治区水产局对林帅等人答复的事项事实清楚、依据正确、符合相关政策,予以维持。2014年8月25日,依据北政发〔2014〕23号文北海市水产局下发北渔牧〔2014〕141号通知,将沿海地区机动竹(木)排筏证书的核发等5项行政审批事项下放给市辖各区和涠洲管委会渔业主管部门。2014年9月22日,北海市水产局对林帅等人的信访事项进行答复,告知林帅等人的排筏没有证书,不符合油价补助的申报和发放条件以及按国家现行政策,无法增加竹木排筏数量和功率数,无法新增办理竹木排筏专用证书。2016年6月3日,陈德华向北海海事法院提起本案行政诉讼,请求判令北海市水产局为其补办《北海市竹(木)排、筏专用证书》。

二、审理结果

北海海事法院一审认为,颁发竹(木)排筏专用证行政许可的法定职责现由北海市辖各区及涠洲管委会渔业主管部门负责,陈德华诉请目前不具有该职责的北海市水产局补发涉案专用证书没有法律依据,陈德华对北海市水产局的诉请理由不成立,不予支持。《渔业法》第22条、《广西壮族自治区实施〈中华人民共和国渔业法〉办法》(以下简称《广西实施渔业法办法》)第19条均明确规定国家对捕捞业实行捕捞限额制度,农业部于2000~2001年组织对全国的捕捞渔船现状进行普查,根据普查情况采取了对应的管理措施,并实行"双控政策",不仅限定广西不得再增加渔船数量和功率,而且还要继续压缩渔船主机功率。其他渔民获取相关证书的情况,并非本案应予核查的内容。陈德华的诉请与国家法律和政策规定相悖,依法不应得到支持。

依照《行政诉讼法》第69条之规定,判决驳回陈德华的诉讼请求。

陈德华不服一审判决,向广西壮族自治区高级人民法院提起上诉。

广西壮族自治区高级人民法院二审认为,陈德华未曾向北海市水产局提出办理竹(木)排筏专用证书的申请,北海市水产局在具有颁发竹(木)排筏专用证书法定职责期间,不存在未向陈德华颁发竹(木)排筏专用证书的违法情形,故陈德华的上诉理由不成立,不予支持。依照《行政诉讼法》第89条第1款第1项之规定,判决驳回上诉,维持原判。

三、裁判评析

涉案行政许可事项涉及国家对海洋环境的管理以及"一带一路"国家政策的贯彻实施,通过本案的审理和判决,使北海市的广大渔民切实了解国家关于海洋渔业管理的基本法律法规和相关政策。

(一)国家关于海洋渔业船舶的管理制度

《渔业法》第22条、《广西实施渔业法办法》第19条均明确规定国家对捕捞业实行捕捞限额制度。农业部于2000~2001年先后下发《关于开展首次全国海洋渔业船舶普查的通知》(农渔发〔2000〕6号)、《关于清理整顿三无和三证不齐渔船的通知》(农渔发〔2001〕2号)和《关于清理整顿三无和三证不齐渔船的补充通知》(农渔发〔2001〕17号),对海洋渔业船舶开展普查,对应纳入管理但经检验不合格的"三无"和"三证不齐"渔船以及普查后新产生的"三无"渔船,一律不得从事海洋捕捞作业,不发给任何渔业管理证件,并强制淘汰、取缔。2003年11月13日和2011年3月14日,农业部先后印发《关于2003~2010年海洋捕捞渔船控制制度实施意见》《农业部关于"十二五"期间进一步加强渔船管理控制海洋捕捞强度的通知》,下达了广西2003~2015年的海洋捕捞业船网工具控制指标(控数量、控功率的"双控"指标)。

2011年8月8日,自治区水产局批复北海市水产局:广西的船网工具控制指标已全部使用完毕,至2015年年末广西还需压缩功率63 282.75千瓦,无法增加北海市竹木排筏数量和功率数,北海市水产局须以现有持《广西海洋竹木排筏证书》的竹木排筏数量和功率数为控制数,不得继续增加竹木排筏数量和功率数。

(二)本案的争议焦点

1. 关于陈德华是否向北海市水产局提出过履行本案行政许可法定职责申请的问题

根据《行政诉讼法》第38条第1款"在起诉被告不履行法定职责的案件中,原告应当提供其向被告提出申请的证据"、《广西实施渔业法办法》第21条"自治区对捕捞业实行捕捞许可证制度。从事捕捞作业的单位和个人,应当向县级以上人民政府渔业行政主管部门申领捕捞许可证”和第24条“对符合捕捞条件的单位和个人,县级以上人民政府渔业行政主管部门应当自收到申请之日起15日内完成捕捞许可证的审核、发证工作”的规定,涉案行政许可事项属于依申请办理的许可事项,该许可职责并非行政机关应当依职权主动履行的职责。陈德华虽主张其向北海市水产局提出过申请,但却未能提供充足的证据予以证实,其所提交的排筏调查表和社区出具的情况报告以及相关的信访材料均不能证实陈德华向北海市水产局提出过申请。

陈德华还主张竹(木)排筏普查表等同于办证申请,但该意见没有充分证据证实,应不予支持。理由:第一,竹(木)排筏普查表并未区分所排查登记的排筏是否已经登记,不排除存在2006年排查时已经取得专用证书的可能,陈德华未能提供他人凭普查表就获得证书的证据。第二,陈德华虽提供了他人合法持有的竹(木)排筏专用证书,但却未能提供他人的普查表或情况登记表,并不能证实上述持证人员系凭普查表获取证书。第三,陈德华提供的未持证生产竹(木)排筏调查表中虽然包含陈德华在内,但陈德华并未提供其中有人已经获得证书的证据,不能证实调查表可作为办证申请手续。第四,白龙社区出具的情况报告是该社区的单方观点,未有铁山港区水产局相关通知予以佐证,也不能证实普查表可作为办证申请手续。

2. 关于北海市水产局是否具有涉案行政许可法定职责问题

首先,根据本案证据可认定2001年8月3日至2007年12月25日,北海市水产局不具有核发涉案行政许可的行政职责。理由:第一,陈德华提交的、发证时间为2005年10月16日的他人排筏专用证书上的登记机关、核准机关以及证书的制作机关均非北海市水产局。第二,北海市机构编制委员会2007年12月25日下发的北编〔2007〕117号批复规定“将原由北海市渔政管理站、北海渔港监督、广西渔业船舶检验局北海检验站等单位行使的行政许可职责划归北海市水产畜牧兽医局”,这一规定说明在2007年12月25日前涉案行政许可职责系由北海市渔政管理站、北海渔港监督、广西渔业船舶检验局北海检验站行使,也可以说明在2007年12月25日前北海市水产局不具有核发涉案行政许可的行政职责。第三,《渔业法》关于“其他作业的捕捞许可证,由县级以上地方人民政府渔业行政主管部门批准发放”的规定一直未作改变,农业部2001年8月3日的农渔发〔2001〕17号补充通知明确规定《竹排和塑料浮筏由各省、自治区、直辖市渔业行政主管部门结合当地实际情况制定暂行管理办法》,广西根据上述规定制定了《广西壮族自治区实施〈中华人民共和国渔业法〉办法》和《广西壮族自治区渔业管理实施办法》,这两个办法均将涉案行政许可的职责授予县级地方人民政府渔业行政主管部门。因此,北海市水产局在2001年8月3日至2007年12月25日不具有涉案行政许可的行政职责。

其次,北海市机构编制委员会2007年12月25日的北编〔2007〕117号批复、北海市人民政府2014年7月29日的北政发〔2014〕23号通知以及北海市水产局2014年8月25日的北渔牧〔2014〕141号通知,可以认定北海市水产局于2007年12月25日至2014年8月25日具有涉案行政许可的法定职责,自2014年8月25日起没有涉案行政许可法定职责,也就是在陈德华提起本案诉讼前,北海市水产局并无涉案行政许可的法定职责。

保管费用争议致车辆长期停放造成的损失应由交警部门赔偿*

曾志科**

【裁判要旨】

交警部门对车辆采取查封、扣押措施产生的保管费用依法应由交警部门承担,交警部门不愿承担保管费用从而引发保管费用争议,由此导致车辆长期露天停放造成的损失应由交警部门予以赔偿。

一、基本案情

再审申请人(一审被告、被上诉人):北海市公安局交通警察支队

被申请人(一审原告、上诉人):蔡兰

蔡兰是车牌号黑 AN0308 机动车的车辆所有人,2015 年 4 月 19 日 12 时许,蔡兰驾驶该机动车与车牌号桂 EM1555 机动车在北海市九中路口发生碰撞。北海市公安局交通警察支队海城大队(以下简称海城大队)接警后,根据《道路交通事故处理程序规定》第 28 条的规定将蔡兰的机动车扣押至北海市海城区南海汽车修理厂(以下简称南海汽修厂)停放,并给蔡兰出具了《公安交通行政管理行政强制措施凭证》,告知蔡兰于 15 日内到海城大队接受处理。2015 年 4 月 22 日,海城大队给蔡兰出具《道路交通事故认定书》(简易程序),同时出具《道路交通事故车辆

* 二审案号:(2017)桂 05 行赔终 1 号;合议庭成员:席淑燕、侯应蓉、曾志科。再审案号:(2018)桂行赔申 1 号;合议庭成员:程丽文、蒙宏庆、李延。

** 北海市中级人民法院行政审判庭审判员。

放行条》。因南海汽修厂要求蔡兰交纳车辆保管费,蔡兰未领走车辆。蔡兰因无法领取车辆等问题于2015年10月8日和2015年10月23日向北海市公安局交通警察支队(以下简称交警支队)信访,要求交警支队返还涉案车辆及重新作出交通事故责任认定书。交警支队于2015年12月17日作出《关于蔡兰信访事项的处理情况意见书》,告知蔡兰涉案车辆的扣押期限已于2015年4月22日终结,2015年4月22日之后涉案车辆放在涉案停车场属于蔡兰的个人行为,此期间产生的车辆保管费用与海城大队的执法行为无关。该意见书于2015年12月22日送达给蔡兰。蔡兰不服,向北海市海城区人民法院(以下简称海城区法院)提起诉讼,请求判令海城大队返还车辆,赔偿车辆长期在露天停放造成的损失。

二、审理结果

海城区法院一审认为,海城大队于2015年4月22日向蔡兰出具的《道路交通事故车辆放行条》对蔡兰取车时间没有明确,蔡兰持有放行条而取不出车辆,责任在于海城大队。海城大队应当承担2015年4月19日至实际放车之日止的车辆保管费。蔡兰的机动车未达到强制报废标准,蔡兰没有证据证实其车辆无法取得路权及无法上道行驶。故对蔡兰请求被告承担其车辆因无法取得路权及无法上道行驶所产生的后果责任不予支持。蔡兰于2015年4月22日已收到《道路交通事故车辆放行条》后没有及时领走车辆造成车辆的扩大损失,自身存在过错,且蔡兰没有证据证实涉案车辆在停放中已实际造成损失,故蔡兰请求赔偿车辆长期露天停放,未能妥善保管造成的损失没有事实及法律依据,不予支持。依照《国家赔偿法》第4条第4项、第32条第2款、《最高人民法院关于审理行政赔偿案件若干问题的规定》第33条的规定,判决交警支队返还机动车,并驳回蔡兰的其他赔偿请求。

蔡兰不服一审判决,向北海市中级人民法院提起上诉,请求撤销一审判决,依法改判支持蔡兰的行政赔偿诉求。

北海市中级人民法院二审认为,根据《行政强制法》第26条第3款"因查封、扣押发生的保管费用由行政机关承担"的规定,行政机关应当承担因扣押发生的保管费用。根据《国家赔偿法》第2条"国家机关和国家机关工作人员行使职权,有本法规定的侵犯公民、法人和其他组织合法权益的情形,造成损害的,受害人有依照本法取得国家赔偿的权利"、第4条第4项"行政机关及其工作人员在行使行政职权时有下列侵犯财产权情形之一的,受害人有取得赔偿的权利:(四)造成财产损害的其他违法行为"的规定,因行政机关行使行政职权的行为合法权益被侵犯的,受害人有取得赔偿的权利。本案中,蔡兰持车辆放行条到南海汽修厂取车因要交车辆保管费而未取走车辆,其未取走车辆的责任在于交警支队不履行缴纳扣押车辆停车费义务,而交警支队不履行缴纳扣押车辆停车费义务已被另案确认违法,故交警支队应当承担2015年4月19日至实际取车之日止的车辆保管费。交警支队既未履行交费职责又未及时协调解决此事,导致涉案车辆长期露天停放在停车场,造成财产损害,蔡兰有取得赔偿的权利。因此,蔡兰要求返还车辆、赔偿车辆长期露天停放未妥善保管所造成损失的诉讼请求,应予以支持。依照《国家赔偿法》第4条第4项、第32条、第36条第3项、《行政诉讼法》第89条第1款第1项、第2项、《最高人民法院关于审理行政赔偿案件若干问题的规定》第33条之规定,判决交警支队赔偿蔡兰车辆修复费用人民币14 780元。

交警支队不服二审判决,向广西壮族自治区高级人民法院申请再审。

广西壮族自治区高级人民法院再审认为,交警支队承担2015年4月19日至实际取车之日止的车辆保管费并无不当;蔡兰要求交警支队返还车辆、赔偿车辆长期露天停放未妥善保管所造成损失的诉讼请求亦无不当。依照《最高人民法院关于执行〈中华人民共和国行政诉讼法〉若干问题的解释》第74条的规定,裁定驳回交警支队的再审申请。

三、裁判评析

本案的焦点是车辆长期露天停放造成的损失应由谁承担的问题。《行政强制法》第26条第3款只规定"因查封、扣押发生的保管费用由行政机关承担",但对车辆长期露天停放造成的损失应由谁承担没有作出规定,这就导致了在审判实务中出现不同的观点。

第一种观点认为,《国家赔偿法》规定因国家机关和国家机关工作人员行使职权侵犯公民、法人和其他组织合法权益,造成损害的,受害人有取得国家赔偿的权利。根据《行政强制法》第26条第3款的规定,因查封、扣押发生的保管费用由行政机关承担。法律明确规定保管费用由行政机关承担,行政机关不得以任何形式变相向当事人收取保管费用。因为交警支队不承担车辆保管费用,导致车辆长期停放露天停车场造成的损失,是因交警支队没有履行其应当履行的义务造成损害,受害人有取得国家赔偿的权利。

第二种观点认为,行政相对人已取得车辆放行条没有及时领取车辆,虽说是停车场要交纳车辆保管费,但可先交纳车辆保管费用取出车辆后再向交警支队主张保管费用，其应当预见到车辆长期停放停车场会有损失，其放任车辆长期停放，造成车辆扩大损失，不应得到支持或至少要分担损失，法院应当鼓励当事人通过正确的途径维权。

笔者同意第一种观点，在判决书论述的基础上，从减损义务的角度再作补充分析。减损义务是《合同法》第 119 条第 1 款规定的内容，当事人一方违约后，对方应当采取适当措施防止损失的扩大。该条规定的是合同履行情形，通常是当事人在履行合同的过程中，违约方不能采取措施减损的情况下，守约方可以采取措施防止损失的扩大，如违约方能采取措施，由违约方采取即可，无须法律特别规定守约方的义务。本案中，蔡兰持车辆放行条到南海汽修厂取车因要交车辆保管费而未取走车辆，而是向海城大队、交警支队反映。《行政强制法》第 26 条第 3 款明确规定行政机关应当承担因扣押发生的保管费用。因海城大队是交警支队的内设机构，不具有独立的编制、独立的财政拨款，与南海汽修厂签订《涉案车辆委托拖移、保管合同》的是交警支队，交警支队有义务承担车辆的保管费用，且不履行缴纳扣押车辆停车费义务的行为已被另案确认违法，其既未履行交费职责又未及时协调解决此事，导致涉案车辆长期露天停放在停车场，造成财产的损害，蔡兰有取得赔偿的权利。蔡兰在反映无果的情况下依法向人民法院提起诉讼并无不当，不能将一个既非法定又非约定的减损义务强加给蔡兰。

“休息日”上班途中受伤是否构成工伤

——来宾市公共交通有限责任公司诉来宾市人力资源和社会保障局工伤行政确认案*

韦柳林**

【裁判要旨】

用人单位未采取有效的管理方式告知劳动者已被安排休息，劳动者照常在合理时间沿合理路线去单位上班，应视为正常上班，其在途中受到事故伤害的，符合《工伤保险条例》第14条第6项、《最高人民法院关于审理工伤保险行政案件若干问题的规定》第6条第1款第1项所规定认定工伤情形，应属于工伤。

一、基本案情

上诉人（一审原告）：来宾市公共交通有限责任公司

被上诉人（一审被告）：来宾市人力资源和社会保障局

一审第三人：陆有恩

陆有恩系来宾市公共交通有限责任公司的员工（客车司机），按该公司原来安排，2013年10月1～7日为陆有恩与黄冠搭档驾驶G7××××

---

* 入选国家法官学院案例开发研究中心：《中国法院2017年度案例·行政纠纷卷》，中国法制出版社2017年版。一审案号：（2015）兴行初字第3号；合议庭成员：黄福友、谢丽行、田甜。二审案号：（2015）来行终字第28号；合议庭成员：韦柳林、汪洋、闭振鹏。

** 来宾市中级人民法院行政审判庭副处级审判员。

(四路)来宾至良江公共客车班次。其中陆有恩上上午班,每天发车时间6时5分至7时不等,黄冠上下午班。2013年9月30日该公司拟定《客运一科驾驶员休息表》,其中安排驾驶员陆有恩2013年10月7～8日为休息日,由客运一科副科长黄以星将此休息表发到驾驶员所驾的车辆上,但未履行签收手续,驾驶员陆有恩对自己是否收到10月休息表不清楚。2013年10月7日上午,陆有恩仍按平时正常时间上班,当日早上从其住处骑电动车前往公司上班,6时10分行至来宾大桥桥面时,不慎发生交通事故受伤,经来宾市人民医院诊断为:(1)右侧胫骨粉碎性骨折;(2)多处软组织挫擦伤;(3)脑震荡。来宾市公安局交通警察支队《道路交通事故认定书》认定陆有恩在此事故中无过错,无责任。陆有恩伤后于2014年8月15日向来宾市人力资源和社会保障局申请工伤认定。来宾市人力资源和社会保障局经审查认为陆有恩为上班途中受事故伤害,符合《工伤保险条例》第14条第6项之规定,认定陆有恩为工伤。来宾公共交通有限责任公司不服,于2015年1月6日向兴宾区人民法院提起行政诉讼。

二、审理结果

兴宾区人民法院一审认为,陆有恩当天上班是合理的路线和合理时间,应视为正常上班的途中受到事故伤害,属于工伤,判决维持来宾市人力资源和社会保障局作出的认定工伤决定书。

来宾市中级人民法院二审认为,陆有恩符合法定工伤情形,属于工伤。一审判决认定事实清楚,实体判决正确,审判程序合法,判决驳回上诉,维持原判。

三、裁判评析

来宾市人力资源和社会保障局作出的《认定工伤决定书》是否具有合法性,主要争议焦点是陆有恩当天上班途中受到事故伤害,是否符合《工伤保险条例》所规定的认定工伤情形。这涉及工伤认定行政程序中的举证责任及证明标准问题。

工伤认定行政程序中举证责任的分配具有特殊性。工伤保险属于受伤职工的重大利益,关系着受伤劳动者的康复治疗和基本生活的维系。而在劳动关系中,用人单位处于管理者的地位,劳动者对用人单位具有一定的依附性和从属性,处于弱势地位。为了更好地维护劳动者的合法权益,《工伤保险条例》第19条第2款明确规定,对于职工受伤,用人单位主张是非工伤的,由用人单位承担举证责任。本案中,用人单位来宾市公共交通有限责任公司的举证没有达到证明标准。用人单位在制定休息表后,没有及时有效地告知被管理人,仅将休息表发到驾驶员所驾驶的车辆上,并未履行签收手续,其未能提供已提前告知陆有恩休息的有效凭证或送达回证,所提供的证据材料无法达到证明标准,应承担举证不能的后果。在用人单位未有效告知休息的情况下,陆有恩当天上班是合理的路线和合理时间,应视为正常上班途中受到的事故伤害,符合该条例所规定的认定工伤情形,来宾市人力资源和社会保障局作出的《认定工伤决定书》认定事实清楚,证据确凿充分,处理程序合法,适用法律、法规正确。

传承瑶医“无证行医”的冲突与出路

——庞福万诉金秀瑶族自治县卫生和计划生育局、金秀瑶族自治县人民政府卫生行政处罚纠纷案*

韦柳林**

【裁判要旨】

虽然是传承瑶医,但是在“无证行医”的情况下,仍属于未经批准擅自开办医疗机构行医或者非医师行医,依据《执业医师法》第39条规定,未经批准擅自开办医疗机构行医或者非医师行医的,由县级以上人民政府卫生行政部门予以取缔,没收其违法所得及其药品、器械,并处10万元以下的罚款。

一、基本案情

上诉人(一审原告):庞福万

被上诉人(一审被告):金秀瑶族自治县卫生和计划生育局

被上诉人(一审被告):金秀瑶族自治县人民政府

2016年12月10日至29日,庞福万将一些常用草药从金秀县长垌乡六架屯搬到该县长垌乡长垌街经营。2016年12月27日,金秀瑶族自

---

* 该案于2018年5月被拍摄成微电影《药方》,荣获广西区党委宣传部举办的2018年“德行天下·微影故事”——广西践行社会主义核心价值观主题微电影征集展示活动一等奖。一审案号:(2017)桂1324行初7号;合议庭成员:潘发源、余庆文、蒙贤新。二审案号:(2017)桂13行终68号;合议庭成员:罗旭、韦柳林、闭振鹏。

** 来宾市中级人民法院行政审判庭副处级审判员。

治县卫生和计划生育局(以下简称金秀县卫计局)接到社会举报,便立案对庞福万的行为进行调查。2017 年 3 月 24 日,金秀县卫计局作出金卫医罚(2017)1 号行政处罚决定,认定庞福万的行为属于非医师行医,对庞福万没收违法所得 22.5464 万元,并处罚款 6 万元。庞福万不服,依法向金秀瑶族自治县人民政府(以下简称金秀县政府)申请行政复议,金秀县政府于 2017 年 7 月 15 日以金政复决字(2017)3 号行政复议决定维持金秀县卫计局金卫医罚(2017)1 号行政处罚决定。庞福万仍不服,于 2017 年 8 月 3 日向金秀瑶族自治县人民法院提起行政诉讼,请求撤金卫医罚(2017)1 号行政处罚决定和金政复决字(2017)3 号行政复议决定。

二、审理结果

金秀瑶族自治县人民法院一审认为,金秀县卫计局对庞福万行为认定为非法行医,适用《执业医师法》之规定对庞福万进行处罚并无不当,庞福万诉请理由不充分。遂作出行政判决,驳回庞福万的诉讼请求。

庞福万不服一审判决,向来宾市中级人民法院提起上诉。

来宾市中级人民法院二审认为,庞福万虽持有 1996 年金秀县卫生局颁发的金秀县社会医生行医执照,但该执照在 1999 年 5 月 1 日《执业医师法》实施后就已经失效。庞福万在未取得医师资格证书、医生执业注册证书的情况下,擅自行医,属非法行医的行为。一审判决认定事实清楚,适用法律正确,程序合法,遂判决驳回上诉,维持原判。

三、裁判评析

(一)庞福万的行为是否构成非法行医,是否应当进行行政处罚

第一种意见认为,庞福万的行为不构成非法行医,不应当进行行政处罚。理由:(1)庞福万承传祖业从事瑶族民间采集、经营瑶草药营生至今已有 40 年。1996 年 6 月 1 日,金秀县卫生局给庞福万颁发金秀县社会医生行医执照,至今未行文收回或注销该社会医生行医执照,该证未被注销前应视为受法律保护的合法有效证件,持该证行医合法,庞福万的中草药经检验合格无毒,庞福万在行医过程中,都基本治愈患者,没有发生医疗事故或者患者到卫生管理部门投诉,庞福万行医的行为是合法的,不应当进行行政处罚。(2)从国家推动中医药振兴发展,保护和传承好中医药宝库,保护好少数民族地区瑶医瑶药,改革传统医学师承和确有专长执业资格准入制度,传承发展中医药事业的角度出发,都不应该给庞福万进行行政处罚。(3)金秀县卫计局认定

庞福万非法行医的事实不清，证据不足，进行处罚不当；金秀县政府对金秀县卫计局错误的行政处罚决定予以维持，适用法律不当。

第二种意见认为，1999年5月1日实施的《执业医师法》规定，从事医疗活动应具备良好的医疗执业水平，并依法取得医师资格证书、医生执业注册证书；庞福万在未取得医师资格证书、医生执业注册证书的情况下，擅自行医，属非法行医的行为，违反了《执业医师法》的有关规定，金秀县卫计局根据查明事实，按照法律规定的程序，依法作出行政处罚决定，适用法律正确，行政程序合法，依法应予以维持；金秀县政府经复议后予以维持正确，复议程序合法。

出现两种意见的主要原因在于对非法行医认定法律法规规定的不同理解。庞福万虽然持有1996年6月1日金秀县卫生局颁发的社会医生行医执照，但是该行医执照在《执业医师法》实施后就已经自动失效；由于庞福万在未取得医师资格证书、医生执业注册证书的情况下，擅自行医，属非法行医的行为，依法应当对其作出行政处罚。金秀县卫计局认定庞福万的行为构成非法行医事实清楚，依法作出行政处罚决定，程序合法，适用法律正确，处理是正确的。

（二）司法实践中如何进一步保护传承中医药事业

全国人民代表大会十三届政府工作报告中强调要“支持中医药事业传承发展”。从国家推动中医药振兴发展，保护和传承好老祖宗留给我们的中医药宝库，传承发展中医药事业的角度出发，都应该保护好少数民族地区瑶医瑶药，改革传统医学师承和确有专长执业资格准入制度。2017年3月24日，在金秀县卫计局对庞福万作出行政处罚后，《中医药法》于2017年7月1日起施行，《中医药法》第15条第2款规定，“以师承方式学习中医或者经多年实践，医术确有专长的人员，由至少两名中医医师推荐，经省、自治区、直辖市人民政府中医药主管部门组织实践技能和效果考核合格后，即可取得中医医师资格；按照考核内容进行执业注册后，即可在注册的执业范围内，以个人开业的方式或者在医疗机构内从事中医医疗活动。”庞福万经营瑶草药行医已有40年，1996年6月1日金秀县卫生局给庞福万颁发金秀县社会医生行医执照。庞福万在行医过程中，都基本治愈患者，没有发生医疗事故或者患者到卫生管理部门投诉，有益于社会。像庞福万这样一位以师承方式学习中医，经多年实践，医术确有专长的民间从医人员，年龄偏大，又没有学历，医生资格考试有一定的困难。根据《中医药法》第15条第2款规定，对这些人员，进行实践技能和效果考核合格后，即可取得中医医师资格后进行执业。为此，来宾市中级人民法院发出司法建议，建议金秀县卫计局依照《中医药法》第15条第2款规定，根据庞福万的行医事实、医疗水平能力进行考核，由至少两名中医医师推荐，经广西壮族自治区人民政府中医药主管部门组织实践技能和效果考核合格后，即可取得中医医师资格；按照考核内容进行执业注册后，即可在注册的执业范围内，以个人开业的方式从事中医医疗活动，更好地传承中医，发展瑶医瑶药，服务病患者，造福于人民群众。

份额不到三分之一的共有人无权对拆房行为提起行政诉讼

——刘莉芸诉青秀区人民政府房屋拆迁行政强制案*

宁　静**

【裁判要旨】

根据《物权法》第97条"处分共有的不动产或者动产以及对共有的不动产或者动产作重大修缮的，应当经占份额三分之二以上的按份共有人或者全体共同共有人同意，但共有人之间另有约定的除外"的规定，如果共有房屋已由占份额三分之二以上的按份共有人签订房屋拆迁补偿安置协议、签领了无争议面积的补偿款，并办理了房屋整体的交接手续的，房屋所有权发生转移。据此，占房屋份额不到三分之一的按份共有人与拆除房屋的行政行为已经不具有利害关系，其不具有诉拆房行为的原告主体资格。该共有人仍享有的房屋拆迁补偿权，可以通过民事途径确定其所占份额的房屋面积后，再向相关房屋拆迁部门主张权利。

一、基本案情

上诉人（一审原告）：刘莉芸

被上诉人（一审被告）：南宁市青秀区人民政府

---

* 一审案号：(2017)桂01行初48号；合议庭成员：宁静、黄影颖、宋其铅；二审案号：(2017)桂行终1096号；合议庭成员：潘莉、黄文臻、杨钉。

** 南宁市中级人民法院行政审判庭副庭长。

2014年4月22日，南宁市国土资源局作出涉案项目《征收土地预公告》。2015年7月8日与2016年12月23日，在南宁市青秀区征地拆迁工作队的主持下，南宁市城市建设投资发展有限责任公司与南宁市青秀区建政街道办事处长堽村民委员会(二组)签订《征收集体土地补偿安置协议书》。2016年3月10日，南宁市人民政府发布涉案项目《征收土地方案公告》。2016年3月24日，南宁市国土资源局发布涉案项目《征地补偿安置方案公告》。南宁市青秀区建政东路60号房屋(建政东路60号房屋)位于涉案项目征地范围内，2016年7月2日南宁市青秀区人民政府将该牌号整栋房屋拆除。

涉案房屋有过民事纠纷，1998年11月30日原南宁市新城区人民法院作出(1998)新民初字第1055号《民事调解书》，经该院主持调解，原告冯日礼与被告古展国自愿达成如下协议：(1)建政东路60号土地为冯日礼、古展国二人共有换证。(2)房屋产权归属如下：①第一层楼自楼梯右起，第一间、第二间房屋，第一套厨房卫生间产权归冯日礼所有。②第四层楼、第五层楼房屋产权归冯日礼所有。③其他所有房屋归古展国所有，由房管部门按上述划分换发房产证、土地证。(3)通道、走廊、楼梯、天面为二人共有，如有改造，二人共同协商解决。(4)水电为二人共有，今后改造双方共同投资，投资费用双方各自承担二分之一，改造后产权归各自管理所有。此后，冯日礼、古展国二人按上述调解书的内容分别办理了《房屋所有权证》。

冯日礼于1999年6月24日领得《房屋所有权证》，证号为：南郊津桂房证字第0130764号，该证记载：房屋所有权人为冯日礼；所有权性质为私房；共有人为刘莉芸(冯日礼的第二任妻子)及冯日礼的长女冯萍、次女冯斌、次女婿凌福才、儿子冯锡泽；房屋坐落于原南宁市郊津头乡长堽村二队建政东路60号；地号A0902216；房屋为2幢26间，总建筑面积为397.77m^2。以上共有人各持有一份《房屋共有权保持证》。刘莉芸持有的《房屋共有权保持证》证号为：南郊津共桂房证字第0130508号，该证记载：刘莉芸占有的份额为六分之一。建政东路60号房屋被列入涉案项目征地范围后，青秀区房屋征收补偿和征地拆迁办公室一直与整栋相关房屋权利人协商房屋拆迁补偿安置事宜，登记于古展国名下的所有房屋，已由古家相关房屋权利人与涉案项目业主签订房屋拆迁补偿安置协议书并签领了协议约定的全部补偿款，古家相关房屋权利人亦与征拆部门办理了古家所有房屋的交接手续。但属于冯日礼、刘莉芸、冯萍、冯斌、凌福才、冯锡泽共有部分的房屋因刘莉芸与其他共有人对刘莉芸所占有份额的房屋产权具体面积有争议，故该共有部分的所有房屋在冯锡泽(冯日礼、冯萍、冯斌、凌福才已全权委托冯锡泽办理房屋拆迁补偿事宜)与涉案项目业主于2015年9

月21日签订编号为085号《集体土地上房屋拆迁补偿安置协议书》(以下简称085号《协议书》)时,该协议特别约定"该房屋产权证面积397.77m^2,冯锡泽与刘莉芸对其中116.8m^2的房屋产权面积存在争议,同时对楼顶天面56.65m^2的钢架棚面积存在争议,待双方调解或法院判决该房屋产权面积所属后,按双方所拥有的产权面积进行补偿。现先针对冯日礼、冯锡泽、冯萍、冯斌、凌福才4户补偿无争议的280.97m^2房屋面积"。2015年10月30日,冯锡泽签领了085号《协议书》约定的无争议部分面积的全部补偿款,并于同年11月15日与征拆部门办理了共有房屋整体的交接手续。刘莉芸认为,南宁市青秀区人民政府在未履行合法拆迁程序并对其进行补偿安置情况下,强制拆除其房屋的行为系违法行为,向南宁市中级人民法院提起诉讼,请求法院依法确认拆除行为违法。

二、审理结果

南宁市中级人民法院一审认为,涉案的建政东路60号房屋分别登记于古展国、冯日礼名下。登记于古展国名下的所有房屋,已由古家相关房屋权利人与涉案项目业主签订房屋拆迁补偿安置协议书并签领了协议约定的全部补偿款,该部分房屋已办理了房屋交接手续,该部分房屋的所有权已发生了转移。登记于冯日礼名下的房屋,从建政东路60号房屋被列入涉案项目征地范围之时至一审裁定时仍有效的房屋登记证书记载的权利状况为:该房屋产权证面积397.77m^2,由冯日礼、刘莉芸、冯萍、冯斌、凌福才、冯锡泽按份共有,虽然刘莉芸与其他按份共有人对刘莉芸所占有份额的房屋产权具体面积有争议,但即使扣除有争议的116.8m^2房屋产权面积,无争议的280.97m^2房屋产权面积已经占共有房屋份额三分之二以上。根据《物权法》第97条"处分共有的不动产或者动产以及对共有的不动产或者动产作重大修缮的,应当经占份额三分之二以上的按份共有人或者全体共同共有人同意,但共有人之间另有约定的除外"的规定,登记于冯日礼名下的房屋,已由占该共有房屋份额三分之二以上的按份共有人与涉案项目业主签订085号《协议书》,对有争议与无争议部分的房屋面积补偿问题进行了特别约定,并签领了无争议部分房屋面积的全部补偿款,亦办理了共有房屋整体的交接手续,至此,由冯日礼、刘莉芸、冯萍、冯斌、凌福才、冯锡泽按份共有房屋的所有权也发生了转移。在建政东路60号所有的房屋均办理房屋交接手续后,该号牌对应整栋房屋的原所有权人均丧失了对房屋的所有权。刘莉芸所诉的拆除行为与其已经不具有利害关系,故不具有本案原告诉讼主体资格,其享有的房屋拆迁补偿权,可以通过民事途径确定其所占份额的房屋面积后,再向相关房屋拆迁部门主张权利。故裁定驳回刘莉芸的起诉。

刘莉芸不服一审判决，向广西壮族自治区高级人民法院提起上诉。

广西壮族自治区高级人民法院二审认为，其他共有人对建政东路60号房屋拆除补偿中实施的上述行为属于有权处分，因此，冯日礼、刘莉芸、冯萍、冯斌、凌福才、冯锡泽按份共有的房屋的所有权依法发生了转移，刘莉芸对共有房屋所有权转移之后发生的政府拆除行为无利害关系，一审裁定驳回起诉于法有据，驳回刘莉芸的上诉，维持原裁定。

三、裁判评析

司法实践中，行政机关开展房屋征收拆迁工作时，因按份共有人之间对各自占有的份额房屋产权面积有争议，导致某一按份共有人故意拖延不签订房屋拆迁补偿安置协议的情况并不少见，不仅阻碍了行政机关对该房屋征收拆迁工作的开展，而且有时还会影响整个工程项目的进程。对于出现上述情况的共有房屋，行政机关是否就不能进行征收补偿，甚至不能拆除呢？

答案是否定的。以本案共有房屋为例，已由占该共有房屋份额三分之二以上的按份共有人与涉案项目业主签订集体土地上房屋拆迁补偿安置协议，对有争议与无争议部分的房屋面积补偿问题进行了特别约定，并签领了无争议房屋产权面积的全部补偿款，该无争议房屋面积产权已经超过三分之二按份共有份额，并且办理了共有房屋整体的交接手续，没有违反《物权法》第97条的规定，属于有权处分，该处分产生了物权转移的法律效果，全部按份共有人均丧失了对共有房屋的所有权。根据《行政诉讼法》第25条的规定，起诉人必须与行政行为有利害关系才具有原告诉讼主体资格。该法条规定的“有利害关系的公民、法人或者其他组织”，不能扩大理解为所有直接或间接受行政行为影响的公民、法人或者其他组织。本案共有房屋的每一个按份共有人与共有房屋有民法上的关系，但并不意味着就与行政机关处分该共有房屋有行政法上的利害关系。因为有权处分已经产生物权转移的法律效果，行政机关处分的是相关行政机关已经取得物权的房屋，也即本案共有房屋的原按份共有人已经不能干涉他人处分不属于自己的房屋。故本案起诉人作为占共有房屋份额不到三分之一的按份共有人已与共有房屋所有权转移之后发生的行政拆除行为无利害关系，其不具有本案原告诉讼主体资格，法院在已经受理的情况下，应依法驳回其起诉。但不给予类似起诉人诉行政拆除行为的诉权，并不影响其享有的房屋拆迁补偿权，其仍可以通过民事途径确定其所占份额的房屋面积后，再向相关房屋拆迁部门主张权利。这一处理结果，一方面有利于维护行政秩序的稳定性，另一方面亦能及时引导当事人选择正确的方式解决实质纠纷。

起诉人诉讼请求不明确经一、二、再审均被驳回后，按照释明再次起诉的，应当扣除审限*

宁　静**

【裁判要旨】

起诉人向原一审法院提起行政诉讼时有多项诉讼请求，该多项诉讼请求属不同的法律关系，且有部分请求不属于人民法院行政诉讼的受案范围。原一审法院法官已经向起诉人释明和指导，但起诉人仍拒绝修改其诉讼请求，被驳回起诉。起诉人经二审驳回上诉、申请再审被驳回后，又按照原一审法官的释明再次起诉，其第一次起诉所经历的一、二审及申请再审审理期限均应当予以扣除，这是当事人依法行使法定诉讼权利耽误的期间。扣除后其再次起诉没有超过法定起诉期限，且符合其他法定起诉条件的，人民法院应当依法受理。

一、基本案情

原告：南宁市兴宁区三塘镇围村村委会山场坡村民小组

被告：南宁市兴宁区人民政府

被告：南宁市人民政府

第三人：广西壮族自治区畜牧研究所

2014 年 12 月 29 日，南宁市兴宁区三塘镇围村村委会山场坡村民小组（以下简称山场坡小组）向南宁市兴宁区政府（以下简称兴宁区政府）

---

* 案号：（2018）桂 01 行初 166 号；合议庭成员：宁静、黄影颖、戴声长。

** 南宁市中级人民法院行政审判庭副庭长。

提出“大麻风东面岭”80 亩土地所有权的确权申请，并提交了相关材料。2015 年 8 月 28 日，兴宁区政府作出《驳回确权申请裁定书》（以下简称被诉驳回裁定）认为：山场坡小组申请确权，提供了 1964 年 4 月 21 日签订的《关于土地拨让联合报告书》，该报告书中只载明了广西壮族自治区畜牧研究所（以下简称区畜牧所）拨给山场坡小组的土地地名及面积数量，并没有写明四至范围，因此无法确定其具体位置，根据《广西壮族自治区土地山林水利权属纠纷调解处理条例》（以下简称《调处条例》）第 36 条第 2 款的规定，四至方位不清又无附图的，根据权属参考凭证也不能确定具体位置的，由人民政府按照“属地管理、分级负责、先行调解、有利于生产生活、有利于经营管理、有利于社会和谐稳定的原则”确定权属。而区畜牧所于 1985 年 3 月 15 日取得了包括山场坡小组所称“大麻风东面岭（乙息）”在内的《山界林权证》，四至范围清楚、手续合法完备，是取得土地权属的依据。2001 年 8 月 14 日兴宁区三塘镇政府组织山场坡小组与区畜牧所签订了《边界核定协议》，双方确认南宁市人民政府（以下简称南宁市政府）1985 年 3 月 15 日颁发给区畜牧所的《山界林权证》的土地属于南宁市政府确权给区畜牧所使用的国有土地，且双方于 1964 年 4 月 21 日所签订协议明确畜牧所拨给山场坡小组的“大麻风东面岭 80 亩”不在该《山界林权证》内。经现场勘验确认，山场坡申请确权的土地范围是在该《山界林权证》土地范围内，与双方签订的《边界核定协议》不符，且申请人没有提供充分的其他证据证明权属主张，因此，对山场坡小组提出的土地权属确权申请，兴宁区政府不予支持。山场坡小组不服向南宁市政府提出行政复议申请，南宁市政府于 2015 年 11 月 16 日作出被诉复议决定，维持了兴宁区政府作出的上述驳回裁定。山场坡小组于 2015 年 11 月 25 日收到被诉复议决定，于同年 12 月 9 日向南宁市中级人民法院（以下简称南宁中院）提起行政诉讼，提出撤销被诉复议决定等多项诉讼请求（不含撤销被诉驳回裁定），该院经三次释明和指导，山场坡小组仍拒绝修改其起诉状及诉讼请求，该院于 2016 年 5 月 31 日作出（2015）南市行一初字第 659 号行政裁定，以原告的起诉请求不明确且属不同的法律关系，有部分请求不属于人民法院行政诉讼的受案范围为由，驳回山场坡小组的起诉。山场坡小组不服，向广西壮族自治区高级人民法院（以下简称广西高院）上诉，广西高院于 2017 年 6 月 26 日以（2017）桂行终 312 号行政裁定驳回上诉，维持一审裁定。山场坡小组于 2017 年 7 月 29 日向最高人民法院（以下简称最高法院）申请再审，最高法院于同年 12 月 24 日作出（2017）最高法行申 8143 号《行政裁定书》，以该案并非《行政诉讼法》第 27 条规定的共同诉讼的情形，原一、二审认为不应合并一案审理，而应当分别起诉，不违反法律规定为由，驳回山场坡小组的再审申请。山场坡小组于2018年2月6日收到最高法院上述裁定后，于同年2月26日向南宁中院提起撤销被诉驳回裁定及被诉复议决定的行政诉讼。

二、审理结果

南宁中院审理认为，山场坡小组于2015年11月25日收到本案被诉复议决定后，于同年12月9日向南宁中院提起诉讼，该案经二审、再审等程序后，又按照一审法官的释明再次起诉。山场坡小组提起的一审、二审及再审诉讼均是其依法行使法定诉讼权利耽误的时间，上述时间属当事人因行使法定权利而耽误的期限应予以扣除。山场坡小组收到最高法院驳回再审申请裁定书后于2018年2月26日向南宁中院提出了本案诉讼，扣除春节七天法定节假日的期间，其起诉没有超过法定的期限。而且，山场坡小组于2015年11月25日向法院提起的撤销被诉复议决定等诉求并非包含撤销被诉驳回裁定，其于2018年2月26日再次提起本案诉讼包含撤销被诉复议决定及被诉驳回裁定，两次先后起诉的诉讼标的不同。再者，前诉虽历经一审、二审、再审程序，但原一、二审均没有对山场坡小组起诉的被诉驳回裁定及被诉复议决定是否符合法定起诉条件逐一作出过审查，亦未进行过实体审理，据此，山场坡小组的起诉不构成重复起诉。本案在扣除之前所经历的一、二审及申请再审审理期限后，山场坡小组再次起诉没有超过法定起诉期限，且符合其他法定起诉条件的，人民法院应当依法受理。南宁中院最后经过审查，认为本案被诉驳回裁定及被诉复议决定均适用法律错误，应予以撤销。依照《行政诉讼法》第70条第2项的规定，判决撤销涉案的驳回裁定及复议决定，责令兴宁区政府受理山场坡小组的土地确权申请。

三、裁判评析

本案的主要争议焦点在于原告的起诉是否超过法定的起诉期限。

第一种意见认为，起诉人因诉讼请求不明确经二审驳回上诉、申请再审被驳回后，又按照原一审法官的释明再次起诉，其申请再审审理期限不能从其起诉期限中扣除。第二种意见认为，起诉人因诉讼请求不明确经二审驳回上诉、申请再审被驳回后，又按照原一审法官的释明再次起诉，其申请再审审理期限应当从其起诉期限中扣除。

第一种意见的理由是，根据《行政诉讼法》第45条的规定，公民、法人或者其他组织不服行政复议决定的，可以在收到复议决定书之日起15日内向人民法院提起诉讼。虽然该法第48条规定"公民、法人或者其他组织因不可抗力或者其他不属于其自身原因耽误起诉期限的,被耽误的时间不计算在起诉期限内”,但原告于2015年11月25日收到被诉复议决定后,向原一审法院提起行政诉讼,原一审法院已经向其释明了不能仅起诉被诉复议决定,应对被诉驳回裁定一并提起行政诉讼,其他诉求也应分案诉讼,之后原告坚持不改变其诉讼请求,二审法院终审裁定作出后,已经裁定原告必须变更其诉求法院才可依法受理,即原告已知道其应正确行使权利的方式并应按生效裁定执行,但其亦未在收到生效裁定后的15日内行使诉权,故原告在申请再审被驳回后于2018年2月26日才提起本案行政诉讼已经远远超过法律规定的起诉期限。最高法院驳回原告再审申请,正说明原一、二审法官释明是正确的,原告不听从释明继续申请再审被驳回应属其自身原因,否则法院的释明将不起作用。如果最高法院支持原告再审申请,认为原一、二审释明错误,则才可考虑属于法院原因造成原告起诉期限被耽误。原告不当运用诉讼技巧,应承担相应的法律后果,其申请再审的事由不适用上述第48条耽误起诉期限的规定。

笔者同意第二种意见。根据《行政诉讼法》第85条“当事人不服人民法院第一审判决的,有权在判决书送达之日起十五日内向上一级人民法院提起上诉。当事人不服人民法院第一审裁定的,有权在裁定书送达之日起十日内向上一级人民法院提起上诉”和第90条“当事人对已经发生法律效力的判决、裁定,认为确有错误的,可以向上一级人民法院申请再审,但判决、裁定不停止执行”的规定,上诉权和申诉权均是法律规定的权利,对已经发生法律效力的判决、裁定,当事人“认为”确有错误就可申诉,而不需要以已经发生法律效力的判决、裁定确实存在错误为前提。因此,不应以申请再审是否得到支持而判断申请再审耽误的期间是否属于当事人自身原因。原告提起的一审、二审及再审诉讼均是原告依法行使法定诉讼权利耽误的时间,上述时间属当事人因行使法定权利而耽误的期限应予以扣除。本案在扣除原告之前所经历的一、二审及申请再审审理期限后,经过审查其再次起诉没有超过法定起诉期限,且符合其他法定起诉条件。南宁中院经过实体审查也发现了被诉驳回裁定及被诉行政复议的合法性存在问题,该院作出实体判决后各方当事人均未上诉,实现了法律效果和社会效果的统一。该案的处理体现了我国行政诉讼法律对相对人权益的严格依法保护原则,保护了行政相对人的合法诉权,及时监督行政机关依法行政,减少当事人诉累。

消费者作为举报人与行政处罚决定有利害关系，具有复议和诉讼主体资格

——陈洪东诉南宁市人民政府行政复议决定案*

易　妙**　邓蔚长***

【裁判要旨】

消费者购买了不符合安全标准的食品，为了维护自身合法权益有权向行政机关举报相关的违法行为人，行政机关作出行政处罚后，该处罚决定与消费者之间存在利害关系。如果消费者认为行政机关的处罚不当，有权就该行政处罚提出行政复议或行政诉讼。

一、基本案情

原告：陈洪东

被告：南宁市人民政府

2017 年 9 月 1 日，陈洪东购买了南宁某食品公司生产的黑芝麻辣木粉汤圆一袋，因认为该食品特别强调辣木粉价值，但没有标注添加量，存在涉嫌违反预包装食品标签通则规定，遂于 2017 年 9 月 4 日向南宁某食药局提起《南宁某食品公司一款辣木粉黑芝麻汤圆涉嫌违法的举报函》进行举报。高新区管委会针对陈洪东的上述举报，经调查核实，于

---

* 案号：(2018) 桂 71 行初 1 号；合议庭成员：廖少昆、易妙、杨斌。

** 南宁铁路运输中级法院民二庭庭长。

*** 南宁铁路运输中级法院民二庭法官助理。

2017年10月25日作出行政处罚决定,确认了南宁某食品公司存在生产经营标签标注不符合食品安全国家标准的违法事实,同时责令立即停止生产经营该食品,但对南宁某食品公司作出不予行政处罚的决定。陈洪东不服上述行政行为,认为该处罚决定对案涉商品的生产数量认定为9870元等缺乏证据,事实不清,适用法律错误,存在漏罚之处,遂于2017年11月18日向南宁市人民政府申请行政复议,请求撤销高新区管委会作出的行政处罚决定,责令高新区管委会对其举报重新处理。南宁市人民政府于2018年4月12日作出行政复议决定,认为高新区管委会作出的行政处罚决定系该委依据食品安全法的规定,针对南宁某食品公司的产品民歌黑芝麻辣木粉汤圆标签存在的违法行为作出的处罚决定,并非为保护特定消费者的权益,也未对陈洪东的合法权益造成侵害,故陈洪东与申请的行政处罚决定并无利害关系,不具备本案提起行政复议的申请人资格,驳回陈洪东的行政复议申请。陈洪东不服,遂诉至法院。

二、审理结果

南宁铁路运输中级法院审理认为,陈洪东系被诉行政复议决定的相对人,对行政复议决定不服,有权向法院提起行政诉讼。陈洪东作为消费者、举报人已经购买了涉案的标签不符合食品安全国家标准的食品,南宁市高新区管委会作出了行政处罚决定,行政处罚决定与其举报而获奖励金额的基数存在客观联系,故陈洪东为维护其合法权益,有权要求行政机关查处,在对行政机关就其举报事项作出处理行为不服时有权申请行政复议,具有行政复议申请人资格。依照《行政诉讼法》第70条第1款第2项之规定,判决撤销南宁市人民政府的行政复议决定,责令南宁市人民政府重新作出处理。

三、裁判评析

(一)国家关于食品安全的举报管理制度

举报人为维护自身合法权益而举报相关违法行为人,要求行政机关查处,对行政机关举报事项作出的处理或者不作为行为不服申请行政复议的,具有行政复议申请人资格。作为消费者、举报人购买了不符合安全标准的食品,虽然行政机关已经作出行政处罚决定,但消费者如认为行政处罚决定对客观事实认证缺乏证据支持,且该客观事实的认证与其举报而获奖励金额的基数存在客观联系,消费者为维护其合法权益,有权要求行政机关查处,在对行政机关就其举报事项作出处理行为不服时有权申请行政复议，具有行政复议申请人资格。如行政机关对消费者提起的行政复议申请事项未作答复，径直以消费者与行政处罚决定不具有提起行政复议申请人资格，从而作出驳回行政复议申请的，属适用法律、法规错误，应予撤销。

（二）本案原告主体资格及复议决定合法性的问题

本案中，陈洪东系被诉行政复议决定的相对人，陈洪东就南宁市人民政府对其提起的行政复议申请作出的行政复议决定不服，依法可通过向法院提起行政诉讼来主张权利，故陈洪东在本案中具有行政诉讼的原告主体资格。至于复议决定合法性的问题，根据《行政复议法》第 8 条第 1 款“公民、法人或者其他组织认为具体行政行为侵犯其合法权益的，可以自知道该具体行政行为之日起 60 日内提出行政复议申请”，《行政复议法实施条例》第 27 条“公民、法人或者其他组织认为行政机关的具体行政行为侵犯其合法权益提出行政复议申请，除不符合行政复议法和本条例规定的申请条件的，行政复议机关必须受理”和第 28 条“行政复议申请符合下列规定的，应当予以受理：（一）有明确的申请人和符合规定的被申请人；（二）申请人与具体行政行为有利害关系；（三）有具体的行政复议请求和理由；（四）在法定申请期限内提出；（五）属于行政复议法规定的行政复议范围；（六）属于收到行政复议申请的行政复议机构的职责范围；（七）其他行政复议机关尚未受理同一行政复议申请，人民法院尚未受理同一主体就同一事实提起的行政诉讼”的规定，对复议机关的受理条件和范围作出了具体的规定。而《最高人民法院关于举报人对行政机关就举报事项作出的处理或者不作为行为不服是否具有行政复议申请人资格问题的答复》（〔2013〕行他字第 14 号）“根据《行政复议法》第 9 条第 1 款、《行政复议法实施条例》第 28 条第 2 项规定，举报人为维护自身合法权益而举报相关违法行为人，要求行政机关查处，对行政机关举报事项作出的处理或者不作为行为不服申请行政复议的，具有行政复议申请人资格”的规定，进一步明确了为维护自身合法权益的举报人是具有行政复议申请人资格的。综上，作为消费者的陈洪东，其举报行为符合上诉规定，可是行政机关未经区分，径直判断陈洪东无利害关系，不具有复议申请人资格，作出不予受理复议决定不妥当。

二房东将房屋出租给传销人员是否应处罚房屋所有权人

——蒙建科不服江南区工商局行政处罚案*

黄子祥**

【裁判要旨】

房屋所有人不知晓二房东将房屋转租给传销人员时，不能依据《禁止传销条例》第26条"为本条例第七条规定的传销行为提供经营场所、培训场所、货源、保管、仓储等条件的，由工商行政管理部门责令停止违法行为，没收违法所得，处5万元以上50万元以下的罚款"之规定，对房屋所有人进行行政处罚。

一、基本案情

上诉人（一审被告）：南宁市江南区工商行政管理局

被上诉人（一审原告）：蒙建科

2012年10月18日，蒙建科通过房地产经纪公司将其名下位于南宁市五一西路1号富宁新兴苑15栋1单元0401号的房屋出租给郑敬美，约定租金为1400元/月。2013年5月25日，郑敬美将上述房屋转租给

---

* 入选国家法官学院案例开发研究中心：《中国法院2017年度案例·行政纠纷卷》，中国法制出版社2017年版。一审案号：（2014）西行初字第163号；合议庭成员：黄子祥、陈实、陈珊珊。二审案号：（2015）南市行终字第64号；合议庭成员：傅朝霞、彭晓霞、姚娟。

** 南宁市西乡塘区人民法院行政审判庭副庭长。

李爱云。截至2014年5月，蒙建科共收取郑敬美租金23 800元。2014年4月24日，李爱云因涉嫌组织领导传销活动，被南宁市公安局江南分局立案侦查。2014年7月9日，公安机关将相关案件材料移送南宁市江南区工商行政管理局。同日，南宁市江南区工商行政管理局认为蒙建科违反了《禁止传销条例》第26条关于“为本条例第七条规定的传销行为提供经营场所、培训场所、货源、保管、仓储等条件的，由工商行政管理部门责令停止违法行为，没收违法所得，处5万元以上50万元以下的罚款”的规定，决定对其予以立案调查。调查终结后，南宁市江南区工商行政管理局于2014年8月18日作出《行政处罚听证告知书》，告知拟对蒙建科作出行政处罚的事实、理由、依据及其享有的权利。蒙建科书面表示不听证，南宁市江南区工商行政管理局于2014年8月25日作出南工商江处字（2014）第91117号《行政处罚决定书》，决定处以责令当事人停止违法行为，并没收违法所得人民币16 800元的行政处罚。蒙建科不服，向南宁市西乡塘区人民法院提起行政诉讼。

二、审理结果

南宁市西乡塘区人民法院一审认为，根据《禁止传销条例》第26条的规定，被处罚主体应是为传销行为提供经营场所、培训场所等条件的人。蒙建科通过房地产经纪公司将其房屋出租给郑敬美，而郑敬美并非是直接从事传销活动的人。郑敬美将该房屋转租给传销人员李爱云，从现有证据表明蒙建科并不知情。因此，南宁市江南区工商行政管理局作出的处罚认定事实不清，主要证据不足，应予撤销。依照《行政诉讼法》第54条第2项第1目的规定，判决撤销南工商江处字（2014）第91117号《行政处罚决定书》。

南宁市江南区工商行政管理局不服，向南宁市中级人民法院提起上诉。

南宁市中级人民法院二审认为，蒙建科主观上不存在故意为传销人员李爱云提供居住场所的行为，客观上也不知道承租人李爱云是传销人员，同时蒙建科在出租房屋中仅是正常的收取租金，并没有借出租房屋牟取非法利益，可见蒙建科出租房屋的行为并没有过错。因此，蒙建科出租房屋的行为不符合“为传销行为提供经营场所、培训场所等条件”的行为。故判决驳回上诉，维持原判。

三、裁判评析

在审判实践中，行政机关败诉的最主要因素是行政行为认定事实不清。被处罚主体是否适格，法院除了应当审查被处罚主体是否是具备法定资格的公民、法人和其他组织以及是否是具体行政行为的相对方之外，还应当审查被处罚主体参与行政法律关系是不是基于一定的法律事件或行为。在本案中，被诉行政机关存在的主要问题即被处罚主体参与行政法律关系并非基于涉案法律事件或行为，此情况在类似案件中实属鲜见。本案原告是涉诉房屋的产权所有人，表面上是“为传销行为提供经营场所、培训场所等条件”这一法律关系的实际参与人。但被告在取证过程中，收集的证据不能形成完整的证据链，将此法律关系明确指向原告。相反，被告调取到了涉案房屋系案外人即俗称的“二房东”亲手将房屋转租给传销人员的相关证据，被告对此却未予以重视并采纳，明显属于认定事实不清，进而导致了以《禁止传销条例》作为基础的法律关系未能理顺，错误将本案原告作为被处罚对象。同时，一、二审法院均提出原告并未“明知”房屋被转租给传销人员这一观点，实际上间接对《禁止传销条例》第26条第1款规定的“为传销行为提供经营场所、培训场所等条件”的行为理解为只有在“故意”甚至是“间接故意”的前提下，原告才违反了该项规定。本案涉案房屋被出租给传销人员，原告无主观上之故意，亦无知情上述之情形，行政机关作出的处罚决定认定事实不清，主要证据不足，应予撤销。

工伤行政确认案件举证责任分配及程序瑕疵问题研究

——广西星河物业服务有限公司诉南宁市人力资源和社会保障局工伤行政确认案*

王文珠**

【裁判要旨】

在工伤认定案件中，不属于工伤的举证责任由用人单位承担，但在某些例外的情况下，举证责任应当由社会保险行政部门予以部分负担。在工伤认定程序中，社保部门作出的工伤行政确认，若作出的工伤认定结果正确，程序存在轻微瑕疵，不属于可撤销的情形。

一、基本案情

上诉人（一审原告）：广西星河物业服务有限公司

被上诉人（一审被告）：南宁市人力资源和社会保障局

被上诉人（一审第三人）：黄海英

被上诉人（一审第三人）：谢满华

黄海英系谢超林的妻子，谢满华系谢超林的儿子。谢超林生前系广

---

* 入选国家法官学院案例开发研究中心：《中国法院 2017 年度案例 · 行政纠纷卷》，中国法制出版社 2017 年版。一审案号：（2014）西行初字第 8 号；合议庭成员：韦炜、颜瀚、韦少文。二审案号：（2015）南市行一终字第 9 号；合议庭成员：陆文勇、傅朝霞、晏琼。

** 南宁市西乡塘区人民法院行政审判庭审判员。

西星河物业服务有限公司(以下简称星河物业公司)保安,在南宁市教育路3号广西壮族自治区教育厅机关大院内从事保安工作。2011年3月19日凌晨2时左右,谢超林在该机关大院内值班时,不慎从正在装修的一号楼7楼的外墙附体上掉下受伤,送往南宁市第一人民医院治疗后,因伤情过重,经医院抢救无效死亡。

2011年12月26日,黄海英申请工伤认定,要求认定谢超林2011年3月19日死亡为工伤,南宁市人力资源和社会保障局(以下简称南宁市人社局)于同日受理,并于2012年6月14日作出《举证通知书》,按星河物业公司工商登记地址邮寄送达,该邮件因"此房号无此公司,电联非本人"被退回,遂于2012年9月7日在《广西法治日报》公告送达该《举证通知书》。2013年6月24日至2013年8月1日,南宁市人社局向南宁市公安局星湖派出所和南宁市公安局青秀分局刑事综合大队调查核实谢超林坠亡案件情况。2013年8月7日,南宁市人社局作出南人社工伤认字(2013)124号《认定工伤决定书》,认定谢超林死亡事故属于工伤,并于2013年8月24日公告送达了《认定工伤决定书》。星河物业公司不服,认为谢超林坠楼死亡不属于工伤,南宁市人社局逾期作出工伤认定属于程序错误,应当予以撤销。

二、审理结果

南宁市西乡塘区人民法院一审认为,谢超林虽被星河物业公司安排在侧门的固定岗,但该侧门已上锁,其作为保安,负有维护安保场所安全的工作职责,而星河物业公司负责的安保场所包括整个广西壮族自治区教育厅机关大院,谢超林在机关大院一号楼内仍处在星河物业公司的直接或间接控制之下,谢超林坠楼的场所应认定为工作场所。关于工作原因,如前所述,谢超林作为保安,负有维护安保场所安全的工作职责,星河物业公司称谢超林非因工作原因擅自离岗,并无证据证明。根据《工伤保险条例》第19条第2款"职工或者其近亲属认为是工伤,用人单位不认为是工伤的,由用人单位承担举证责任"的规定,星河物业公司提供的证据不足以证明谢超林的工作岗位和保安职责范围仅限于侧门固定岗,亦无法证明谢超林离开该岗位不是因工作职责需要。本案工伤认定的程序方面,南宁市人社局依工商登记地址向星河物业公司邮寄送达《举证通知书》,在邮件因"此房号无此公司,电联非本人"被退回的情形下,采取公告送达的方式,不违反相关法律规定。南宁市人社局虽超过60日的期限,但并未对工伤认定和星河物业公司的权利义务产生实质性影响,属程序上的瑕疵。故依照《最高人民法院关于执行〈中华人民共和国行政诉讼法〉若干问题的解释》第56条第4项的规定,判决驳回星河物业公司的诉讼请求。

星河物业公司不服一审判决,向南宁市中级人民法院提起上诉。

南宁市中级人民法院二审认为,黄海英申请工伤认定时所提交的《工伤认定申请表》以及李似梅的证词均证实了谢超林系星河物业公司聘用的保安,被安排在南宁市教育路3号广西壮族自治区教育厅机关大院从事保安工作,谢超林负有对该大院所辖区域进行巡逻检查等安全防范的职责。谢超林坠楼的场所即位于该大院一号楼,应当认定为谢超林的工作场所;谢超林坠楼的时间也在其工作时间范围内。根据《工伤保险条例》第19条第2款的规定,在工伤认定中,不认为是工伤的举证责任在于单位,对于职工在工作时间和工作场所内受到伤害,用人单位或者社会保险行政部门没有证据证明是非工作原因导致的,应当认定为工伤。南宁市人社局依据星河物业公司工商登记的住所地邮寄送达了《举证通知书》,但该邮件被邮局以星河物业公司已不在该地址办公为由退回,南宁市人社局在无法查询到星河物业公司的实际经营地址的情况下进行公告送达,并无不当。至于作出被诉工伤认定的时间超过了《工伤保险条例》第20条第1款规定的60日时限,存在一定的瑕疵,但该瑕疵并未对星河物业公司及黄海英的权利义务产生实质性的影响,不影响整个工伤认定程序的合法性。依照《行政诉讼法》第61条第1项之规定,判决驳回上诉,维持原判。

三、裁判评析

在审判实践中,由于社会保障部门确认工伤而引发的行政诉讼案件,主要原因集中于举证责任的分配及工伤行政确认程序中存在的瑕疵问题。

根据《工伤保险条例》第19条第2款的规定,在工伤认定中,不认为是工伤的举证责任在于单位。本案中,星河物业公司提供的证据不足以证明谢超林的工作岗位和保安职责范围仅限于侧门固定岗,亦无法证明谢超林离开该岗位不是因工作职责需要,因此,其应承担举证不能的法律后果。在工伤认定案件中,认为不属于工伤的举证责任由星河物业公司承担,但在某些例外的情况下,举证责任应当由社会保险行政部门予以部分负担。例如,在其他行政机关存放的涉及是否可以认定工伤的关键证据(询问笔录、调查笔录、证人证言、调查报告等),因这些证据用人单位可能无法自行调取,在工伤认定程序中,社会保险行政部门负有调查、核实的义务,用人单位举证不能的责任应当适当由工伤认定部门予以部分负担,主动调取或依用人单位申请而调取。本案中,南宁市人社局已经多次主动向公安机关调取相关调查笔录和询问笔录,已经部分负担了星河物业公司应承担的部分举证责任。在工伤认定程序中,社保部门作出的工伤行政确认,若作出的工伤认定结果正确,程序存在轻微瑕疵,不属于可撤销的情形,因为程序上存在的轻微瑕疵并未影响用人单位实际的权利义务,若因此程序瑕疵撤销工伤认定则在根本上损害了受工伤者或其近亲属的实际权利义务,因此从保护受伤害者的角度而言,程序瑕疵不应属于工伤认定可撤销的情形。

行政机关依职权作出的事实认定，法院应按证据规则予以审查，不能直接作为案件的定案依据*

方泽民**

【裁判要旨】

行政机关在其职责范围内的案件中作出的事实认定，对于享有最终裁判权的人民法院来说，仅仅是当事人向法院提供的证据，法院必须依法审查其证明力。法院应当依据证据规则，判断案件事实是否真实准确、责任划分是否恰当，再确定是否采用这一证据，而不能将责任认定简单等同于生效的裁决书而直接作为定案的依据。因此，人民法院在审理工伤认定案件中，对于有相反证据足以推翻结论性意见的，可以不采纳该结论性意见作为工伤认定的依据。

一、基本案情

上诉人（一审原告）：广西贵港市神农药业有限公司

被上诉人（一审被告）：贵港市人力资源和社会保障局

被上诉人（一审被告）：广西壮族自治区人力资源和社会保障厅

一审第三人：杨燕

杨燕系广西贵港市神农药业有限公司（以下简称神农药业公司）的

---

* 二审案号：（2017）桂08行终89号；合议庭成员：陆守全、廖赞军、王健玲。

** 广西壮族自治区贵港市中级人民法院行政审判庭法官助理。

职工。2016 年 12 月 25 日 7 时 53 分许，杨燕骑电动车在上班途中摔倒受伤。在杨燕上班途中所发生的交通事故所处路段不存在明显的积水和坑洼，当时也并非下雨天气，杨燕骑电动车摔倒时也不存在不可抗力的意外事件。事故发生后，杨燕被送往贵港市人民医院住院治疗，伤情诊断为重型颅脑损伤等。2017 年 2 月 28 日，贵港市公安局交通警察支队一大队作出《道路交通事故认定书》，认定该事故为交通意外事故，杨燕在事故中无责任。2017 年 3 月 15 日，杨燕向贵港市人力资源和社会保障局（以下简称贵港市人社局）提出工伤认定申请。2017 年 4 月 10 日，贵港市人社局作出《认定工伤决定书》，认为杨燕在上下班途中，受到非本人主要责任的交通事故伤害的，依据《工伤保险条例》第 14 条第 6 项的规定，属于工伤认定范围，决定予以认定为工伤。神农药业公司不服，向广西壮族自治区人力资源和社会保障厅申请行政复议。2017 年 8 月 11 日，广西壮族自治区人力资源和社会保障厅作出《行政复议决定书》，维持了《认定工伤决定书》。神农药业公司仍不服，提起本案诉讼。

二、审理结果

贵港市港北区人民法院一审认为，事发当天虽然是星期天，但根据杨燕的考勤记录显示，杨燕星期天多数在加班，而将休息日安排在其他时间，且事发时间是 7 时 53 分许，事故地点位于杨燕居住地与工作地合理路线之间，并结合神农药业公司员工的笔录及杨燕发生事故时身穿工作服的照片，故对杨燕在上班途中之事实予以认定。关于交通事故认定书能否作为本案定案依据的问题。根据《最高人民法院关于审理工伤保险行政案件若干问题的规定》第 1 条的规定：人民法院审理工伤认定行政案件，在认定是否存在《工伤保险条例》第 14 条第 6 项“本人主要责任”、第 16 条第 2 项“醉酒或者吸毒”和第 16 条第 3 项“自残或者自杀”等情形时，应当以有权机构出具的事故责任认定书、结论性意见和人民法院生效裁判等法律文书为依据，但有相反证据足以推翻事故责任认定书和结论性意见的除外。神农药业公司虽对该事故认定书有异议，认为杨燕在该事故应负全部责任，但未能提供足以反驳的相反证据，故对其主张不予采信。遂判决驳回神农药业公司的诉讼请求。

神农药业公司不服一审判决，向贵港市中级人民法院上诉。

贵港市中级人民法院二审认为，《工伤保险条例》第 19 条第 1 款规定：“社会保险行政部门受理工伤认定申请后，根据审核需要可以对事故伤害进行调查核实，用人单位、职工、工会组织、医疗机构以及有关部门应当予以协助……对依法取得职业病诊断证明或者职业病诊断鉴定书的，社会保险行政部门不再进行调查核实。”据此规定，社会保险行政部门在受理工伤申请后，除非属于依法取得职业病诊断证明或者职业病诊断鉴定书的结论性意见，社会保险行政部门不再进行调查核实以外，可以对其他事故伤害进行调查核实，并可以根据调查核实的事实，对当事人或者有关部门提供的不符合事实的、非法的证据作出采纳或者不采纳的判断意见，从而作出是否构成工伤的认定决定。根据《最高人民法院关于审理工伤保险行政案件若干问题的规定》第1条的规定，人民法院在审理工伤认定行政案件中，对于有相反证据足以推翻事故责任认定书和结论性意见的，可以根据查明的事实和法律规定不采纳有权机构出具的事故责任认定书或者结论性意见作为工伤认定的依据。本案中，根据交警部门在《道路交通事故认定书》对事故的形成原因、上诉人提供的现场照片、交警复核现场情况、调查笔录以及鉴定意见书，排除了事发当时杨燕与他人发生碰撞的可能性，并且无证据显示事发道路存在交通障碍或者路况不适于通行、不可抗力导致事故等其他因素，杨燕作为一名完全民事行为能力人，有义务在驾车时注意当时的客观环境及行车安全，在排除不可抗力、其他外力作用，且不能归责给他人的情况下，受伤的责任应当由杨燕自己承担。交警部门出具的《道路交通事故认定书》认定"杨燕在本次道路交通事故中无责任"的结论显属不当，不应采纳作为认定工伤的依据。但贵港市人社局在作出《认定工伤决定书》时，对交警部门的《道路交通事故认定书》未尽公平、公正的审核职责，也未尽应有的审核义务，采信该事故认定书作为认定工伤的证据，作出了不符合法定条件的工伤认定决定，属于认定事实的主要证据不足，依法应当予以撤销。人社厅作出维持《认定工伤决定书》的行政复议决定书错误，亦应予撤销。

三、裁判评析

根据《工伤认定办法》第9～15条的规定，社会保险行政部门负有对工伤认定相关事实进行调查核实的职责，只要其受理了工伤认定申请，就有责任和义务对受理的工伤认定案件进行调查核实，并在此基础上，判断受伤职工是否符合认定工伤的情形，从而作出是否认定工伤的决定。社会保险行政部门在受伤职工或者用人单位未提供充足证据证明其主张事实的情形下，如径行依据举证责任作出是否认定工伤的决定，则可能造成认定事实不清、证据不足的情形发生。

就上下班途中发生交通事故情形而言，对于是不是受伤职工本人主要责任的情形，社会保险行政部门应当进行调查。对于受伤职工在交通事故中责任大小的认定，即便有公安交通管理部门出具的交通事故责任认定书，亦不能完全排除社会保险行政部门调查核实的法定义务，在有足够证据证明的情况下，其可以推翻交通事故认定书中的认定结果。在公安交通管理部门未出具事故责任认定书或者认定书中未能对责任大小进行认定的情形下，社会保险行政部门更应当充分行使事实调查职责和义务，在穷尽调查措施之后，综合现有证据，运用自由裁量权判断受伤职工在交通事故中是否负有主要责任，从而作出是否认定工伤的认定。

对于享有最终裁判权的人民法院来说，行政机关作出的事实认定结论也属于证据的范畴。根据《最高人民法院关于审理工伤保险行政案件若干问题的规定》第 1 条的规定，人民法院在审理工伤认定的行政案件中，不能直接将事故责任认定书和结论性意见作为定案的依据，应当依据证据规则对其进行审查，对于有相反证据足以推翻的，可以根据查明的事实和法律规定不采纳有权机构出具的事故责任认定书或者结论性意见作为工伤认定的依据。

百色市科学技术和知识产权局与田阳县三雷果菜包装箱厂、杨希超专利行政处理案*

周　冕**

【裁判要旨】

1. 行政机关处理专利侵权纠纷应依法收集证据，行政机关核实证据未能依法制作询问笔录、现场勘验笔录等，致使无充分有效证据证明被诉侵权产品系行政行为相对人所生产、销售，则认定行政行为相对人构成侵权的证据不足，被诉行政处理决定应予撤销。

2. 行政机关处理专利侵权纠纷未进行口头审理、未询问专利权人如何主张权利要求，即自行确定专利权的保护范围，自行判断被诉侵权技术方案是否落入专利权的保护范围，则行政机关作出的被诉行政处理决定程序缺乏正当性、合法性。

一、基本案情

上诉人（一审被告）：百色市科学技术和知识产权局

被上诉人（一审原告）：田阳县三雷果菜包装箱厂，个体工商户。经营者：黄荻

---

* 一审案号：(2016)桂 01 行初 7 号；合议庭成员：李道清、胡桂全、戴声长。二审案号：(2018)桂行终 422 号；合议庭成员：周冕、罗伊里、兰丹丹。

** 广西壮族自治区高级人民法院民三庭副庭长。

一审第三人:杨希超

杨希超于 2014 年 8 月 26 日向国家知识产权局申请“圣女果用泡沫包装箱”实用新型专利,于 2014 年 12 月 31 日获得授权,专利号为 ZL201420484244.7(以下简称涉案实用新型专利权)。2015 年 4 月 23 日杨希超向百色市科学技术和知识产权局(以下简称百色市知识产权局)提交《专利侵权纠纷处理请求书》,被控侵权产品的现场照片 3 张等证据,指控田阳县三雷果菜包装箱厂(以下简称三雷包装箱厂)侵犯了其上述实用新型专利权。理由主要是:“由杨希超与韦荣飞专利侵权纠纷中韦荣飞提交的答辩材料可知:被请求人三雷包装箱厂未经专利权人许可,生产了与请求人专利产品完全相同的‘圣女果用泡沫包装箱’,并在市场上销售,对请求人的‘圣女果用泡沫包装箱’的实用新型实施了侵权行为。”三雷包装箱厂提交的答辩状主张享有先用抗辩权,并提交了相关证据材料。百色市知识产权局对三雷包装箱厂主张的事实先后到其厂区、南宁市辉煌模具厂等地调查,并于 2015 年 8 月 17 日作出百知法处字(2015)2 号《专利侵权纠纷案件处理决定书》,根据《专利法》第 60 条作出如下决定:(1)被请求人(三雷包装箱厂)侵犯“圣女果用泡沫包装箱”实用新型专利的行为成立,责令被请求人立刻停止侵权行为;(2)责令被请求人销毁全部未售出或在制侵权产品。

三雷包装箱厂不服百色市知识产权局作出的百知法处字(2015)2 号《专利侵权纠纷案件处理决定书》,向南宁市中级人民法院提起行政诉讼。

二、审理结果

南宁市中级人民法院一审认为,根据《专利法》第 11 条第 1 款,第 59 条第 1 款,第 62 条,第 69 条及国家知识产权局《专利行政执法办法》(2015 年修正)第 3 条第 1 款、第 2 款,第 16 条,第 17 条,第 38 条之规定,专利主管部门处理专利侵权案件,应当依法全面查清被诉侵权产品是否系被诉侵权人生产、该产品所用技术方案是否落入涉案专利权的权利要求保护范围、被诉侵权人对涉案技术提出的使用在先或现有技术抗辩理由是否成立等,并通过一定手段对被诉侵权人的侵权事实予以固定。本案杨希超指控的被诉侵权产品是否为三雷包装箱厂生产、销售无充分有效的证据证明。百色市知识产权局在对三雷包装箱厂的生产行为进行调查取证时手续不完备,以致三雷包装箱厂是否有生产被控侵权产品的行为未能确定。在该事实未确定之前,就认定三雷包装箱厂生产了被控侵权产品且其技术特征落入涉案实用新型专利权的保护范围不当。此外,百色市知识产权局认定三雷包装箱厂现有证据不足以证明其有在先使用情形，却未提供有效证据合理排除三雷包装箱厂的上述主张。仅凭现有证据认定三雷包装箱厂侵权证据不足，被诉处理决定依法应予撤销。综上，依照《行政诉讼法》第70条第1项等的规定，判决撤销百知法处字（2015）2号《专利侵权纠纷案件处理决定书》，责令百色市知识产权局在法定期限内对第三人杨希超的申请重新作出处理。

百色市知识产权局不服一审判决，向广西壮族自治区高级人民法院提起上诉。

二审时另查明，百色市知识产权局于2017年4月12日更名为百色市科学技术和知识产权局。三雷包装箱厂在一审开庭时已明确放弃现有技术抗辩。百色市知识产权局在二审期间提交的证据即国家知识产权局《无效宣告请求审查决定书》证实，涉案实用新型专利权部分无效。

广西壮族自治区高级人民法院二审认为：

（一）关于百色市知识产权局作出的百知法处字（2015）2号《专利侵权纠纷案件处理决定书》认定三雷包装箱厂侵犯杨希超涉案实用新型专利权是否有事实和法律依据的问题

首先，百色市知识产权局在上诉状及二审庭审中均明确表示其没有自行收集任何证据而系依据当事人提交的证据作出百知法处字（2015）2号《专利侵权纠纷案件处理决定书》，而杨希超在本案中提交的证据不足以证明被诉侵权产品系三雷包装箱厂所生产和销售，故一审判决认定百色市知识产权局本案提交的现有证据不能证明三雷包装箱厂生产和销售了被诉侵权产品并无不当。

关于被诉侵权产品的来源问题。杨希超的委托诉讼代理人在二审庭审中陈述称，本案被诉侵权产品是杨希超在市场上向案外人韦荣飞购买，但何时购买不清楚，也没有发票或其他证据证明。百色市知识产权局在二审中主张被诉侵权产品是杨希超从韦荣飞处购买，有编号为00104642的送货单证实。经核查，编号为00104642的送货单记载的交易时间为2013年11月30日，产品名称为“五斤箱120条”，产品数量为2280套，顾客名称为韦荣飞，无法证明送货单上记载的产品为本案被诉侵权产品，且交易时间早于涉案实用新型专利权的授权公告日2014年12月31日，故不应采信。百色市知识产权局在百知法处字（2015）2号《专利侵权纠纷案件处理决定书》中亦认为“无其他证据证明该送货单上的产品是被诉侵权产品”，其在诉讼中的主张前后矛盾，不能自圆其说。三雷包装箱厂在一审庭审中已经明确表示，其在一审答辩状中称“答辩人就已经使用该专利相同方法生产被控侵权产品，而类似于答辩人使用该专利相同方法生产该同类产品并公开生产……”并不构成自认，而系表述不当，是基于杨希超提供的编号为 00104642 送货单该证据而提出,且该证据上诉人也没有采信,故百色市知识产权局主张三雷包装箱厂自认被诉侵权产品系其所生产和销售亦无证据证实。百知法处字(2015)2 号《专利侵权纠纷案件处理决定书》认定被诉侵权产品系三雷包装箱厂所生产和销售并无有效证据证实。

其次,关于本案被诉侵权技术方案是否落入涉案专利权的保护范围问题。由于本案被诉侵权产品是否系三雷包装箱厂所生产、销售,并无有效证据证实,故判断被诉侵权技术方案是否落入涉案专利权的保护范围并无任何意义。况且,涉案实用新型专利权已被国家知识产权局《无效宣告请求审查决定书》认定为部分无效。《最高人民法院关于审理侵犯专利权纠纷案件应用法律若干问题的解释(二)》(法释〔2016〕1 号)第 1 条规定,“权利要求书有两项以上权利要求的,权利人应当在起诉状中载明据以起诉被诉侵权人侵犯其专利权的权利要求。起诉状对此未记载或者记载不明的,人民法院应当要求权利人明确。经释明,权利人仍不予明确的,人民法院可以裁定驳回起诉”。杨希超在《专利侵权纠纷处理请求书》中并未载明据以起诉被诉侵权人侵犯其专利权的权利要求,百色市知识产权局在未释明情况下即自行确定涉案实用新型专利权的保护范围,且按照《无效宣告请求审查决定书》作出前权利要求书记载的权利要求确定保护范围,从而认定侵权成立,亦无法律依据。

关于三雷包装箱厂先用权抗辩是否成立的问题。由于百色市知识产权局在本案中提交的证据不足以证明被诉侵权产品是否系三雷包装箱厂所生产和销售,故其作出的《专利侵权纠纷案件处理决定书》认定三雷包装箱厂侵犯了杨希超涉案实用新型专利权没有事实和法律依据,一审判决在此基础上还对三雷包装箱厂先用权抗辩是否成立予以审查不当,应予以纠正。

(二)关于百色市知识产权局作出的百知法处字(2015)2 号《专利侵权纠纷案件处理决定书》程序是否合法的问题

国家知识产权局《专利行政执法办法》(2015 年修正)第 38 条规定:“管理专利工作的部门调查收集证据可以查阅、复制与案件有关的合同、账册等有关文件;询问当事人和证人;采用测量、拍照、摄像等方式进行现场勘验。涉嫌侵犯制造方法专利权的,管理专利工作的部门可以要求被调查人进行现场演示。管理专利工作的部门调查收集证据应当制作笔录。笔录应当由执法人员、被调查的单位或者个人签名或者盖章。被调查的单位或者个人拒绝签名或者盖章的,由执法人员在笔录上注明。”上诉人作出的百知法处字(2015)2 号《专利侵权纠纷案件处理决定书》中记载“请求人杨希超提供的田阳县三雷果菜包装箱厂生产被控侵权产品的现场照片,被请求人对该证据没有异议。核实情况:2015 年 7 月 1 日,我局执法人员到田阳县三雷果菜包装箱厂勘察核实,该厂 2008 年 10 月 7 日注册田阳县三雷果菜包装箱厂,生产各种果菜包装箱,现有 7 条生产线,厂房内库存有批量的被控侵权产品。”但上诉人在诉讼中未能向二审法院提交其到三雷包装箱厂生产线、厂房库存勘验所制作的现场勘验笔录、询问当事人或证人的询问笔录等证据材料,其所称“被请求人对该证据没有异议”“厂房内库存有批量的被控侵权产品”等事实均无任何证据证实,故一审判决认定百色市知识产权局在对三雷包装箱厂的生产行为进行调查取证时手续上不完备,并无不当。

国家知识产权局《专利行政执法办法》(2015 年修正)第 16 条规定:“管理专利工作的部门处理专利侵权纠纷,可以根据案情需要决定是否进行口头审理。管理专利工作的部门决定进行口头审理的,应当至少在口头审理 3 个工作日前将口头审理的时间、地点通知当事人。当事人无正当理由拒不参加的,或者未经允许中途退出的,对请求人按撤回请求处理,对被请求人按缺席处理。”第 17 条规定:“管理专利工作的部门举行口头审理的,应当将口头审理的参加人和审理要点记入笔录,经核对无误后,由执法人员和参加人签名或者盖章。”百色市知识产权局在判断被诉侵权技术方案是否落入涉案实用新型专利权的保护范围时并未进行口头审理,没有制作审理笔录或询问笔录;涉案专利权利要求书有两项以上权利要求,杨希超在《专利侵权纠纷处理请求书》中未载明据以起诉被诉侵权人三雷包装箱厂侵犯其专利权的权利要求,百色市知识产权局在未释明情况下即自行确定涉案实用新型专利权的保护范围,并作出三雷包装箱厂侵权成立行政处理决定,程序亦缺乏正当性、合法性。

综上,一审判决认定百色市知识产权局作出的百知法处字(2015)2 号《专利侵权纠纷案件处理决定书》事实不清,主要证据不足,依法应予撤销,并无不当。依照《行政诉讼法》第 89 条第 1 款第 1 项之规定,判决驳回上诉,维持原判。

三、裁判评析

2019 年 1 月 7 日最高人民法院罗东川副院长在知识产权法庭工作部署及业务培训班上的讲话中指出[1],知识产权审判要强化对知识产权行政执法行为的实体合法性和程序正当性的审查,积极引导知识产权行政执法机关的调查取证、证据审查、侵

〔1〕 最高人民法院党组成员、副院长罗东川:《勇担历史使命　切实履行职责　开辟新时代知识产权司法保护工作新境界——在知识产权法庭工作部署及业务培训班上的讲话》。

权判定、责任承担等处理标准与司法标准相一致,充分发挥对知识产权行政查处行为的司法监督职能,强化司法主导。本案行政机关在查处专利侵权纠纷时虽然对行政行为相对人提交的证据进行核实,询问了当事人、证人,勘查了生产现场,但是未能依法制作询问笔录、现场勘验笔录等,致使主要事实不清、证据不足;此外,涉案专利有两个以上权利要求,行政机关既未进行口头审理,也未询问专利权人如何主张权利要求,即自行确定专利权的保护范围,自行判断被诉侵权技术方案是否落入专利权的保护范围,不但剥夺、限制了专利权人享有的确定专利权保护范围的权利,而且行政行为相对人也未能对被诉侵权技术方案是否落入专利权的保护范围进行抗辩,程序缺乏正当性、合法性。二审法院驳回上诉,维持原判,即撤销了行政机关作出的百知法处字(2015)2号《专利侵权纠纷案件处理决定书》,责令行政机关在法定期限内对杨希超的申请重新作出处理。本案系对知识产权行政执法行为实体合法性和程序正当性审查的典型案例。

只有行政行为相对人实施了我国《专利法》第11条第1款规定的行为,即为生产经营目的制造、使用、许诺销售、销售、进口专利权人的专利产品,或者使用其专利方法以及使用、许诺销售、销售、进口依照该专利方法直接获得的产品,行政机关才可以作出认定行政行为相对人实施了侵犯发明和实用新型专利权行为,并责令侵权人立即停止侵权的行政处理决定。

行政机关根据专利权人的请求查处专利侵权纠纷案件时,可以依法调查取证。行政机关依法调查取得的证据及专利权人提交给行政机关的证据结合在一起,足以证明以下法律要件的,行政机关作出侵权行为成立的行政处理决定实体合法、程序正当[1]:一是涉案发明、实用新型专利权合法有效;二是行政行为相对人实施了为生产经营目的制造、使用、许诺销售、销售、进口被诉侵权产品的行为;三是被诉侵权产品使用的技术方案即被诉侵权技术方案落入专利权的保护范围,或者被诉侵权产品使用了专利权人的专利方法,或者被诉侵权产品系依照专利权人的专利方法直接获得的产品;四是不具有我国《专利法》第62条规定的现有技术抗辩或第69条规定的权利用尽抗辩、先用权抗辩等不视为侵犯专利权的情形。

第一,涉案发明、实用新型专利权合法有效,这是正确处理专利侵权纠纷案件的前提和基础。专利权可能因期限届满而终止,也可能在期限届满前因专利权人没有按照规定缴纳年费而终止,也可能在期限届满前因专利权人以书面声明放弃其专利

〔1〕 外观设计专利侵权判定与发明及实用新型专利侵权判定标准不同,限于篇幅,此文不予阐述。

权而终止。专利权终止之后行政行为相对人实施其专利当然不构成侵权。此外,根据我国《专利法》第45条之规定,自国务院专利行政部门公告授予专利权之日起,任何单位或者个人认为该专利权的授予不符合专利法有关规定的,可以请求专利复审委员会宣告该专利权无效。宣告无效的专利权视为自始即不存在。在专利侵权纠纷案件中,被诉侵权人往往向专利复审委员会请求宣告涉案专利权无效。专利复审委员会审查之后,可以视情况作出以下几种处理决定:(1)维持专利权有效;(2)认定部分无效、部分有效;(3)宣告专利权无效。如果涉案专利权被宣告无效,就不存在侵权问题。如果涉案专利权被宣告部分无效、部分有效的,则专利权的保护范围就与授权公告中记载的专利权利要求书所确定的保护范围不一致,就要根据有效的部分重新确定专利权的保护范围。涉案实用新型专利权已被国家知识产权局《无效宣告请求审查决定书》认定为部分无效。故行政机关应征询专利权人如何主张权利要求、如何确定专利权的保护范围,而不能越俎代庖,否则,行政处理决定不但实体处理不合法,而且程序也不合法。

第二,行政行为相对人实施了为生产经营目的制造、使用、许诺销售、销售、进口被诉侵权产品数种行为中的一种或几种,这是认定行政行为相对人侵犯发明或实用新型专利权必不可缺少的重要环节。为了证明上述待证事实,专利权人可以申请公证机关或人民法院进行证据保全,行政机关也可以依法收集证据。杨希超的委托诉讼代理人陈述称,涉案被诉侵权产品是专利权人杨希超在市场上向案外人韦荣飞购买,但未能提交发票或其他证据证明;行政机关在庭审时以编号为00104642的送货单主张被诉侵权产品是杨希超从韦荣飞处购买,这不但与送货单记载的内容不相符,亦与其在行政处理决定书中所述“无其他证据证明该送货单(编号为00104642的送货单)上的产品是被诉侵权产品”相矛盾;三雷包装箱厂在诉讼中也没有自认被诉侵权产品系其所生产和销售。据此,一审判决认定行政机关未能提交有效证据证明被诉侵权产品是三雷包装箱厂生产和销售并无不当,故行政处理决定认定行政行为相对人侵害涉案实用新型专利主要事实不清、证据不足。

第三,被诉侵权产品使用的技术方案即被诉侵权技术方案落入专利权的保护范围,或者被诉侵权产品使用了专利权人的专利方法,或者被诉侵权产品系依照专利权人的专利方法直接获得的产品,这是认定行政行为相对人侵害发明或实用新型专利权的关键环节。

1. 行政机关应当根据权利人主张的权利要求确定专利权的保护范围。《最高人民法院关于审理侵犯专利权纠纷案件应用法律若干问题的解释》(法释〔2009〕21号)

第 1 条规定,“人民法院应当根据权利人主张的权利要求,依据《专利法》第 59 条第 1 款的规定确定专利权的保护范围。权利人在一审法庭辩论终结前变更其主张的权利要求的,人民法院应当准许。权利人主张以从属权利要求确定专利权保护范围的,人民法院应当以该从属权利要求记载的附加技术特征及其引用的权利要求记载的技术特征,确定专利权的保护范围”。《最高人民法院关于审理侵犯专利权纠纷案件应用法律若干问题的解释(二)》(法释〔2016〕1 号)第 1 条规定,“权利要求书有两项以上权利要求的,权利人应当在起诉状中载明据以起诉被诉侵权人侵犯其专利权的权利要求。起诉状对此未记载或者记载不明的,人民法院应当要求权利人明确。经释明,权利人仍不予明确的,人民法院可以裁定驳回起诉”。根据上述司法解释的规定,不管是人民法院审理专利侵权纠纷民事案件,还是行政机关查处专利侵权作出行政处理决定,都应当根据权利人主张的权利要求确定专利权的保护范围。如果权利要求书有两项以上权利要求,而权利人在起诉状中对其据以起诉被诉侵权人侵犯其专利权的权利要求未记载或者记载不明的,应当要求权利人明确。经释明,权利人仍不予明确的,人民法院可以裁定驳回起诉。可见,根据专利权人主张的权利要求确定专利权的保护范围,是行政机关在专利侵权行政执法中应当遵循的基本原则。涉案实用新型专利权有两项以上权利要求,专利权人杨希超向百色市知识产权局提交《专利侵权纠纷处理请求书》中未记载其据以起诉三雷包装箱厂侵犯其专利权的权利要求,百色市知识产权局在未释明的情况下,又未进行口头审理征询权利人的主张,即自行确定专利权的保护范围,其据此作出的行政处理决定程序显然缺乏正当性。百色市知识产权局在二审诉讼中提交的国家知识产权局《无效宣告请求审查决定书》认定涉案专利部分无效。根据《最高人民法院关于审理侵犯专利权纠纷案件应用法律若干问题的解释(二)》(法释〔2016〕1 号)第 2 条第 1 款“权利人在专利侵权诉讼中主张的权利要求被专利复审委员会宣告无效的,审理侵犯专利权纠纷案件的人民法院可以裁定驳回权利人基于该无效权利要求的起诉”的规定,百色市知识产权局擅自将已被宣告无效的从属权利的技术特征作为涉案专利权的保护范围,程序违法。

2. 判断被诉侵权产品使用的技术方案即被诉侵权技术方案是否落入专利权的保护范围。如果是方法专利,则判断被诉侵权产品是否使用了专利权人的专利方法,或者被诉侵权产品是否系依照专利权人的专利方法直接获得的产品。

《最高人民法院关于审理侵犯专利权纠纷案件应用法律若干问题的解释》第 7 条规定,“人民法院判定被诉侵权技术方案是否落入专利权的保护范围,应当审查权利人主张的权利要求所记载的全部技术特征。被诉侵权技术方案包含与权利要求记载的全部技术特征相同或者等同的技术特征的，人民法院应当认定其落入专利权的保护范围；被诉侵权技术方案的技术特征与权利要求记载的全部技术特征相比，缺少权利要求记载的一个以上的技术特征，或者有一个以上技术特征不相同也不等同的，人民法院应当认定其没有落入专利权的保护范围。”2015 年 1 月 19 日第二次修正的《最高人民法院关于审理专利纠纷案件适用法律问题的若干规定》第 17 条规定，“专利法第五十九条第一款所称的‘发明或者实用新型专利权的保护范围以其权利要求的内容为准，说明书及附图可以用于解释权利要求的内容’，是指专利权的保护范围应当以权利要求记载的全部技术特征所确定的范围为准，也包括与该技术特征相等同的特征所确定的范围。等同特征，是指与所记载的技术特征以基本相同的手段，实现基本相同的功能，达到基本相同的效果，并且本领域普通技术人员在被诉侵权行为发生时无需经过创造性劳动就能够联想到的特征”。根据上述司法解释，专利权的保护范围应当以权利要求记载的全部技术特征所确定的范围为准，也包括与该技术特征相等同的特征所确定的范围。如果被诉侵权技术方案包含与权利要求记载的全部技术特征相同或者等同的技术特征的，人民法院应当认定其落入专利权的保护范围；被诉侵权技术方案的技术特征与权利要求记载的全部技术特征相比，缺少权利要求记载的一个以上的技术特征，或者有一个以上技术特征不相同也不等同的，人民法院应当认定其没有落入专利权的保护范围。如果专利侵权纠纷涉及新产品制造方法的发明专利，则推定制造同样产品的单位或者个人使用了专利方法，除非被诉侵权人提供了其产品制造方法不同于专利方法的证明，即实行举证责任倒置。[1] 由此可见，判断被诉侵权技术方案是否落入专利权的保护范围，技术性很强，不但要听取专利权人的解释，而且还要听取被诉侵权人的辩解。如果涉及的技术领域审判人员、行政执法人员难以理解的，还要借助于技术调查官、专家等的协助或委托鉴定以查明争议的技术事实。因此，行政机关查处专利侵权案件进行口头审理非常必要，只有在被诉侵权人对被诉侵权技术方案落入专利保护范围没有异议，才可以不进行口头审理，否则，难言作出行政处理决定的程序合法正当。

第四，不具有我国《专利法》第 62 条规定的现有技术抗辩或第 69 条规定的不视为侵犯专利权的权利用尽抗辩、先用权抗辩等情形。我国《专利法》第 62 条规定了现有技术抗辩“在专利侵权纠纷中，被控侵权人有证据证明其实施的技术……属于现有

---

〔1〕《专利法》第 61 条第 1 款规定，“专利侵权纠纷涉及新产品制造方法的发明专利的，制造同样产品的单位或者个人应当提供其产品制造方法不同于专利方法的证明”。

技术的……不构成侵犯专利权。”第69条第2项规定了先用权抗辩“在专利申请日前已经制造相同产品、使用相同方法或者已经作好制造、使用的必要准备，并且仅在原有范围内继续制造、使用的”，不视为侵犯专利权。

只有专利权人或行政机关提交的证据证实了被诉侵权人为生产经营目的制造、使用、许诺销售、销售、进口专利权人的专利产品，或者使用其专利方法以及使用、许诺销售、销售、进口依照该专利方法直接获得的产品，才需要进一步审查被诉侵权人提出现有技术抗辩或不视为侵犯专利权的抗辩是否成立。本案因无有效证据证明被诉侵权产品是三雷包装箱厂所生产、销售，故三雷包装箱厂涉案行为不构成侵权，审查其现有技术抗辩或先用权抗辩是否成立毫无意义，二审判决明确指出对其先用权抗辩是否成立不予审查（三雷包装箱厂在一审诉讼中已放弃现有技术抗辩）。

应该指出，一审判决关于“三雷包装箱厂提供证据已能初步证明其确有可能在杨希超涉案专利申请日之前开始生产经营相关产品。百色市知识产权局认定三雷包装箱厂现有证据不足以证明其有在先使用情形，却未提供有效证据合理排除三雷包装箱厂的上述主张”的认定不当。因为，先用权抗辩的举证责任由被诉侵权人承担，如果被诉侵权人提交的证据足以证明先用权抗辩成立，则应作出先用权抗辩成立的判决；如果被诉侵权人举证不能，则应承担不利的法律后果即先用权抗辩不成立。一审判决认为行政机关对先用权抗辩负有举证责任不当。

综上，对知识产权行政执法行为实体合法性和程序正当性的审查，内容丰富，技术性强，必须强化司法监督职能，充分发挥司法在保护知识产权中的主导作用。

行政机关应审慎地行使纠错职权

——朱均才、朱清才、朱冠鹏、朱任金、朱礼宏不服藤县人民政府林业行政管理纠纷案*

杜翰洋**

【裁判要旨】

行政机关具有对于自身的瑕疵行政行为,有予以纠错的权力和职责。基于合比例性原则和信赖保护原则,在兼顾行政效率和效益的情况下,行政机关应审慎地行使纠错职权。行政行为的瑕疵,对行政相对人或利害关系人的实体权利义务不产生实际影响的,行政机关应采取其他方式予以补正,不能直接撤销瑕疵行政行为。只有在行政行为严重违反法定程序,影响到实体权利义务之时,且无法补正的情况下,行政机关才能以撤销的方式行使纠错职权。

一、基本案情

上诉人(一审原告):朱均才、朱清才、朱冠鹏、朱任金、朱礼宏(以下简称朱均才等人)

被上诉人(一审被告):藤县人民政府

一审第三人:朱极才、朱亮才、黄吉芳、黄月兰、朱相才(以下简称朱极才等人)

---

* 二审案号:(2018)桂行终171号;合议庭成员:周善能、叶坚、陆海。

** 北京师范大学法学硕士,广西壮族自治区高级人民法院行政审判庭法官助理。

藤县人民政府于2009年12月29日颁发涉诉《林权证》给藤县濛江镇双德村茶山八组(以下简称茶山八组)的朱均才。该证中只登记宗地林地所有权权利人为茶山八组集体,林地使用权权利人为朱均才,宗地小地名为碑头冲,四至是东与冲河为界;南至茶山十一组林地相邻;西与山顶分水为界;北至茶山十组林地相邻。证中注记栏载明:流转,朱均才、朱清才、朱冠鹏、朱任金、朱礼宏五户共有。茶山八组碑头冲林地相邻单位有藤县濛江镇双德村茶山第十村民小组、第十一村民小组(以下简称茶山十组、茶山十一组)。《林权边界确认表(单位之间)》中"相邻单位"的"茶山十组"负责人签名是"朱柳科","茶山十一组"负责人签名是"朱耀才","勘界日期"是"2009.9.20"。2015年7月20日,朱极才等人向藤县人民政府提出调处申请,要求撤销涉诉《林权证》。藤县人民政府在调处过程中向朱柳科、朱耀才了解勘界情况,朱柳科、朱耀才陈述本人没有到现场指界、没有签名。2016年10月10日,朱极才申请对《林权边界确认表(单位之间)》上负责人签名处的"朱柳科""朱耀才"进行笔迹鉴定。2016年10月21日,广西盛邦司法鉴定中心作出《文书鉴定意见书》,鉴定意见是《林权边界确认表(单位之间)》上的"朱耀才""朱柳科"字迹与送检字迹样本不是出自同一人的字迹。藤县人民政府遂于2017年1月3日,作出藤政决(2017)1号《藤县人民政府行政决定书》(以下简称1号行政决定),撤销涉诉《林权证》。朱均才等人不服,提起本案行政诉讼,请求撤销1号行政决定。

朱均才等人所在的茶山八组分为四个小组,朱均才等人在第2小组,朱极才等人在第4小组。第2小组经村民集体决议,在2005年1月将争议地碑头冲发包流转给金桂公司造林,按分成共同收益。朱均才作为茶山八组第2小组代表签订了《林业用地承包合同》和《协议书》。2009年林改期间,藤县深化集体林权制度改革工作领导小组办公室将争议地登记在朱均才等人名下的茶山八组《林权现场勘界表》进行了公示,公示期间朱极才等人及茶山十组、茶山十一组均未向有关部门提出异议的材料。

二、审理结果

梧州市中级人民法院一审认为,茶山八组的碑头冲山林与茶山十组和茶山十一组的山林相邻。作为相邻单位的茶山十组、茶山十一组的负责人朱柳科、朱耀才没有在《林权边界确认表(单位之间)》上签名确认,藤县人民政府仍颁发涉诉《林权证》给朱均才,藤县人民政府的颁证行为违反了《广西壮族自治区集体林权制度改革确权发证办法(试行)》第34条第1项和第35条的规定,属确权发证程序违法,故1号行政决定对涉诉《林权证》予以撤销,是依法行使纠错的行政行为。故判决驳回朱均才等人的诉讼请求。

朱均才等人不服,向自治区高级人民法院提起上诉。

自治区高级人民法院二审认为,颁发林权证一方面是行政机关对集体林地所有权和个人林木所有权的确认,另一方面也是对林地上的土地承包经营权的确认。本案中,朱均才等人与朱极才等人均认可20世纪80年代落实责任制时期茶山八组做的分山记录,对争议地碑头冲进行了分配,但是双方均未能提交分山记录和拥有争议地权属的确凿证据。从对争议地的管业事实来看,2005年1月,朱均才等人所在的第2小组经村民集体决议后,将争议地碑头冲作为本小组的责任山发包流转给金桂公司造林并分成共同收益,朱均才等人及其所在的茶山八组并无提出异议。2009年林改期间,藤县深化集体林权制度改革工作领导小组办公室将争议地登记在朱均才等人名下的茶山八组《林权现场勘界表》进行了公示,公示期间没有相关利害关系人向有关部门提出异议。直到2014年7月8日朱极才等人向濛江镇人民政府递交《权属纠纷申请书》请求确权调处。上述事实足以证明,茶山八组集体在颁证公示期间认可朱均才等人在诉争土地上的承包经营权和对林地的使用权。根据《广西壮族自治区集体林权制度改革确权发证办法(试行)》第34条第2项、第43条、第44条的规定,藤县人民政府履行相关程序后给朱均才颁发涉诉《林权证》,并无不妥。至于作为相邻单位的茶山十组、茶山十一组的负责人朱柳科、朱耀才没有在《林权边界确认表(单位之间)》上签名确认茶山八组所指认的界线,并不影响茶山八组集体内部现场勘界个人宗地的确认,且茶山十组、茶山十一组对争议地并不提出权属主张,争议地还是属于茶山八组所有。朱均才等人与朱极才等人的争议,属于茶山八组内部的承包经营权纠纷,与外部相邻集体的茶山十组、茶山十一组无权属及利益关系,相邻单位未签名确认边界这一瑕疵,并未影响到涉诉《林权证》实质结果。在没有充分证据证实朱极才等人提出的权属异议主张确实合法有效的情况下,藤县人民政府仅以相邻单位负责人未指界签字为由,作出撤销涉诉《林权证》的决定,理由不充分。撤证不仅无助于争议土地权属问题的解决,反而使争议土地处于权属不确定的状态,容易引发相邻集体纠纷的发生。故判决撤销一审判决,撤销1号行政决定。

三、裁判评析

行政行为一经作出,就具有确定力,即不被任意改变(撤销、变更、废止等)的法律效力。[1] 行政行为的确定力,有助于维护行政行为的稳定性和确定性,防止行政机关恣意,非经法定程序不可任意改变。然行政行为是无法避免瑕疵(违法或不当)的,依据行政自纠原则,行政机关有权责对自身的瑕疵行政行为予以纠错。《行政诉讼法》第 62 条"人民法院对行政案件宣告判决或者裁定前,原告申请撤诉的,或者被告改变其所作的行政行为,原告同意并申请撤诉的,是否准许,由人民法院裁定"以及第 74 条第 2 款第 2 项"行政行为有下列情形之一,不需要撤销或者判决履行的,人民法院判决确认违法:……(二)被告改变原违法行政行为,原告仍要求确认原行政行为违法的"的规定,也是对行政机关的行政自纠原则的确认。基于合比例性原则和信赖保护原则,为了保护行政相对人的合法权益和减少行政争议,在兼顾行政效率和效益的情况下,行政机关应审慎地行使纠错职权。参照《行政诉讼法》第 74 条第 1 款第 2 项"行政行为有下列情形之一的,人民法院判决确认违法,但不撤销行政行为:……(二)行政行为程序轻微违法,但对原告权利不产生实际影响的"以及《最高人民法院关于适用〈中华人民共和国行政诉讼法〉的解释》第 96 条"有下列情形之一,且对原告依法享有的听证、陈述、申辩等重要程序性权利不产生实质损害的,属于行政诉讼法第七十四条第一款第二项规定的'程序轻微违法':(1)处理期限轻微违法;(2)通知、送达等程序轻微违法;(3)其他程序轻微违法的情形"的规定,行政行为的轻微瑕疵对行政相对人权利义务不产生实际影响的情况下,行政机关不应以撤销的方式进行纠错,只有在行政行为严重违反法定程序,可能影响到相对人或利害关系人的实体权利义务,且无法补正的情况下,行政机关才能以撤销的方式行使纠错职权。在本案中,茶山十组、茶山十一组的负责人朱柳科、朱耀才,虽然没有在《林权边界确认表(单位之间)》上签字,违反了法定程序;但是作为相邻人,茶山十组、茶山十一组对该争议地并没有权属主张,反而是认可了相邻界线。在此前提下,涉诉的颁证行为虽然违法,但是并未损害到相对人和利害关系人的实体权益,不能以此为由撤销涉诉《林权证》。至于朱均才等人与朱极才等人的争议,属于茶山八组内部的承包经营权纠纷,争议最后如何解决,都不会影响到茶山十组、茶山十一组的实体权利义务。故,藤县人民政府仅以相邻单位负责人未指界签字为由,作出 1 号行政决定,撤销涉诉《林权证》确有不当。

---

〔1〕 周佑勇主编:《行政法学》,武汉大学出版社 2009 年版,第 98 页。

物权变动原因行为异议之诉与物权变动登记行为异议之诉的厘清*

刘韦唯**

【裁判要旨】

不动产物权变动原因行为效力经司法途径予以维持之后，物权变动效力合法，物权变动的登记结果正确。原告与不动产物权变动的登记行为之间不再具有法律上的利害关系，不得针对不动产物权变动的登记行为再另行提起行政诉讼。

根据我国《物权法》的规定，不动产物权变动采取债权形式主义，要求不动产物权变动需要“物权变动原因行为”与“不动产物权变动登记”的结合，才能发生物权的效力。依据物权变动有因性理论，若引起物权变动的原因行为无效，则物权变动无效，即原因行为是物权变动的前因，登记行为是物权变动的结果。一般而言，物权变动原因行为异议之诉系民事诉讼，物权变动登记行为异议之诉属于行政诉讼。司法实践中，原告向人民法院提起物权变动原因行为异议之诉的，由法院通过民事诉讼程序予以审理。若原因行为无效，物权变动无效，物权变动的登记结果错误，原告可依据生效的法律文书向不动产登记机关申请变更登记。若原因行为有效，则物权变动有效，物权变动的登记结果正确，原告与不动

---

* 第六届全国行政审判优秀业务成果一等奖。已收入最高人民法院行政审判庭编：《行政执法与行政审判》，中国法制出版社2019年版。二审案号：(2017)桂行终283号；合议庭成员：禤达宇、王小成、班艳。

** 武汉大学法学硕士，广西壮族自治区高级人民法院行政审判庭法官助理。

产物权变动的登记行为之间不再具有法律上的利害关系。

一、基本案情

上诉人(一审第三人):何敬文

被上诉人(一审原告):李泰谕

一审被告:博白县人民政府

一审第三人:李甲和

一审第三人:博白县轻工机械总厂(以下简称机械厂)

1996年12月11日,李泰谕以李甲和的名义借款28 000元给机械厂。1998年,李泰谕(曾用名:李官禄、李亚广)以李甲和的名义,起诉机械厂要求返还借款,同年5月6日博白县人民法院(以下简称博白县法院)作出(1998)博亚民初字第32号民事判决,判决机械厂返还借款28 000元给李甲和。2000年4月7日,博白县法院作出(2000)博执字第(98)32-3号民事裁定书,裁定将机械厂位于旺茂镇南街$145m^2$的国有土地使用权抵债给李甲和。2000年8月1日李甲和出具《说明书》给李泰谕,该《说明书》写明:"完全同意,博白县人民法院2000年4月7日裁定的$145m^2$宗地,全权转让给李官禄使用。"之后,李泰谕以李甲和的名义交纳了该$145m^2$宗地的各种土地税费,并于2007年4月26日办理了该$145m^2$宗地的博村地规字2007第140号《建设规划许可证》。李泰谕于2000年4月从机械厂接收$145m^2$宗地后,一直由其管理使用,并建好了房屋基础。2012年10月12日李甲和出具了《李官禄(奶名:李亚广)挂李甲和姓名借款经过说明》给李泰谕收执,承认(2000)博执字第(98)32-3号裁定抵债的$145m^2$土地的真实权利人是李泰谕。以上事实由已经发生法律效力的玉林市中级人民法院2015年5月19日作出的(2015)玉中民一终字第64号民事判决进行了确认。

1996年博白县人民政府(以下简称博白县政府)颁发给机械厂的博国用(1996)字第160414号国有土地使用证,登记的土地总面积为$7392.35m^2$,(2000)博执字第(98)32-3号民事裁定书所裁定用于抵债的$145m^2$土地使用权是该土地使用权中的一部分。2009年4月27日机械厂、博白县旺茂镇企业管理站委托博白县土地交易中心挂牌出让包括上述已抵债的$145m^2$土地在内的总面积为$7392.35m^2$的博国用(1996)字第160414号国有土地使用权,何敬文受让了该$7392.35m^2$的土地使用权,博白县政府于2010年11月变更登记颁发了博国用(2010)第160414号国有土地使用证给何敬文,将包括讼争的$145m^2$土地在内的$7392.35m^2$土地使用权登记为何敬文所有。

2013 年 1 月 10 日，李甲和及其妻子冯体芳（作为乙方）与何敬文任董事长的玉林市新港家具制品有限公司（作为甲方，以下简称新港公司）签订《转让土地协议书》，约定乙方将本案涉案的 145m^2 土地以 232 000 元转让给甲方管理使用。李泰谕以李甲和、冯体芳、新港公司为被告，诉至人民法院，请求判决确认《转让土地协议书》无效，确认涉案 145m^2 土地国有土地使用权属其享有。玉林市中级人民法院（2015）玉中民一终字第 64 号民事判决驳回了李泰谕的诉讼请求。该判决现已发生法律效力。

李泰谕提起本案行政诉讼，请求撤销博国用（2010）第 160414 号国有土地使用证。

二、审理结果

玉林市中级人民法院一审认为，本案中被诉的博国用（2010）第 160414 号国有土地使用证所登记的土地有 145m^2 已经法院裁定分割抵债给李甲和，李甲和在 2012 年 10 月 12 日出具的《李官禄（奶名：李亚广）挂李甲和姓名借款经过说明》已认可李泰谕为该土地的实际权利人，因此，李泰谕享有对该土地的合法权益，与被诉的土地证有法律上的利害关系，有权提起本案诉讼。博国用（2010）第 160414 号国有土地使用证所登记的 7392.35m^2 土地使用权中，有 145m^2 的土地 2000 年时已经人民法院裁定抵债给他人，并交付给了实际权利人李泰谕管理使用，该部分土地使用权已不属于机械厂所拥有，机械厂、博白县旺茂镇企业管理站无权在 2009 年时转让处分该部分土地的使用权，但博白县政府在变更登记颁发博国用（2010）第 160414 号国有土地使用证时没有扣除该部分土地，此颁证行为属于认定事实不清，土地权属来源主要证据不足，对该 145m^2 部分土地的登记错误，并可能损害一方当事人的合法权益，不具备合法性，应予撤销。李泰谕请求撤销对该部分土地的登记理由成立。依照《行政诉讼法》第 70 条第 1 项规定，判决撤销博白县政府颁发的博国用（2010）第 160414 号国有土地使用证中涉及博白县法院（2000）博执字第（98）32－3 号民事裁定书所裁定用于抵债的 145m^2 部分土地使用权的登记。

何敬文不服一审判决，向广西壮族自治区高级人民法院提起上诉。

广西壮族自治区高级人民法院二审认为，《行政诉讼法》第 25 条第 1 款规定："行政行为的相对人以及其他与行政行为有利害关系的公民、法人或者其他组织，有权提起诉讼。"所谓"利害关系"应限于法律上的利害关系，不宜包括反射性利益受到影响的公民、法人或者其他组织。一般也仅指公法上的利害关系,除特殊情形或法律另有规定,一般不包括私法上的利害关系。判断是否存在公法上的利害关系,主要是看行政机关作出行政行为时所依据的行政实体法和所适用的行政实体法律规范体系,是否要求行政机关应考虑、尊重和保护起诉人诉请保护的权利或法律上的利益,如果起诉人诉请保护的权益,并不是行政机关作出行政行为时需要考虑和保护的法律上的权益,那么其不具备原告主体资格。《最高人民法院关于适用〈中华人民共和国行政诉讼法〉的解释》第13条规定:"债权人以行政机关对债务人所作的行政行为损害债权实现为由提起行政诉讼的,人民法院应当告知其就民事争议提起民事诉讼,但行政机关作出行政行为时依法应予保护或者应予考虑的除外。"本案中,博白县法院作出(2000)博执字第(98)32-3号民事裁定书,裁定将机械厂涉案145m^2的国有土地使用权抵债给李甲和。博白县政府颁发博国用(2010)第160414号国有土地使用证给何敬文,登记的土地范围包含了上述裁定抵债给李甲和的145m^2土地,该颁证行为与李甲和有利害关系。2013年1月10日,李甲和及其妻子冯体芳与新港公司签订《转让土地协议书》,将涉案145m^2土地转让给新港公司管理使用。自此时起,李甲和已经与涉案土地没有利害关系,被诉土地行政登记行为已经与李甲和无关,因无诉之利益,即使是李甲和本人也无权就涉案土地行政登记行为提起诉讼。李泰谕主张其是真正的借款人,但李泰谕没有以自己的名义通过法律途径依法将该债权确认归其享有,即使其与李甲和存在内部隐名代理民事法律关系,在李甲和都无权提起本案行政诉讼的前提下,李泰谕亦无权提起。因此,由于李泰谕不能证明其属于博白县政府颁发博国用(2010)第160414号国有土地使用证时依法应予保护或者应予考虑的债权人,李泰谕不属于《行政诉讼法》规定的"与行政行为有利害关系的公民、法人或者其他组织",其不具备原告主体资格。李泰谕认为其债权受损,应通过民事途径在其与李甲和、机械厂之间解决。至于李泰谕提出其是土地实际使用人的问题,(2015)玉中民一终字第64号民事判决书查明李泰谕于2012年年初起,陆续平整该地块,建好房屋地基。而在此之前博白县政府已颁发博国用(2010)第160414号国有土地使用证。李泰谕没有充分证据证明博白县政府在做地籍调查时,涉案145m^2土地上存在附着物需要调查,存在博白县政府颁证时需考虑保护的其他利益。因此,在李泰谕不能举证证明其与被诉颁证行为有利害关系的情况下,其不具备原告主体资格。一审法院认为李泰谕与被诉颁证行为具有法律上的利害关系,受理本案并作出实体判决错误,应予以纠正。依照《行政诉讼法》第89条第1款第2项及《最高人民法院关于适用〈中华人民共和国行政诉讼法〉的解释》第123条第1项之规定,裁定撤销一审行政判决;

驳回李泰谕的起诉。

三、裁判评析

本案的裁判要旨:物权变动原因行为异议之诉与物权变动登记行为异议之诉的关系。不动产物权变动原因行为效力经司法途径予以维持之后,物权变动效力合法,物权变动的登记结果正确。原告与不动产物权变动的登记行为之间不再具有法律上的利害关系,不得针对不动产物权变动的登记行为再另行提起行政诉讼。

(一)我国物权变动采取债权形式主义

不动产物权变动,是指不动产物权的发生、消灭和灭失。物权变动根据产生原因的不同,可以分为两种:一是因法律行为而引起的物权变动,如买卖、赠与、互易、析产等;二是因法律行为以外的其他法律事实引起的物权变动,也称非法律行为原因,如继承、混合、征收、司法裁判等。司法实践中,因法律行为引起的物权变动最为常见,引发的各类案件也较为多见。

从各国的物权立法来看,物权变动的立法模式主要有:意思主义、物权形式主义和债权形式主义。第一,意思主义的物权变动模式,是指物权变动原则上仅依据当事人的债权意思表示即可发生效力,交付或登记并非物权变动的成立要件或生效要件,仅是物权变动得以对抗第三人的要件。可见,在意思主义的物权变动模式中,买卖合同等法律行为既在当事人之间产生债权债务关系,又直接引发物权的变动,因此不存在物权行为的独立性和无因性。第二,物权形式主义的物权变动模式,是指买卖合同等法律行为性质上属于债权行为,仅在当事人之间产生债权债务关系,不能直接引发物权变动;欲使物权发生变动,当事人必须另行作出物权变动的意思表示,并履行交付或登记等法定的公示形式,即作出一个独立于债权行为之外的物权行为。物权行为不但独立于买卖合同等债权行为之外,而且债权性的不成立或无效也不影响物权行为的效力。该模式承认物权行为的独立性和无因性。第三,债权形式主义的物权变动模式,在应买卖合同等法律行为而引起的物权变动中,除买卖合同等法律行为之外,尚需要作出交付或登记等法律定的公示形式,物权变动才发生效力。该主义要求买卖合同等法律行为须与交付或登记等法定的公示形式相结合,才能引起物权变动,交付或登记为物权变动的成立要件而非对抗要件,这与意思主义明显不同,却又接近物权形式主义。与物权形式主义不同的是,引起变动的意思表示已经为买卖合同等法律行为所包含,无须另外的独立的物权行为,也不存在物权行为无因性一说。

我国现行物权立法采债权形式主义。2007 年颁布实施的《物权法》,在总结我国民事立法与司法实践经验的基础之上，对基于法律行为物权变动，明定债权形式主义，不接受物权行为理论，及物权变动的独立性和无因性理论。根据《民法通则》第72条“财产所有权的取得，不得违反法律规定”规定，物权变动必须具有原因行为，即引起物权变动的法律行为或非法律行为；而且原因行为必须合法有效，否则物权变动无效，这便是物权变动有因性理论；换言之，物权变动效力来源于原因行为的效力。

（二）不动产物权变动应依法予以登记

不动产物权变动登记，是指由法定的不动产登记机关将不动产变动的客观状态及权利变动情况记载于登记簿册中，形成物权变动的公示公信力。根据《物权法》第9条第1款“不动产物权的设立、变更、转让和消灭，经依法登记，发生效力；未经登记，不发生效力，但法律另有规定的除外”的规定，我国采取不动产物权登记生效制。

根据《物权法》《不动产登记暂行条例》的规定，我国不动产登记的具体形式有：一是初始登记，即不动产的所有人依法在规定时间内对其权利进行的第一次登记。二是他项权利登记，即所有权登记以外的其他物权权利的登记。三是预告登记，即为保障将来实现物权而进行的临时预备登记。四是异议登记，指对登记的内容提出异议抗辩，限制登记推定效力，以保护特定人利益的登记。五是更正登记，指不动产物权人或登记机关发现登记错误而进行的予以更正的登记。六是变更登记，指不动产物权主体的变更（不动产物权转让）和在不涉及其他人的情况下权利主体对自己的权利内容的变更而进行的登记。七是涂消登记，指权利人抛弃其不动产物权和物权因其客体自然灭失而消失进行的登记。

（三）不动产物权变动原因行为异议之诉

不动产物权变动原因行为异议之诉，是当事人对物权变动原因行为的效力存有异议，向人民法院起诉，请求撤销或确认原因行为无效，使原因行为效力归于消灭的诉讼。

根据债权形式主义的要求，不动产物权变动需“物权变动原因行为”与“不动产物权变动登记”的结合，才能发生物权的效力。依据物权变动有因性理论，若引起物权变动的原因行为无效，则物权变动无效。在司法实践中，当事人对不动产物权变动不服，实质上就是对引起物权变动原因行为的效力存有异议。例如，甲和乙是房屋共有人，乙和丙签订房屋买卖合同，并办理了不动产物权变更登记（房屋过户登记）。共有人甲对房屋物权变动不服，实质是对房屋买卖合同的效力有异议，此时甲应通过民事诉讼予以解决。从救济途径来看，甲可向不动产登记机构申请异议登记，在异议登记之日起15日内向人民法院提起民事诉讼，请求确认房屋买卖合同（原因行为）无效;也可直接向人民法院诉请确认房屋买卖合同(原因行为)无效。若甲的诉请得到法院支持,根据物权变动有因性理论,原因行为无效则不动物权变动无效。此时,甲可根据生效法律文书向不动产登记机构申请更正登记或涂销登记,使不动产登记内容与真实权利归于一致。若甲回避民事诉讼,而是直接提起行政诉讼的。笔者认为,若不动产登记机构对申请登记材料的真实有效性已经尽到审慎审查义务而作出过户登记行为,在买卖合同等申请材料的真实有效性未经法定途径予以否定前,人民法院依法予以支持。而且房屋过户登记行为所依据的基础民事法律关系,不属于行政诉讼的审查范围,行政相对人或利害关系人对其有异议的,还应当通过民事诉讼途径予以解决。[1]

(四)不动产物权变动登记行为异议之诉

不动产物权变动登记行为异议之诉,是当事人对不动产登记机构作出的登记行为的合法性存有异议,向人民提起的行政诉讼,请求确认行为违法、撤销行为或宣告行为无效的诉讼。

不动产物权变动登记行为是一项行政确认行为,并不具有设权效力;不动产物权变动的效力是来源于变动原因行为。不动产登记机构在进行物权变动登记之时,应当对当事人提交的物权变动证明材料予以审查,物权变动证明材料的核心,正是物权变动原因行为的证明材料。根据《物权法》《不动产登记暂行条例》之规定,不动产登记机构对当事人提交的证明材料负有审慎审查义务,当事人则应对物权变动材料的真实性、合法性予以负责。

值得我们注意的是,不动产登记机构是行政机关,不具有司法职能,不能对物权变动原因行为的证明材料的真实性、合法性进行实质性审查评价,因此不动产登记机构只能对证明材料是否符合法定形式进行审查,即不动产登记机构仅享有形式审查权。根据《物权法》第 21 条第 1 款的规定,当事人应对物权变动材料的真实性、合法性予以负责,若当事人提供虚假材料申请登记,给他人造成损害的,应当承担赔偿责任。因此,不动产物权变动登记错误可以归纳为三种客观诱因。一是,当事人提供了虚假证明材料,但又符合法定形式要件,骗取不动产登记机构的登记;二是,当事人提

[1] 这一观点来源于(2016)最高法行申 1413 号裁定书,即"行政机关对申请登记材料的真实有效性已尽到审慎审查义务而作出的土地行政登记行为,在申请登记材料的真实有效性未经法定途径予以否定前,人民法院依法予以支持。土地行政登记行为所依据的基础民事法律关系,不属于行政诉讼的审查范围,行政相对人或利害关系人对其有异议的,可通过民事诉讼途径予以解决"。

交的证明材料明显不符合法定形式要求，不动产登记机构没有尽到形式审查义务，仍予以登记；三是，当事人提交的证明材料符合法定形式要求，但是因具体经办人失误导致登记内容与证明材料内容不一致，即物权变动登记内容记载错误。在司法实践中，前述三种不动产物权变动登记错误的诱因应当加以区分，分别适用不同司法救济途径。

针对第一种诱因，因为不动产机构仅具有形式审查权，不能对物权变动原因行为的真实性、合法性予以审查评价，所以真实权利人或利害关系人应向人民法院提起不动产物权变动原因行为异议之诉，先行解决变动原因行为的真实性、合法性争议。经司法途径解决原因行为效力之后，根据生效法律文书向不动产登记机构申请更正登记或涂销登记，使不动产登记内容与真实权利归于一致。

针对第二种诱因，因为不动产登记机构未尽到形式审查义务，真实权利人或利害关系人可以直接向不动产登记机构提交符合法定形式要求的证明材料，申请更正登记。不动产登记机构拒绝更正登记的，当事人可向人民法院提起不动产物权变动登记行为异议之诉，通过行政诉讼解决登记行为合法性争议。

针对第三种诱因，不动产登记错误是因为具体经办人失误，导致记载内容错误。此时，当事人可以直接向不动产登记机构申请更正登记。不动产登记机构拒绝更正登记的，当事人向人民法院提起不动产物权变动登记行为异议之诉，通过人民法院的司法审查权责令不动产登记机构予以更正。

综上，在本案中，博白县政府于2010年11月，变更登记颁发博国用(2010)第160414号国有土地使用证给何敬文。在2013年1月，李甲和及其妻子冯体芳与何敬文一方签订《转让土地协议书》，约定将涉案的145m^2土地以232 000元转让给何敬文一方管理使用。虽然在时间顺序上，颁证行为在前、变动原因行为在后，但是已经符合“物权变动原因行为”与“不动产物权变动登记”的结合，故涉案土地的物权变动有效。从本案查明事实来看，李泰谕所提的行政诉讼请求，蕴含着物权请求权的内容。因此李泰谕对政府的颁证登记行为不服，实质上是对涉案土地物权变动效力不服，即本质上是对物权变动原因行为的合法性与真实性不服。根据物权变动有因性理论，李泰谕应通过物权变动原因行为异议之诉，去解决原因行为的合法性与真实性争议。

李泰谕曾以李甲和、冯体芳、新港公司为被告，诉至法院请求判决确认《转让土地协议书》无效，确认涉案145m^2土地国有土地使用权属其享有。玉林市中级人民法院(2015)玉中民一终字第64号民事判决驳回了李泰谕的诉讼请求；该判决已发生法律效力。换言之,李泰谕关于物权变动原因行为效力异议之诉,未得到法院支持。涉案土地的物权变动原因行为,即《转让土地协议书》的真实性、合法性,已得到生效裁判文书的支持。从法律上的利害关系来看,自(2015)玉中民一终字第64号民事判决书发生法律效力之后,物权变动原因行为效力之争议已得到解决,物权变动有效。因此李泰谕与涉案土地物权变动效力,已无法律上的利害关系,该判决也阻断了李泰谕与博国用(2010)第160414号国有土地使用证之间的利害关系。李泰谕不能通过诉一项行政确认行为(颁证登记行为)合法性之方式,达到否认物权变动原因行为真实性、合法性的目的。

四、结语

人民法院在审理类案时,应当着重把握不动产物权变动原因行为和不动产物权变动登记行为之间的区别,厘清物权变动原因行为异议之诉与物权变动登记行为异议之诉,贯彻不动产物权变动的债权形式主义与物权变动有因性理论,识别当事人与被诉行政行为之间的利害关系。

经典行政裁判文书

北海海事法院行政判决书*

(2016)桂72行初24号

原告:钟德富。

原告:姚本元。

委托代理人:李炳辉,广西海城律师事务所律师。

委托代理人:梁志鹏,广西海城律师事务所律师。

被告:北海市海城区海洋和水产畜牧兽医局,住所地广西壮族自治区北海市海城区长青北路13号(海城区政府大院内)。

负责人:黄哲,局长。

委托代理人:陈丽萍,广西桂三力律师事务所北海分所律师。

原告钟德富、姚本元因与被告北海市海城区海洋和水产畜牧兽医局(以下简称海城区水产局)渔业行政给付纠纷,于2016年6月21日向北海市海城区人民法院(以下简称"海城区法院")提起行政诉讼。7月18日,海城区法院将本案移送本院,本院在当日立案后,于7月22日向被告海城区水产局送达了起诉状副本及应诉通知书。本院依法组成合议庭,于11月18日公开开庭审理了本案,原告姚本元及其与钟德富的委托代理人梁志鹏,被告海城区水产局的副职负责人副局长黄方其、委托代理人陈丽萍到庭参加诉讼。本案现已审理终结。

原告钟德富、姚本元诉称,其名下拥有船号为桂北渔10098的渔船,

* 第二届全国法院环境资源优秀裁判文书一等奖。

并办理了《南沙专项捕捞许可证》,具有在南沙海域捕捞作业的资质。2013 年 7 月 30 日,原告在赴南沙生产的途中,为躲避台风,于 8 月 1 日到达闸坡港马尾口锚地抛锚。广东省渔政总队闸坡大队认为原告在休渔期作业,违反了《渔业法》的相关规定,遂对其进行处罚,原告接受处罚并交纳了罚款。2014 年 12 月,原告被通知因违反休渔规定而被被告根据《广西壮族自治区渔业违规行为成品油价格补助资金扣减实施办法(暂行)》(以下简称《扣减办法》)扣减2013 年度油价补助资金的50%。原告认为,被告的扣减行为属于行政处罚,处罚程序不当,实体错误,法律依据不足。理由为:(1)《扣减办法》于2013 年8 月12 日颁布,而原告的被处罚行为发生在2013 年8 月1 日,《扣减办法》不具有法律溯及力,法律依据错误。(2)被告在作出行政处罚前没有履行告知义务,也没有向原告申明权利,没有经过调查并召开听证程序,处罚程序严重违法。(3)原告已被广东省渔政总队闸坡大队处罚过,被告又对同样的行为再次予以处罚,违反一事不再罚原则。(4)《渔业法》已明确限定了违反休渔期作业规定的处罚方式,被告扣减油价补助资金的行为超出了《渔业法》的限制,该处罚行为无效。

2015 年 1 月,原告向海城区法院提起行政诉讼,海城区法院作出(2015)海行初字第 23 号行政裁定书,认为北城海洋渔牧〔2014〕46 号《关于扣减桂北渔 10098 等 6 艘渔船 2013 年度油价补助资金的通知》(以下简称《扣减通知》)仅是告知行为,给付程序尚未终结,被告的行政行为对原告的合法权益明显不产生实际影响,据此驳回原告的起诉。2015 年 10 月 20 日,原告收到被告发放的油补,明确被告仅向原告发放 50% 的油补,被告的行为已经对原告的合法权益产生实际影响。为此,原告提起本案行政诉讼,请求:(1)撤销被告海城区水产局作出的北城海洋渔牧〔2014〕46 号《扣减通知》与原告钟德富、姚本元有关的部分,撤销被告扣减原告 2013 年度油价补助资金 50% 的行政处罚;(2)本案诉讼费用由被告海城区水产局承担。

被告海城区水产局答辩称,原告钟德富、姚本元的诉讼请求没有事实和法律依据,具体理由如下:(1)海城区水产局不是本案适格的被告,扣减决定不是由被告最终作出审批决定,原告油补资金被扣减是由于违反休渔规定捕鱼被广东省渔政部门行政处罚。(2)被告作出《扣减通知》的行为并非原告所称的行政处罚行为,不具有可诉性。(3)被告作出的《扣减通知》适用的法律法规正确。(4)被告没有违反行政法一事不再罚的原则。故请求法院驳回原告诉讼请求。

原告钟德富、姚本元向本院提交以下证据:

1. 渔业捕捞许可证、渔业船舶所有权登记证书和渔业船舶国籍证书,证明原告是“桂北渔 10098”号渔船的船主,是适格主体;

2. 北城海洋渔牧〔2014〕46号《关于扣减桂北渔10098等6艘渔船2013年度油价补助资金的通知》,证明被告违反程序和法律对原告作出行政处罚;

3.(2015)海行初字第23号行政裁定书,证明原告曾就本案诉求向海城区法院提起行政诉讼;

4. 补贴发放公示名单,证明被告的行政行为侵害了原告的合法权益;

5. 户名为姚本元的中国建设银行存折,证明内容同证据4;

6. 油价补助公示,证明被告的行政行为侵害了原告等众多渔民的合法权益。

被告海城区水产局向本院提交以下证据、依据:

1. 中央财政国内捕捞渔船油价补助申请表、2013年度渔业油价补助资金申请材料上报登记表、2013年度中央财政国内海洋渔船油价补助申请资格公示、照片,证明渔业油价补助资金的发放是行政给付行为,其与渔船是否从事正常的捕捞生产活动、违法违规处理等情况挂钩;

2. 北渔牧〔2014〕48号《关于转发〈广西壮族自治区水产畜牧兽医局关于2013年渔政渔港监督机构查处渔船情况的通报〉的通知》,证明原告的渔船因2013年违反休渔规定,不符合全额发放渔业油价补助资金的条件;

3. 桂渔牧函〔2014〕137号《广西壮族自治区水产畜牧兽医局关于2013年度违规渔船扣减油价补助资金有关情况的报告》,证明原告的渔船因2013年违反休渔规定,应扣减50%渔业油价补助资金;

4. 北渔牧〔2014〕201号《关于转发自治区水产畜牧兽医局转发农业部渔业渔政管理局关于通报2013年度国内渔船油价补助审核情况的通知的通知》,证明农业部将2013年度渔船油价补助资金的审核结果逐级通知;

5.《关于对"农业部通报2013年度国内捕捞渔船渔业油价补助审核情况"核查结果的报告》,证明被告对农业部的审核结果核对上报;

6. 北城海洋渔牧〔2014〕46号《关于扣减桂北渔10098等6艘渔船2013年度油价补助资金的通知》、文件签领表,证明被告作出北城海洋渔牧〔2014〕46号通知的行为属于程序性告知行为,不具有可诉性;

7. 海城区2013年度渔业油价补助发放金额公示(第一批)、照片,证明原告2013年度可获得的渔业油价补助资金金额;

8. 桂北渔10098等6艘渔船2013年度渔业油价补助发放金额再次公示、照片,证明原告2013年度应取得的渔业油价补助资金金额;

9. 海城区渔船2013年度第二批渔业油价财政补贴资金签领表,证明原告已依法

取得2013年度渔业油价补助资金,其合法权益没有受到侵害;

10.财建〔2009〕1006号《渔业成品油价格补助专项资金管理暂行办法》,证明被告发放渔业油价补助资金的依据;

11.农办渔〔2012〕164号《农业部办公厅关于做好2012年渔业油价补助资金发放工作的通知》、农办渔〔2013〕95号《农业部办公厅关于做好2013年渔业油价补助资金发放工作的通知》,证明内容同证据10;

12.桂渔牧发〔2013〕114号《广西壮族自治区水产畜牧兽医局关于印发广西壮族自治区渔业违规行为成品油价格补助资金扣减实施办法(暂行)的通知》,证明内容同证据10;

13.北渔牧〔2014〕20号《关于转发〈广西壮族自治区水产畜牧兽医局关于做好2013年度渔业油价补助资金发放的通知〉的通知》,证明内容同证据10;

14.被告的组织机构代码证,证明被告的诉讼主体资格。

经庭审质证,原告钟德富、姚本元对被告海城区水产局提交的证据1的真实性、合法性和关联性无异议,对其证明目的有异议,油补的确认与实际耗油量的核算有关,与是否存在违法行为无关;对证据2、3的关联性和证明目的有异议,通知和报告的内容是由被告根据不具有溯及力的法律依据所下达的,内容无效;对证据4的关联性和证明目的有异议,油价补助资金的确定与实际耗油量有关,与是否存在违法无关;对证据5合法性和关联性有异议,被告对审核结果无异议,但审核结果与原告合法利益相关,原告有异议应该与原告核实并告知救济途径;对证据6的合法性、关联性、证明内容和目的有异议,《扣减通知》是一份行政处罚决定书,原告没有签收过;对证据7、8的合法性有异议,被告通过公示向原告告知处罚行为,公示上的异议方式也只是被告单方作出的,无法律依据;对证据9的真实性、合法性和关联性无异议,对证明内容有异议,被告扣减原告50%的油补资金侵害了原告的合法权益;对证据10~13的真实性无异议,对合法性、关联性有异议,所列的相关文件不能作为扣减油补资金的法律依据,恰好说明被告的扣减行为在实体和程序上违法;对证据14的真实性、合法性和关联性无异议。

被告海城区水产局对原告钟德富、姚本元提交的证据1的真实性、合法性和关联性无异议;对证据2的真实性、合法性无异议,对证明内容有异议,扣减行为不是行政处罚行为,扣减金额的审核也不是被告作出,被告作出《扣减通知》告知原告的程序没有违反法律规定;对证据3的真实性、合法性无异议,对关联性有异议,该证据证明被告作出通知的合法性,原告提起本案诉讼违反了不得重复诉讼的原则;对证据4~6

的真实性、合法性和关联性无异议，对证明目的有异议，原告的合法权益不是因为被告的行政行为而受到侵害，是由于其在2013年违反《渔业法》受到处罚而被扣减油补资金，公示内容证明被告按程序规定将油补情况公示告知渔民。

本院对上述证据认证如下：原告钟德富、姚本元提交的证据1、4～6，被告对其真实性、合法性、关联性无异议，对证明目的有异议；对证据2的真实性、合法性无异议，对证明内容有异议；对证据3的真实性、合法性无异议，对关联性有异议。被告海城区水产局提交的证据1、9、14，原告对其真实性、合法性、关联性无异议，对证据1、9的证明内容有异议；对证据2～4的关联性和证明目的有异议；对证据5的合法性和关联性有异议；对证据6的合法性、关联性、证明内容和目的有异议；对证据7、8的合法性有异议；对证据10～13的真实性无异议，对合法性、关联性有异议。上述证据，各方当事人对其真实性均无异议，均作为认定案件事实的证据，对有关证据的合法性、关联性及当事人有分歧的证明内容结合全案证据综合认定。

经审理查明，"桂北渔10098"号渔船为钢质国内捕捞船，船长33.29米，型宽7米，型深3.86米，总吨位267吨，净吨位115吨，主机总功率412千瓦。该船建成于2012年6月，同年该船即登记为原告钟德富、姚本元所有，二人持有（桂）船捕（2012）HY—100259号海洋大、中型捕捞渔船渔业捕捞许可证。2013年8月1日，广东省渔政总队闸坡大队认为原告在休渔期作业，违反了《渔业法》的有关规定，对原告作出渔业行政处罚，原告交纳了相应罚款。2014年2月，海城区水产局组织辖区渔船申报和上报2013年度渔船油价补助，2月15日，原告填写了中央财政国内捕捞渔船油价补助申请表，2月17日至23日，被告对在海城区申报且符合2013年度油价补助资金申请条件的渔船名单进行资格公示，原告所属"桂北渔10098"号渔船也在公示名单当中。11月26日，北海市水产畜牧兽医局（以下简称"市水产局"）向市辖县（区）、涠洲岛管委会渔业主管部门发出北渔牧〔2014〕201号《关于转发自治区水产畜牧兽医局转发农业部渔业渔政管理局关于通报2013年度国内渔船油价补助审核情况的通知的通知》，通知所附国内海洋捕捞渔船油价补助核定表载明"桂北渔10098"号渔船补助年度内有违法违规行为，扣减油价补助比例50%，该通知还明确："对农业部审核结果有异议的，请核准后于2014年11月28日下班前以书面形式加盖公章传真至我局。"11月28日，海城区水产局向市水产局报告，明确海城区管辖的桂北渔10098等6艘渔船因违反休渔规定被查处情况属实，对农业部的补助审核结果无异议。12月15日，海城区水产局作出北城海洋渔牧〔2014〕46号《扣减通知》，载明因原告于2013年8月1日违反休渔规定，依法扣减其2013年度50%油价补助资金。

12 月 24 日，被告将《扣减通知》送达原告渔船所在的北海市海城区扬帆渔业服务中心上寮渔业服务部。2015 年 2 月 25 日，海城区水产局发布海城区 2013 年度渔业油价补助发放金额公示（第一批），8 月 20 日，该局发布桂北渔 10098 等 6 艘渔船 2013 年度渔业油价补助发放金额再次公示，10 月 19 日，两原告在被告制作的海城区渔船 2013 年度第二批渔业油价财政补贴资金签领表上签字并盖指印，次日，“桂北渔 10098”号渔船被扣减 50% 后的 2013 年度油价补贴款 369 349.69 元发放到位。

另查明，2015 年 3 月 19 日，海城区法院立案受理原告钟德富、姚本元与被告海城区水产局渔业行政给付纠纷一案，同年 6 月 18 日，该院以案涉行政给付程序尚未终结，钟德富、姚本元合法享有的政策补助是否受到影响处于不确定状态，被诉行政行为对其合法权益明显不产生实际影响为由，裁定驳回钟德富、姚本元的起诉。2016 年 6 月 21 日，原告钟德富、姚本元再次向海城区法院提起诉讼，该院根据《最高人民法院关于海事法院受理案件范围的规定》第 79 条的规定，于 7 月 18 日将案件移送本院审理。

本院认为，本案系原告钟德富、姚本元认为被告海城区水产局违法扣减渔业油价补助资金而提起的行政诉讼，属渔业行政给付纠纷。综合双方当事人的诉辩意见，本案的争议焦点为：(1)本案被诉行政行为的性质是行政处罚还是行政给付；(2)被告是否享有作出扣减渔船油价补助资金通知的职权；(3)被告作出扣减原告 2013 年度的渔船油价补助资金通知是否有相应的事实和法律、法规、规章等规范性文件依据，作出扣减通知的程序是否合法。

一、关于本案被诉行政行为的性质是行政处罚还是行政给付的问题

行政处罚是行政机关或其他行政主体依法定职权和程序对违反行政法规但尚未构成犯罪的相对人给予行政制裁的行政行为。行政给付也称行政物质帮助，是行政主体在特定情况下，依法向符合条件的申请人提供物质利益或赋予其与物质利益有关的权益的行为。行政给付以相对人的申请为条件，其内容是赋予相对人一定的物质帮助权益，对象是处于某种特殊状态下的行政相对人。根据财政部、农业部制定的财建〔2009〕1006 号《渔业成品油价格补助专项资金管理暂行办法》（以下简称《油补资金管理办法》）第 3 条“本办法所称的补助资金，是指中央财政预算安排的，用于补助渔业生产者因成品油价格调整而增加的成品油消耗成本而设立的专项资金”的规定，结合该暂行办法第 1 条（制定的依据）、第 4 条（补助对象的范围）、第 5 条（补助

对象的条件）的规定，财政部、农业部对从事渔业生产的补助对象给予渔业成品油价格补助，性质上是行政给付。

二、关于被告是否享有作出扣减渔船油价补助资金通知的职权的问题

被告海城区水产局享有依法依规扣减其管辖有关渔船油价补助资金并作出相应通知的职权。理由如下：第一，根据《油补资金管理办法》第 10 条至第 16 条的规定，县级渔业主管部门在油价补助资金发放过程中承担组织申报、初核、汇总、资格公示、补助用油量测算、上报、资金发放公示和资金发放等职责。第二，《扣减办法》第 2 条第 2 款规定："县级以上渔业行政主管部门负责管辖的补助对象或渔船渔业违规行为的补助资金扣减工作。"第三，广西壮族自治区水产畜牧兽医局桂渔牧函〔2014〕104 号《关于 2013 年渔政渔港监督机构查处渔船情况的通报》中明确要求各市水产畜牧兽医局"及时与相关船主核实，并根据要求对 2013 年违规渔船做好扣减油价补助工作"；北海市水产畜牧兽医局北渔牧〔2014〕48 号《关于转发〈广西壮族自治区水产畜牧兽医局关于 2013 年渔政渔港监督机构查处渔船情况的通报〉的通知》明确要求市辖各区海洋和水产畜牧兽医局"对申报 2013 年度渔业油价补助资金的渔船进行逐一核对，如实扣减"。事实上，被告扣减有关渔船油价补助资金的工作于 2014 年 11 月 6 日经农业部渔业渔政管理局以农渔计函〔2014〕104 号《关于通报 2013 年度国内渔船油价补助审核情况的函》所确认。经逐级往下通知后，海城区水产局于 2014 年 11 月 28 日报市水产局，对农业部的补助审核情况核查结果无异议。12 月 15 日，海城区水产局作出北城海洋渔牧〔2014〕46 号《扣减通知》，即本案被诉行政行为。被告作为基层渔业主管部门，根据扣减油价补助的审核结果作出扣减油价补助资金通知，是其依法行使渔业行政管理职责的应有之义。而且，不论各级渔业行政主管部门之间对油价补助资金的扣减如何具体分工，最终由被告海城区水产局对外向相对人发出通知，该《扣减通知》对原告的相关权益产生影响，具有可诉性。2015 年 6 月 18 日，海城区法院认为案涉行政给付程序尚未终结，被诉行政行为对其合法权益明显不产生实际影响裁定驳回钟德富、姚本元的起诉，同年 10 月 20 日，两原告领到扣减 50% 以后的油补资金，2016 年 6 月 21 日，原告钟德富、姚本元以其权益已受到实际影响为由，再次向海城区法院提起诉讼，并不构成重复诉讼。综上，被告海城区水产局享有依法依规扣减油价补助资金并作出通知的职权，其辩称只是对油价补助资金扣减的审核结果以通知的形式告知原告，其不是本案的适格被告的主张，与事实不符，无法律依据，不予采纳。

三、关于被告作出扣减原告2013年度的渔船油价补助资金通知是否有相应的事实和法律、法规、规章等规范性文件依据,作出扣减通知的程序是否合法的问题

原告所有的“桂北渔10098”号渔船在2013年8月1日在闸坡附近海域违反休渔规定,被广东省渔政执法机构给予行政处罚,该事实有广西壮族自治区水产畜牧兽医局桂渔牧函〔2014〕104号《关于2013年渔政渔港监督机构查处渔船情况的通报》所附的海区渔政局和外省渔政机构查处广西违规渔船统计表等多份证据证实,原告也承认2013年8月1日被广东省渔政总队闸坡大队下达行政处罚决定书,并交纳了相应罚款。故被告扣减原告的油价补助资金有事实依据。

渔业油价补助资金审核发放要根据补助对象的用油量来确定,《油补资金管理办法》第10条规定了该项工作在年度终了之后进行;农办渔〔2013〕95号《农业部办公厅关于做好2013年渔业油价补助资金发放工作的通知》亦规定:“按照其实际作业情况据实测算补助用油量,并根据渔民填报的‘年实际耗油量’和管理部门测算的补助用油量的最小值确定为渔业油价补助耗油量。”扣减油价补助资金的依据是规范性文件,不存在违反法不溯及既往的问题。各层级的规范性文件规定了不予补助或扣减补助的具体情形:《油补资金管理办法》第21条规定:“违反《渔业法》等法律法规规定从事渔业生产的,视情节不得补助或扣减补助。”农办渔〔2013〕95号《通知》规定:“2013年度渔业油价补助继续与渔政执法挂钩。从事电毒炸作业……以上五种为特别严重违规行为,涉案渔船应扣除全年渔业油价补助。其他严重违规行为视情节轻重可扣减70%以下渔业油价补助。具体违规行为和标准由各省(区、市)根据本地实际情况制定。”《扣减办法》第5条第1款的规定:“(一)补助年度内一次违反海洋伏季休渔或珠江禁渔期规定作业的,扣减当年50%补助资金……”因而,对违法违规渔船扣减相应的油补资金有充分、明确的规范性文件依据。

在程序方面,海城区水产局经过组织申报、初核、汇总、资格公示、补助用油量测算,逐级上报由农业部最终审核确定以及金额公示等环节,程序完备;另外,根据《扣减办法》第3条关于“县级以上渔业行政主管部门作出不得发放或扣减补助资金的决定后,应书面通知补助对象并进行公示”的规定,被告已通过书面形式作出了〔2014〕46号《扣减通知》,该通知送达给原告渔船所在的渔业服务部,同时在海城区水产局的政务网站及其所在的政府院内公告栏进行了公示。原告亦在诉状中陈述:“2014年12月,原告忽然接到通知,内容是因原告2013年8月1日在广东实施了违反休渔规定的作业行为，被告决定根据《扣减办法》扣减原告2013年度油价补助资金，扣减比例为50%。”庭审中，原告姚本元也承认因对扣减有异议而在被告将扣减通知交其本人签领时拒绝签字。据此，被告海城区水产局已履行了通知和公示的义务，程序合法。

综上所述，本案被诉行政行为的性质是行政给付而非行政处罚，被告海城区水产局享有依法依规扣减渔船油价补助资金并发出通知的职权，其作出扣减原告2013年度的渔船油价补助资金通知有相应的事实和规范性文件依据，程序合法。依照《行政诉讼法》第69条之规定，判决如下：

驳回原告钟德富、姚本元的诉讼请求。

案件受理费100元，由原告钟德富、姚本元负担（已交纳）。

如不服本判决，可在判决书送达之日起15日内，向本院递交上诉状，并按对方当事人的人数提出副本，上诉于广西壮族自治区高级人民法院，并在递交上诉状之日起至上诉期限届满后7日内预交上诉案件受理费人民币100元（收款单位：广西壮族自治区高级人民法院，帐号：20－017301040003777，开户银行：农行南宁市万象支行）。逾期不交也不提出缓交、减交、免交案件受理费申请的，按自动撤回上诉处理。

审判长：陆英涛，代理审判员：韦振斌、庞慧，书记员：韦雨忱

二〇一六年十二月十三日

广西壮族自治区桂林市中级人民法院行政判决书*

(2017)桂03行终87号

上诉人(一审被告):龙胜各族自治县人力资源和社会保障局,住所地:广西壮族自治区龙胜各族自治县龙胜镇桂龙45-8号。

被上诉人(一审原告):衡阳华运运输服务公司零陵分公司,住所地:湖南省永州市零陵区潇湘汽车城对面。

一审被告:龙胜各族自治县人民政府,住所地:广西壮族自治区龙胜各族自治县龙胜镇兴龙中路7号。

一审第三人:郭海荣。

上诉人龙胜各族自治县人力资源和社会保障局(以下简称龙胜县人社局)因工伤认定纠纷一案,不服龙胜各族自治县人民法院(2016)桂0328行初40号行政判决,向本院提起上诉。本院受理后,依法组成合议庭,于2017年4月7日公开开庭审理了本案。上诉人龙胜县人社局负责人阳孝雄、委托代理人石曹媛,被上诉人衡阳华运运输服务公司零陵分公司(以下简称衡阳华运公司)的委托代理人何龙华,一审被告龙胜各族自治县人民政府(以下简称龙胜县政府)的委托代理人潘新,一审第三人郭海荣及其委托代理人唐学谋到庭参加诉讼。本案现已审理终结。

一审审理查明,湘M08030号牌的车辆是案外人黄军锋的车辆,该车辆挂靠在原告公司名下。2015年11月12日原告与车主黄军锋签订

---

* 第五届全国行政审判优秀业务成果裁判文书类二等奖。

了《挂靠经营合同》,2016年3月9日车主黄军锋聘请第三人郭海荣从事驾驶员工作。2016年3月28日下午16时,第三人郭海荣驾驶湘M08030车辆运山砂途经龙胜县江底乡泥塘村加水处加水时,第三人郭海荣爬上车厢堆砂石,不慎从车上摔下,导致第三人郭海荣受伤。伤后第三人郭海荣到龙胜县人民医院治疗,经医院确诊为:L1压缩性骨折。2016年4月12日,第三人向被告龙胜县人社局提出工伤认定申请,该局于2016年6月6日作出龙人社伤认字(2016)23号认定工伤决定。后该局认为其作出的决定认定第三人郭海荣工作时间有误,同日,被告龙胜县人社局又重新作出龙人社伤重认字(2016)2号认定工伤决定,认定第三人郭海荣的受伤属于工伤。原告不服,于2016年8月1日向被告龙胜县政府申请复议,被告龙胜县政府于2016年10月13日作出龙政复决字(2016)4号行政复议决定,维持了被告龙胜县人社局作出龙人社伤重认字(2016)2号认定工伤决定。为此,原告于2016年11月1日向该院提起行政诉讼,请求撤销二被告作出的龙人社伤重认字(2016)2号工伤认定决定和龙政复决字(2016)4号行政复议决定。

一审法院认为,根据《工伤保险条例》第5条的规定,县级以上地方各级人民政府社会保险行政部门负责本行政区域内的工伤保险工作。故被告作为本行政区域内的社会保险行政部门对涉案工伤认定申请具有审查并作出认定的法定职责。本案的争议焦点为原告与第三人郭海荣在挂靠期间(2016年3月9日至28日)是否存在事实劳动关系。

首先,确认劳动者与用人单位是否存在劳动关系,应当考察劳动者与用人单位之间是否存在劳动法上的隶属关系。"隶属性"是劳动关系的本质特点,其包括人身上、经济上和组织上的隶属性。本案第三人郭海荣为实际车主黄军锋雇请,由车主黄军锋支付其报酬并接受黄军锋的工作安排,其与原告衡阳华运公司之间不具有人身上、经济上和组织上的隶属性。

其次,《最高人民法院关于车辆实际所有人聘用的司机与挂靠单位之间是否形成事实劳动关系的答复》明确了"个人购买的车辆挂靠其他单位且以挂靠单位的名义对外经营的,根据2008年1月1日起实施的《劳动合同法》规定的精神,其聘用的司机与挂靠单位之间不具备劳动关系的基本特征,不宜认定其形成了事实劳动关系"。

最后,《最高人民法院关于审理工伤保险行政案件若干问题的规定》第3条第1款第5项虽规定"个人挂靠其他单位对外经营,其聘用的人员因工伤亡的,被挂靠的单位为承担工伤保险责任的单位",但该规定体现的是对劳动者因工伤亡后的一种特殊救济和保障,并不能因此反推承担工伤保险责任的单位就与承担保险责任的对象之间成立事实劳动关系。

综上,二被告认定原告衡阳华运公司与第三人郭海荣存在劳动关系,并以此确认第三人郭海荣在工作中受伤属工伤,其认定事实不清,证据不充分,因此,原告提起行政诉讼要求撤销二被告作出的处理决定理由充分,该院应予支持。根据《行政诉讼法》第70条第1款第1~2项之规定,判决:(1)撤销被告龙胜各族自治县人力资源和社会保障局龙人社伤重认字(2016)2号认定工伤决定;(2)撤销被告龙胜各族自治县人民政府龙政复决字(2016)4号行政复议决定。案件受理费50元,由被告龙胜各族自治县人力资源和社会保障局负担。

上诉人龙胜县人社局上诉称,(1)上诉人作出龙人社伤重认字(2016)2号认定工伤决定程序合法,事实清楚,证据确凿。一审第三人郭海荣驾驶登记在被上诉人衡阳华运公司名下的湘M08030车辆,在运山砂途中加水时从车上摔下受伤,经治疗后其提出工伤认定申请。上诉人受理后向被上诉人衡阳华运公司送达了《工伤认定限期举证通知书》,被上诉人未在举证期限内举证,上诉人根据工伤认定申请人提供的证据依照《工伤保险条例》第14条第1项、《广西壮族自治区实施〈工伤保险条例〉办法》第16条的规定认定工伤符合法律规定。(2)被上诉人在行政复议中提供的《挂靠经营合同》超过举证期限,且未经法定代表人签字,未达到合同约定的"经双方签字后具有法律效力"的生效条件,应不予认定。(3)湘M08030车辆挂靠被上诉人衡阳华运公司名下经营,根据《最高人民法院关于审理工伤保险行政案件若干问题的规定》第3条第1款第5项规定,被上诉人衡阳华运公司也应承担工伤保险责任。综上,一审判决适用法律错误,请求依法撤销(2016)桂0328行初40号行政判决,维持龙人社伤重认字(2016)2号认定工伤决定。

被上诉人衡阳华运公司辩称,上诉人龙胜县人社局在工伤认定中认定郭海荣与被上诉人存在劳动关系证据不足,缺乏事实和法律依据。一审判决认定事实清楚,适用法律正确。上诉人的上诉理由不能成立,请求驳回上诉,维持原判。

一审被告龙胜县政府辩称,(1)龙胜县政府受理被上诉人的行政复议申请后,依法对上诉人作出的工伤认定行政行为进行了审查。经查证,上诉人受理工伤认定申请后,向被上诉人衡阳华运公司送达了《工伤认定限期举证通知书》,被上诉人未在举证期限内举证,上诉人根据申请人提供的证据作出工伤认定,事实清楚,适用法律正确,程序合法。遂依据《行政复议法》第28条第1款第1项的规定作出维持的复议决定。(2)被上诉人在行政复议中提供的《挂靠经营合同》,并不影响其作为承担工伤保险责任单位的认定。综上,龙胜县政府作出的行政复议决定认定事实清楚,证据充分，适用法律正确，程序合法。请求维持龙政复决字（2016）4号行政复议决定。

一审第三人郭海荣述称，2017年1月9日东安县公安局交通警察大队出具的查询打印信息证实：1. 湘M08030货车出厂日期为2015年11月4日，2015年11月12日登记到被上诉人衡阳华运公司名下，与该货车机动车行驶证上登记的所有人一致；2. 被上诉人衡阳华运公司将湘M08030货车于2016年4月7日（郭海荣3月28日摔伤）抵押登记给上海徽融融资租赁有限公司。且被上诉人在行政复议中提供的《挂靠经营合同》未经法定代表人签字，不具有法律效力。因此，湘M08030货车的所有人为被上诉人衡阳华运公司。综上，龙胜县人社局作出的龙人社伤重认字（2016）2号认定工伤决定及龙胜县政府作出的龙政复决字（2016）4号行政复议决定认定事实清楚，程序合法，适用法律正确。请求驳回被上诉人的诉讼请求。

经审查，除对湘M08030号牌车辆是否挂靠在被上诉人衡阳华运公司对外经营有争议外，各方当事人对一审查明的事实均无异议，本院予以确认。

另查明，上诉人龙胜县人社局受理郭海荣的工伤认定申请后，向被上诉人衡阳华运公司发出了《工伤认定限期举证通知书》，被上诉人衡阳华运公司于2016年5月12日签收通知书，未向上诉人龙胜县人社局提交证据。2016年8月1日被上诉人衡阳华运公司向一审被告龙胜县政府申请复议，并提交2015年11月12日与黄军锋签订的《挂靠经营合同》。

二审对争议事实和证据的分析认定，二审庭审中，上诉人龙胜县人社局及一审第三人郭海荣均提出《挂靠经营合同》未经法定代表人签字，未达到合同约定的“经双方签字后具有法律效力”的生效条件。一审第三人郭海荣还提供了2017年1月9日东安县公安局交通警察大队出具的两份查询打印信息材料[（1）湘M08030货车出厂日期为2015年11月4日，初始登记日期为2015年11月12日，所有人为衡阳华运运输服务公司零陵分公司；（2）湘M08030货车抵押登记给上海徽融融资租赁有限公司的时间为2016年4月7日]，认为查询信息登记的所有人与该货车机动车行驶证上载明所有人一致，且抵押登记是在其摔伤之后，主张湘M08030货车的所有人就是被上诉人衡阳华运公司。被上诉人衡阳华运公司认为《挂靠经营合同》形式上虽有瑕疵，但湘M08030货车实际所有人为黄军锋的事实存在。被上诉人还主张该车的挂靠经营实际上是融资租赁关系，但未提供合法有效的证据。综上，湘M08030货车从2015年11月12日开始登记在被上诉人衡阳华运公司名下，本院予以确认。至于湘M08030号牌车辆是否挂靠被上诉人衡阳华运公司对外经营，当事人意见各异，考虑到《挂靠经营合同》中没有法定代表人签字的情况，对合同所涉挂靠关系的认定影响的是合同签约双方的权益，现合同的一方黄军锋不是本案当事人，直接认定可能损害合同签约方的权益。但是否挂靠关系并不影响上诉人龙胜县人社局对本案作出认定为工伤的结论。因此，本院对《挂靠经营合同》所涉及的挂靠关系不作处理。

本院综合诉辩双方的意见，本案二审诉讼的争议焦点为：(1)上诉人及一审被告作出的被诉行政行为是否合法有据；(2)一审判决法律理解适用是否准确。

本院认为：

1.《工伤保险条例》第19条第2款规定“职工或者其近亲属认为是工伤，用人单位不认为是工伤的，由用人单位承担举证责任”，即认为不属于工伤的，举证责任在用人单位。上诉人龙胜县人社局受理一审第三人郭海荣的工伤认定申请后，向被上诉人衡阳华运公司送达了《工伤认定限期举证通知书》，被上诉人未在举证期限内举证，上诉人龙胜县人社局于是依照《广西壮族自治区实施〈工伤保险条例〉办法》第16条“依法应当由用人单位承担举证责任的，用人单位应当在收到劳动保障行政部门的举证通知书后，在规定的期限内进行举证。用人单位拒不举证的，劳动保障部门可以根据受伤害职工提供的证据依法作出工伤认定结论”的规定，根据工伤认定申请人提供的证据，查明一审第三人郭海荣驾驶登记在被上诉人衡阳华运公司名下的湘M08030车辆，在运山砂途中加水时从车上摔下受伤，系在工作时间和工作地点，因工作原因受到的事故伤害后，依据《工伤保险条例》第14条第1项规定作出认定工伤决定，事实清楚，适用法律正确，程序合法；一审被告龙胜县政府行政复议予以维持并无不当。

2.《最高人民法院关于审理工伤保险行政案件若干问题的规定》第3条第1款第5项规定，“个人挂靠其他单位对外经营，其聘用的人员因工伤亡的，被挂靠的单位为承担工伤保险责任的单位”，确实不能反推承担工伤保险责任的单位就与劳动者之间成立事实劳动关系。然而，该条款是对“个人挂靠其他单位对外经营，其聘用的人员因工伤亡的”这一特定情形的劳动者工伤待遇问题作出的特别规定，系从工伤保险责任的层面规定了被挂靠单位的责任，应当作为该情形下劳动者因工伤亡申请工伤待遇的依据。简言之，在“个人挂靠其他单位对外经营，其聘用的人员因工伤亡的”这一特定情形，已不再是先确定劳动者与用工单位之间劳动关系后作出工伤认定，而是直接由被挂靠的单位先对因工伤亡的劳动者承担工伤保险责任。这样规定显然是为了实现《工伤保险条例》的立法目的——保障因工伤亡的劳动者及时获得医疗救治和经济补偿。当然，被挂靠的单位只是基于立法者为保障因工伤亡的劳动者及时获得医疗救治和经济补偿的目的，先行承担工伤保险责任，为此《最高人民法院关于审理工伤保险行政案件若干问题的规定》第3条第2款规定“前款第(四)、(五)项明确的承担工伤保险责任的单位承担赔偿责任或者社会保险经办机构从工伤保险基金支付工伤保险待遇后，有权向相关组织、单位和个人追偿”，赋予了其承担工伤保险责任后的追偿权。因此，一审判决将挂靠期间是否存在事实劳动关系作为案件审理的争议焦点，并根据《最高人民法院关于车辆实际所有人聘用的司机与挂靠单位之间是否形成事实劳动关系的答复》认定车辆实际所有人聘用的司机与挂靠单位之间不存在事实劳动关系，进而认为本案失去了工伤认定基础及前提，系对《最高人民法院关于审理工伤保险行政案件若干问题的规定》第 3 条第 1 款第 5 项规定理解错误。

综上所述，上诉人的上诉理由成立，本院依法予以支持。一审判决撤销龙胜县人社局龙人社伤重认字(2016)2 号认定工伤决定及龙胜县政府龙政复决字(2016)4 号行政复议决定不当，本院依法予以纠正。依照《中华人民共和国行政诉讼法》第 89 条第 1 款第 2 项、第 3 款，第 69 条之规定，判决如下：

1. 撤销龙胜各族自治县人民法院(2016)桂 0328 行初 40 号行政判决；

2. 驳回被上诉人衡阳华运运输服务公司零陵分公司的诉讼请求。

一、二审案件受理费 100 元，由被上诉人衡阳华运运输服务公司零陵分公司负担。

本判决为终审判决。

审判长：赵欣荣，审判员：廖军、宋丕文，书记员：黎俊彤

二〇一七年五月三十一日

广西壮族自治区河池市中级人民法院
行政判决书*

(2018)桂12行终2号

上诉人(一审原告):莫文章。

被上诉人(一审被告):河池市社会保险事业局,住所地:河池市西环路三巷23号。组织机构代码:00804505-1。

上诉人莫文章因工伤保险行政给付一案,不服河池市金城江区人民法院2017年10月18日作出的(2017)桂1202行初第15号行政判决,向本院提起上诉。本院受理后,依法组成合议庭于2018年1月23日公开开庭审理了本案。上诉人莫文章及其委托代理人佘鹏举,被上诉人河池市社会保险事业局的委托代理人冉启祥、李平到庭参加诉讼。本案现已审理终结。

一审判决查明,原告莫文章系用人单位中国邮政集团公司广西壮族自治区南丹县分公司职工。2016年6月25日17时许,原告莫文章从南丹公司办公场所前往公司设在南丹小场的仓库盘点货物的途中发生交通事故,导致全身多处受伤。后经河池市人民医院诊断为:(1)骨盆骨折B1型;(2)右侧腰部、右髋及右下肢挤压综合症;(3)急性肾损伤;(4)肝挫伤;(5)右侧多发肋骨骨折;(6)两肺挫伤并两侧少量胸腔积液;(7)脑挫伤;(8)失血性贫血。2016年8月5日,南丹县公安局交通警察大队作出丹公交认字(2016)第060号《道路交通事故认定书》,认定肇事司机姚良杰承担事故的主要责任,原告莫文章承担事故的次要责任。

---

* 第六届全国行政审判优秀业务成果裁判文书类二等奖。

2016年7月25日,原告莫文章所在的用人单位向河池市人力资源和社会保障局提出原告莫文章的工伤认定申请。2016年9月20日,河池市人力资源和社会保障局作出河人社工认决字(2016)50号《工伤认定决定书》,认定原告莫文章遭受到的事故伤害为工伤。2017年5月18日,河池市劳动能力鉴定委员会作出河人社鉴字(2017)28号《劳动能力鉴定结论通知书》,鉴定原告莫文章为伤残玖级。2017年6月2日,原告莫文章书面向被告提出先行支付工伤保险基金申请。被告工作人员未接收原告书面申请材料,用口头答复方式告知原告"首先向事故第三人即姚良杰申请民事伤害赔偿后,我局再依据民事伤害赔偿法律文书补足医疗费不足部分"。原告不服,遂向法院提起行政诉讼。另查明,原告在其用人单位参加工伤保险,并已缴清2015年1月至2017年5月的工伤保险费用。

一审判决认为,《中华人民共和国社会保险法》第42条和《最高人民法院关于审理工伤保险行政案件若干问题的规定》第8条第2款以及《社会保险基金先行支付暂行办法》第4条,并未规定把由第三人先行赔付作为申请工伤保险基金先行支付的必经前置程序。原告或者原告所在的用人单位在原告所受的伤害经劳动保障行政管理机关依法作出工伤认定后,有权向被告提出工伤保险基金先行支付申请。对原告是否符合工伤保险基金先行支付的条件的审核是被告法定职责。《社会保险基金先行支付暂行办法》第9条规定"个人或者其近亲属提出先行支付医疗费用、工伤医疗费用或者工伤保险待遇申请,社会保险经办机构经审核不符合先行支付条件的,应当在收到申请后5个工作日内作出不予先行支付的决定,并书面通知申请人"。因此,被告工作人员拒收原告递交的工伤保险基金先行支付申请材料并以口头告知的方式通知原告的行政行为不合法。诉讼中,本院向原告释明:原告在被告未接收其先行支付工伤待遇基金申请材料并进行实质性审核的情况下,法院不能直接替代行政机关行使行政审核权,且原告与被告对原告缴纳工伤保险费用的工资基数尚有争议。在此情况下,原告坚持诉请人民法院判决由被告先行支付工伤保险基金的理由不充分,故对原告提出的判令被告直接先行支付工伤待遇基金的诉讼请求不予支持。

一审法院依据《最高人民法院关于执行〈中华人民共和国行政诉讼法〉若干问题的解释》第56条第4项之规定,判决:驳回原告莫文章的诉讼请求。

上诉人莫文章上诉称,上诉人因工受到伤害定为工伤事实存在,用工单位和上诉人曾向河池市社会保险事业局提交了相关材料,主张按工伤保险条例支付上诉人应享有的工伤待遇,被上诉人不予受理。为维护上诉人合法权益,依据相关法律规定,上诉人依法向河池市金城江区人民法院提出行政诉讼,诉请法院依法判决被上诉人按工伤保险待遇支付上诉人住院治疗医药费用等248 426.77元。一审法院以“理由不充分”驳回上诉人诉讼请求是错误的。依据《社会保险法》第42条“由于第三人的原因造成工伤,第三人不支付工伤医疗费用或者无法确定第三人的,由工伤保险基金先行支付。工伤保险基金先行支付后,有权向第三人追偿”。该条法律已明确规定由工伤保险基金先行支付工伤受害人的全部医疗费用,再由被上诉人另行按该事故责任依法追偿第三人赔偿。立法本意就是维护工伤者的合法权益,保护工伤受害者人身损害能获得及时救助。《最高人民法院关于审理工伤保险行政案件若干问题的规定》(法释〔2014〕9号)第8条规定:“……职工因第三人的原因受到伤害,社会保险行政部门已经作出工伤认定,职工或者其近亲属未对第三人提起民事诉讼或者尚未获得民事赔偿,起诉要求社会保险经办机构支付工伤保险待遇的,人民法院应予支持。”一审法院以人力资源和社会保障部《社会保险基金先行支付暂行办法》(以下简称《暂行办法》)第9条规定驳回上诉人的诉讼请求是不合法的。且该《暂行办法》是人社部对下面各部门的工作制定的一个暂行的管理规章制度,该办法也注明是暂行办法,暂行办法也未经人大立法,是不能与法律相抵触,更不能作为法律来定案。一审法院引用人力资源和社会保障部2011年7月1日施行的《暂行办法》第9条规定为由驳回诉讼请求,明显适用法律有误。恳请二审法院撤销一审判决,并支持上诉人一审诉讼请求。

被上诉人河池市社会保险事业局辩称,(1)上诉人要求被上诉人直接赔付医疗费用不符合法律法规相关规定。莫文章所发生的工伤属于涉及第三人责任的工伤,根据《关于印发工伤保险经办规程的通知》(人社部发〔2012〕11号)第73条“涉及第三人责任的,业务部门审核工伤待遇时,还应审核以下民事伤害赔偿法律文书:(一)属于交通事故或者城市轨道交通、客运渡轮、火车事故的,需提供相关的事故责任认定书、事故民事赔偿调解书;……(三)经人民法院判决或调解的,需提供民事判决书或民事调解书等证明材料”以及第74条“业务部门根据民事伤害赔偿法律文书确定的医疗费与工伤待遇中的医疗费比较,不足部分予以补足,其工伤医疗待遇不得重复享受”的规定,我局应支付莫文章的医疗费为民事伤害赔偿法律文书确定的医疗费与工伤待遇中的医疗费比较后不足部分。2017年12月26日南丹县人民法院民事判决书[(2017)桂1221民初803号]载明:莫文章工伤发生后被告(第三方责任人)姚良杰已支付15 000元医疗费,保险公司交强险医疗费赔付了10 000元、伤残赔偿金赔付了110 000元;法院判决被告姚良杰另需赔偿医疗费、残疾赔偿金、护理费、交通费、鉴定费等共计138 396.54元,根据判决文书中载明,护理费为6778.85元,交通费为800

元,鉴定费为1500元,残疾赔偿金为113 296元,保险公司已赔付伤残赔偿金110 000元,则姚良杰另需赔偿残疾赔偿金为113 296 - 110 000 = 3296元,那么姚良杰另需赔偿的医疗费为138 396.54 - 3296 - 6778.85 - 800 - 1500 = 126 021.69元,即根据法院判决结果,莫文章工伤第三方责任人姚良杰支付的医疗费为126 021.69 + 15 000 = 141 021.69元,加上保险公司已赔付的10 000元,莫文章工伤发生后从第三方责任人姚良杰和保险公司应得的医疗费赔偿为141 021.69 + 10 000 = 151 021.69元。最终我局应支付的医疗费为超出151 021.69元后的部分,同时因其工伤医疗费尚未经我局审核,总额不详;故我局应支付的医疗费以审核其就医相关材料为准(发票、费用清单、疾病证明书、出院记录等)。现上诉人无视法院判决结果,要求我局直接支付全部医疗费,一是不符合有关法律法规的规定,二是对法院的藐视,不尊重法院判决,其会重复享受不该享受的待遇,也会导致国家工伤保险基金的严重损失。《社会保险法》第42条"由于第三人的原因造成工伤,第三人不支付工伤医疗费用或者无法确定第三人的,由工伤保险基金先行支付。工伤保险基金先行支付后,有权向第三人追偿"已明确规定基金先行支付的前提条件是第三人不支付工伤医疗费用或者无法确定第三人,莫文章的工伤均不满足以上前提条件,不可能给予先行支付。(2)上诉人要求被上诉人赔付的一次性伤残补助金计算有误。莫文章所受工伤经河池市劳动能力鉴定委员会鉴定为伤残玖级,根据《工伤保险条例》第37条"职工因工致残被鉴定为七级至十级伤残的,享受以下待遇:从工伤保险基金按伤残等级支付一次性伤残补助金,标准为:九级伤残为9个月的本人工资"以及第64条"本条例所称本人工资,是指工伤职工因工作遭受事故伤害或者患职业病前12个月平均周缴费工资"的规定,莫文章工伤发生时间为2016年6月25日,其本人工资应为2015年6月到2016年5月的平均月缴费工资,结合河池市社会保险事业局提供的莫文章此期间的个人缴费明细表(附后),其平均月缴费工资型4192.9元,故工伤保险基金所支付的一次性伤残补助金应为4192.9元×9 = 37 736.1元。其一次性伤残补助金符合由工伤保险基金支付,我局也同意支付此项目,也曾建议其单位经办人可先提交材料办理一次性伤残补助金,但上诉人无理要求同时报销全部医疗费,故其单位经办人未再提交材料申请赔付一次性伤残补助金。(3)上诉人要求被上诉人赔付的伙食费计算有误。根据《广西壮族自治区人民政府关于贯彻实施〈工伤保险条例〉(修订)有关问题的通知》(桂政发〔2011〕73号)"二、关于工伤保险待遇标准问题(一)住院伙食补助费标准。工伤职工住院治疗工伤的伙食利助费标准为每人每天15元"的规定,其住院伙食补助费的赔付应为15元乘以住院天数。(4)上诉人要求被上诉人赔付护理费无依据。

根据《工伤保险条例》第33条“职工因工作遭受事故伤害或者患职业病需要暂停工作接受工伤医疗的,在停工留薪期内,原工资福利待遇不变,由所在单位按月支付。生活不能自理的工伤职工在停工留薪期需要护理的,由所在单位负责”的规定,其护理费由所在单位负责。综上所述,上诉人诉讼请求理由不足,缺少相关法律依据。请求河池市中级人民法院依法驳回上诉人的诉讼请求。

上诉人莫文章在二审中提供的证据有:证据一,南丹县法院(2017)桂1221民初603号民事判决书,证实侵权人姚良杰负70%赔偿责任,未赔付医药费用事实;证据二,申请书,证实上诉人向社会保险申请先行支付医药费事实;证据三,河池市社会保险事业局告知书,证实上诉人已按程序申请先行支付医药费事实;证据四,资料目录,证实上诉人已向社保局提交了申请资料;证据五,说明,证实侵权人姚良杰未支付上诉人医药费。经庭审质证,被上诉人河池市社会保险事业局对证据一的真实性、合法性没有异议,对关联性有异议,因该份证据是否已经生效无法证实,所要证明的目的也无法证实是经过法律确认的事实;对证据二、三、四没有异议;对证据五有异议,因侵权人未出庭证实其所要证实的内容,对该证据的真实性存在质疑。

经审查,一审法院据以定案的证据可作为二审定案的依据。上诉人在二审期间提供的证据符合《最高人民法院关于行政诉讼证据若干问题的规定》第52条第3项的规定,属于新的证据,可以作为认定案件事实的依据。

本院查明的案件事实与一审法院查明的案件事实一致。

本院另查明,2017年10月25日,莫文章向河池市社会保险事业局提交关于要求先行支付工伤医疗费的《申请书》。同日,河池市社会保险事业局作出《关于不予先行支付莫文章工伤医疗费的告知书》,认为莫文章提供的材料不能有效证明“第三人不支付工伤医疗费”,属于材料不齐全,证据不充足,因此不予先行支付莫文章的工伤医疗费。2017年12月26日,南丹县人民法院作出(2017)桂1221民初803号民事判决,判令姚良杰在判决生效之日起十日内赔偿医药费、残疾赔偿金、护理费、交通费、鉴定费等共计138 396.54元给莫文章。莫文章收到该判决后,于2018年1月11日再次向河池市社会保险事业局提出先行支付工伤医疗费、伤残补助金、伙食费的《申请书》,并提交(2017)桂1221民初803号民事判决一份。至本院判决时,河池市社会保险事业局仍未对该申请作出行政行为。

本院认为,本案的争议焦点是被上诉人河池市社会保险事业局是否应当先行支付上诉人莫文章工伤保险基金。依照《社会保险法》第8条、《工伤保险条例》第5条的规定,被上诉人河池市社会保险事业局具有经办支付工伤保险待遇的法定职责。

为了保障工伤职工的合法权益,《社会保险法》第42条以及《社会保险基金先行支付暂行办法》第4条针对“由于第三人的原因造成工伤,第三人不支付工伤医疗费用或者无法确定第三人的”情形,作出了由工伤保险基金先行支付工伤医疗费用的规定。工伤保险基金的先行支付属于垫付性质,是确保工伤职工获得及时医疗救治的有效办法,也体现了社会保险制度的人性化、共济性。本案中,上诉人莫文章已依据上述规定向河池市社会保险事业局提交了包括南丹县人民法院(2017)桂1221民初803号民事判决书在内的先行支付申请材料,但河池市社会保险事业局仍未作出相应的工伤保险基金先行支付行为,构成不依法履行社会保障先行支付工伤保险基金的法定职责,人民法院应予以纠正。上诉人莫文章要求被上诉人河池市社会保险事业局先行支付工伤保险基金的诉讼请求依法应予支持,但其诉讼请求中要求人民法院直接判决确认具体的支付金额,该确认具体支付金额的行政行为应由河池市社会保险事业局依法行使,故本院对上诉人诉请判决确认具体支付金额的要求不予采纳。

综上所述,一审判决认定事实清楚,但判决驳回莫文章的诉讼请求属于适用法律错误,应当予以纠正。依照《行政诉讼法》第73条、第89条第1款第2项,《最高人民法院关于审理工伤保险行政案件若干问题的规定》第8条第2款之规定,判决如下:

1. 撤销河池市金城江区人民法院(2017)桂1202行初15号行政判决;

2. 责令被上诉人河池市社会保险事业局自本判决生效之日起60日内向上诉人莫文章履行工伤保险基金先行支付的法定职责,具体金额根据相关法律法规的规定进行核定。

一、二审案件受理费各50元,合计100元,由被上诉人河池市社会保险事业局负担。

本判决为终审判决。

审判长:中国毅,审判员:梁海亮、韦荷嫩,书记员:吴菊婵

二〇一八年二月二十二日

广西壮族自治区玉林市中级人民法院
行政判决书*

（2017）桂09行终6号

上诉人（一审原告）：周绍礼、曾伟全、许超、曾海平、朱宠金、马伟华、卢有雄、卢有昆、霍第森、邹燕、陈起梅、邓军、古楚荣。

被上诉人（一审被告）：玉林市工商行政管理局。

一审第三人：陈宇。

一审第三人：梁琦、傅云业、杨代春、张世明。

一审第三人：玉林市中粮汽车维修有限公司。

上诉人周绍礼等十三人因与被上诉人玉林市工商行政管理局（以下简称玉林市工商局）及一审第三人陈宇、梁琦、傅云业、杨代春、张世明、玉林市中粮汽车维修有限公司（以下简称中粮公司）公司董事变动备案登记纠纷一案，不服玉林市玉州区人民法院2016年11月30日作出的（2016）桂0902行初25号行政判决（以下简称一审判决），向本院提起上诉。本院于2017年2月13日受理后，向被上诉人送达了上诉状副本和应诉通知书。本院依法组成合议庭，于2017年3月17日公开开庭审理了本案。上列诉讼参加人中除上诉人之委托代理人余新华，被上诉人之委托代理人陈锋、苏琳婷，一审第三人陈宇及中粮公司之委托代理人覃健文到庭参加诉讼外，其余没到庭参加诉讼。本案现已审理终结。

一审判决认定如下事实：2015年10月12日，中粮公司召开临时股东会并作出《临时股东会决议》，同意罢免曾伟全、许超公司董事职务；

---

* 第五届全国行政审判优秀业务成果裁判文书类三等奖。

同意补选张世明、傅云业为公司董事。2015年10月30日，中粮公司向玉林市工商局递交了《公司登记（备案）申请书》，申请对公司董事变更进行备案，同时还提交了《指定代表或者共同委托代理人授权委托书》《玉林市中粮汽车维修有限公司临时股东会决议》《董事、监事、经理信息》（含新任董事身份证复印件）、中粮公司营业执照复印件等材料。玉林市工商局经审查，认为中粮公司的申请符合《内资企业登记提交材料规范》和《内资企业登记文书规范》的要求，遂根据《中华人民共和国公司登记管理条例》的规定作出予以备案决定，作出（玉）登记企备字（2015）第123号《备案通知书》（以下简称123号通知），周绍礼等十三人认为玉林市工商局属于违法备案，为此向法院提起行政诉讼。

一审判决认为，玉林市工商局根据中粮公司的董事变更备案申请，依法予以受理，并依照《内资企业登记提交材料规范》和《内资企业登记文书规范》的要求进行审查，认为中粮公司提交的备案材料齐全、符合法定形式，遂作出予以备案的决定。玉林市工商局的行政行为符合法律规定，程序合法。周绍礼等人认为中粮公司侵害公司及其权益、临时股东大会无效等，属于民事纠纷，不在本案审理范围。一审判决的结果是驳回周绍礼等十三人的诉讼请求。

上诉人周绍礼等十三人上诉称，2015年10月12日中粮公司召开临时股东会在程序上严重违法，一是没有依法或依据章程提议，根据《公司法》第39条和《玉林市中粮汽车维修有限公司章程》第26条规定，中粮公司召开临时股东会，应经十分之一以上表决权的股东、三分之一以上的董事或者监事提议，但2015年10月12日中粮公司《临时股东会决议》并没有记载该会议由谁提议召开，因此该临时股东会没有人提议召开；二是该临时股东会不是董事会召集，是违法的，根据涉案的《临时股东会决议》记载，2015年10月12日中粮公司召开临时股东会的召集人是董事会，虽然董事会有权召集召开股东会，但作为中粮公司董事的上诉人曾伟全、许超并不知董事会召集召开2015年10月12日中粮公司临时股东会，因此，该会的召开是违法的；三是该会未通知十三位上诉人，根据《公司法》第41条和《玉林市中粮汽车维修有限公司章程》第28条规定，中粮公司如召开临时股东会，应于召开七日前将会议日期、地点和议题书面通知十三位上诉人，因此该会程序严重违法。由于2015年10月12日中粮公司召开临时股东会程序严重违法，因此所作出的《临时股东会决议》是违法、无效的，罢免和补选的中粮公司董事也是无效的。被上诉人玉林市工商局所作出的123号通知备案变更登记中粮公司董事是违法、错误的，对《临时股东会决议》的违法、无效，被上诉在办理变更中粮公司董事备案登记的过程中，未尽到其职责应尽的审查义务,更没有实质审查到办理变更中粮公司董事备案登记的材料是否真实、合法,以致错误地依据违法、无效的《临时股东会决议》办理中粮公司董事变更备案登记,因此,123 号通知是违法、错误的,应予撤销。被上诉人作出的 123 号通知备案变更中粮公司董事,严重损害了上诉人的股东合法权益,被罢免的两位中粮公司董事是经过之前合法召开的中粮公司股东会民主选举产生的,是合法、有效选举产生的公司董事,而被上诉人依据违法、无效的《临时股东会决议》办理中粮公司董事变更备案登记,且依据《临时股东会决议》记载补选的中粮公司董事傅云业早已将其持有中粮公司的股权转让,已无资格担任中粮公司的董事,因此,123 号通知严重损害了上诉人的合法权益。综上所述,被上诉人作出的 123 号通知,认定事实不清,证据不足,适用法律错误,并侵犯了上诉人的合法权益,不具备合法性,应予撤销,一审判决驳回上诉人的诉讼请求是错误的。上诉人请求本院撤销一审判决,撤销 123 号通知。

被上诉人辩称,被上诉人作为公司的登记机关,具有对公司董事发生变动情况进行备案登记的行政主体资格。被上诉人对中粮公司作出的予以备案决定合法有效,理由是:(1)对公司董事发生变动及备案提交材料的规范要求,依据工商企字(2014)29 号《国家工商总局关于印发〈内资企业登记提交材料规范〉和〈内资企业登记文书规范〉的通知》的规定,公司备案登记应提交的材料有:《公司登记(备案)申请书》《指定代表或者共同委托代理人授权委托书》及指定代表或者委托代理人的身份证件复印件、法律、行政法规和国务院决定规定备案事项必须报经批准的,提交有关的批准文件或者许可证复印件、提交有关董事、经理、监事发生变动的文件[主要包括:股东会决议(由符合章程规定表决通过比例的股东签署)、董事会决议(由公司董事签字)或其他批准文件、提交新任董事、监事、经理身份证复印件]、公司营业执照复印件。(2)中粮公司申请备案提交的材料齐全,2015 年 10 月 30 日中粮公司向被上诉人提出董事发生变动的备案申请,提交了①《公司登记(备案)申请书》;②《指定代表或者共同委托代理人授权委托书》;③《玉林市中粮汽车维修有限公司临时股东会决议》;④《董事、监事、经理信息》(含新任董事身份证复印件);⑤玉林市中粮汽车维修有限公司营业执照复印件,以上材料均有公司法定代表人梁琦的签名及加盖有公司印章。(3)被上诉人对中粮公司作出予以备案的决定符合法定要求,被上诉人按照规定对中粮公司提交的董事备案申请等材料进行了审查,认为各项申请材料符合规范要求,遂作出予以备案决定。被上诉人作出准予备案决定程序合法,根据中粮公司的申请,被上诉人予以受理,经过依法对所提交的材料进行审查后,当场作出予以备案的决定,并发出了 123 号通知,程序合法。综上,被上诉人作出的 123 号通知事实清楚,主要证据确实充分，适用法律正确，程序合法，一审判决驳回上诉人的诉讼请求是正确的，被上诉人请求驳回上诉人的上诉，维持一审判决。

一审第三人陈宇及中粮公司述称，其同意被上诉人的答辩意见，被上诉人经审查认为中粮公司申请的董事变动备案登记资料齐全，符合相关规范要求，所作出的 123 号通知是合法、正确的，一审判决驳回上诉人的诉讼请求有事实法律依据，上诉人认为中粮公司递交给被上诉人的《临时股东会决议》无效，损害上诉人的股东利益，上诉人的诉求属于民事案件审理范围，不属于行政诉讼的审理范围，上诉人如果主张《临时股东会决议》无效，应当通过民事诉讼确认无效后再提起行政诉讼，上诉人并没有充分的证据证明《临时股东会决议》无效，因此，上诉人的上诉没有事实和法律依据，陈宇及中粮公司请求驳回上诉人的上诉，维持一审判决。

一审第三人梁琦、傅云业、杨代春、张世明没有到庭参加诉讼，也没提交书面诉讼意见。

经审理查明，玉林市中粮汽车维修有限公司成立于 1997 年 11 月 17 日，是经被上诉人玉林市工商局核准登记的有限责任公司，共有股东 45 人，本案上诉人及一审第三人陈宇、梁琦、傅云业、杨代春、张世明均为中粮公司的股东，根据《玉林市中粮汽车维修有限公司章程》的规定，中粮公司设有股东会、董事会、监事会。2015 年 10 月 12 日中粮公司召开临时股东会并作出《临时股东会决议》，没有确实证据证明已通知了十三个上诉人召开临时股东会和会议的时间、地点、讨论事项。根据《临时股东会决议》记载，临时股东会的召集人为董事会，应到会股东 45 人，出席本次会议股东 31 人，决议内容为：同意罢免曾伟全、许超公司董事职务；同意补选张世明、傅云业为公司董事。2015 年 10 月 30 日中粮公司向被上诉人递交《公司登记（备案）申请书》，申请对公司董事发生变动进行备案，同时提交的备案材料为：《指定代表或者共同委托代理人授权委托书》《玉林市中粮汽车维修有限公司临时股东会决议》《董事、监事、经理信息》即新任董事张世明、傅云业的身份证复印件、中粮公司营业执照复印件，并没有提交董事会决议或者其他相关批准文件。被上诉人收到中粮公司的申请和材料后，于当日作出（玉）登记企备字〔2015〕第 149 号《备案通知书》，对中粮公司的申请决定予以受理。之后，被上诉人经过审查，认为中粮公司提交的备案申请，申请材料齐全，符合法定形式，并于同日作出了（玉）登记企备字〔2015〕第 123 号《备案通知书》，决定予以备案登记。周绍礼等十三人不服，遂向玉林市玉州区人民法院提起行政诉讼。

本院认为，本案各方争议的焦点是 123 号通知是否具备合法性是否应予以撤销的问题。对于123号通知是否具备合法性应根据《中华人民共和国公司法》(以下简称《公司法》)、《中华人民共和国公司登记管理条例》(以下简称《条例》)和工商企字〔2014〕29号《国家工商总局关于印发〈内资企业登记提交材料规范〉和〈内资企业登记文书规范〉的通知》(以下简称29号通知)中《公司备案提交材料规范》(以下简称《规范》)的有关规定来审查判定。在123号通知不具备合法性的前提下,是否应予以撤销123号通知,应主要审查本案当事人的合法权益可能被损害和根据《公司法》享有的权利是否被限制剥夺。如果本案当事人的前述权益、权利可能被损害、被限制或者被剥夺,应当撤销123号通知。

本院认为,123号通知不具备合法性,应予撤销。理由如下:123号通知涉及中粮公司的董事变动,中粮公司递交给被上诉人相关申请变动董事的《临时股东会决议》应当符合《条例》第27条第1款第2项"依照《公司法》作出的变更决议或者决定"之规定。但没有证据证明中粮公司已按《公司法》第102条第1款之规定将召开临时股东会应通知的有关事项通知了各上诉人。因此,《临时股东会议决议》不符合《公司法》的规定,中粮公司关于变动中粮公司相关董事的申请不符合《条例》中的规定,导致123号通知违法。根据29号通知中的《规范》第4点关于"……提交有关董事、经理变动文件。有限责任公司提交股东会议决议……董事会决议……或者其他批准文件"之规定,中粮公司在本案中提出的备案申请应提交董事会决议或者其他批准文件,但中粮公司没有提交这方面的文件,故其备案申请提交的材料不齐全,不符合申请备案登记的条件。被上诉人属于国家工商总局下属的行政机关,在行政执法中应当执行29号通知,如若其行政执法行为不符合29号通知的规定,应属违法执法。此亦导致123号通知不合法的原因之一。

本院认为,中粮公司申请变动董事备案登记的行为和被上诉人作出123号通知的行为可能损害了各上诉人的合法权益,可能限制、剥夺了各上诉人依《公司法》规定享有的权利。理由是中粮公司无法证明其依《公司法》的规定通知各上诉人召开临时股东会议的地点、时间和讨论事项等,因此,中粮公司无法证明其已保证了各上诉人可以行使了知情权、表决权等权利。被上诉人在《临时股东会决议》载明总股东45人到会只有31人的情形下,应审查中粮公司是否依《公司法》的规定通知了全体股东召开临时股东会之有关事宜,但被上诉人却未经审查就作出了123号通知,从而可能因此损害部分股东的合法权益。

本院认为,被上诉人等当事人关于如下问题的答辩(诉讼)主张之理由不成立,本院不予采信。

被上诉人在中粮公司没有提交董事会决议或其他批准文件的情形下主张中粮公司提交的材料齐全，此主张与《规范》的规定、意图和行文含义的通常理解不符，不应采信。《临时股东会决议》属于被上诉人为了证明 123 号通知合法的事实方面的依据，审查 123 号通知是否合法，必须对被上诉人提供的证据的真实性、合法性、关联性及证明效力进行直接审查，此与民事审判、民事诉讼和民事争议无关，主张《临时股东会决议》是否合法属民事审判范畴之理由不成立，不应采信。

被上诉人主张其在作出 123 号通知中已尽审查义务理由不成立。被上诉人在作出 123 号通知前应依《条例》和《规范》的规定尽其审查义务，不管相关义务是形式审查义务还是实质审查义务，只要被上诉人未按《条例》和《规范》的规定对中粮公司的申请予以审查，即核实未尽审查义务。本案犹如前面所述，被上诉人并未按《条例》和《规范》的规定去审查相关申请材料是否符合《公司法》和《规范》的规定，在相关主要材料不合法、材料不齐全的情形下作出 123 号通知。故被上诉人未尽审查义务和责任。被上诉人及一审第三人的主张理由不成立，本院不予采信支持。一审判决驳回上诉人的诉讼请求错误，本院亦予以撤销。

综上所述，123 号通知不具备合法性并且可能损害他人合法权益，本院予以撤销，上诉人上诉有理，本院依法予以支持。被上诉人及一审第三人的主张理由不成立，本院不予采信支持。一审判决驳回上诉人的诉讼请求错误，本院予以撤销。依照《行政诉讼法》第 89 条第 1 款第 2 项、第 70 条第 1 项的规定，判决如下：

1. 撤销玉林市玉州区人民法院 2016 年 11 月 30 日作出的（2016）桂 0902 行初 25 号行政判决；

2. 撤销被上诉人玉林市工商行政管理局 2015 年 10 月 30 日作出的（玉）登记企备字〔2015〕第 123 号《备案通知书》。

本案一、二审案件受理费各 50 元，合计 100 元，由被上诉人负担。

本判决为终审判决。

审判长：庞忠，审判员：蔡文、林慧琪，书记员：宁婷

二〇一七年三月二十一日

广西壮族自治区高级人民法院行政判决书*

(2016)桂行再7号

抗诉机关:广西壮族自治区人民检察院。

申诉人(一审原告、二审上诉人):韦金娱。

被申诉人(一审被告、二审被上诉人):河池市运输管理处,住所地:河池市金城江区富华路18号。

韦金娱不服河池市运输管理处(以下简称河池运管处)公路运输行政处罚纠纷一案,河池市中级人民法院(以下简称河池中院)于2012年2月27日作出的(2012)河市行终字第8号行政判决已经发生法律效力。韦金娱仍不服,向检察机关申请监督。2016年1月4日,广西壮族自治区人民检察院(以下简称自治区检察院)作出桂检行监(2015)146号行政抗诉书,向本院提出抗诉。本院裁定由本院提审本案,并依法组成合议庭,于2016年6月7日公开开庭审理了本案。申诉人韦金娱的代理人潘永东,被申诉人河池运管处法定代表人韦善文及河池运管处的委托代理人兰洪兵、罗政岐到庭参加诉讼。本案现已审理终结。

河池市金城江区人民法院(以下简称金城江法院)一审查明:韦金娱是桂M53600五菱小型普通客车(以下简称桂M53600客车)的所有人,该车挂靠东兰县通顺运输服务有限责任公司(以下简称"通顺公司")名下。2010年11月30日,东兰县运输管理局给该车配发了桂交运管河字451224502169号道路运输证(车辆营运证),核定的经营范围是:县内班车客运"隘洞—东兰"。2011年5月5日9时许,韦金娱之夫

---

* 第五届全国行政审判优秀业务成果裁判文书类三等奖。

潘永东驾驶该车行至河池市金城江区河池镇水任水南路口下客时，河池运管处对其进行了例行检查。经查，车上载有5名乘客(含韦金娱)，其中一名乘客承认已支付车费8元，同时还在该车上发现多块线路牌。执法人员对现场进行拍摄，并制作了现场笔录。由于韦金娱及驾驶员当场无法出示车辆营运证，又无法提供其他有效证明，河池运管处对该车予以暂扣。韦金娱不服，向河池市人民政府申请行政复议，河池市人民政府于2011年6月20日作出河政复决字(2011)39号行政复议决定，确认河池运管处暂扣该车的行为合法(韦金娱不服暂扣车辆行为已另案处理)。2011年7月4日，韦金娱之夫潘永东到河池运管处办公室口头要求听证，河池运管处工作人员告之其提交书面申请。此后，韦金娱未提交书面申请材料。2011年7月11日，河池运管处对韦金娱作出河市运政罚(2011)070501号行政处罚决定(以下简称"070501号处罚决定")，认定韦金娱未经河池运管处许可，擅自从事跨县客运经营，其行为违反了《道路运输条例》第10条第1款第2项的规定，依照《道路运输条例》第64条的规定，决定对其予以罚款8万元。韦金娱不服，诉请法院撤销该处罚决定。

一审法院认为，根据《道路运输条例》第7条的规定，河池运管处负有具体实施道路运输管理工作的法定职责。河池运管处对韦金娱所有的桂M53600客车进行执法检查时发现，韦金娱及驾驶员当场无法出示车辆营运证也无法提供其他有效证明，且车内部分乘客承认已支付车费，根据《道路运输条例》第63条的规定，对该车采取予以暂扣的行政强制措施，且暂扣车辆后即立案进行调查取证，属于正当程序的范畴。河池运管处在执法过程中采取现场录像方式留证以及向知情人调查取证，未侵害他人合法权益，其调查取得的相关证据材料足以证明韦金娱非法营运的事实。韦金娱之夫虽在法定期限内提出听证要求，但未按照工作人员的告知要求提供韦金娱的书面委托手续，之后亦未再提出听证申请，系韦金娱自行放弃了听证权利。韦金娱在庭审中提出河池运管处相关法律文书序号不一，此属河池运管处法律文书序号使用上的瑕疵，对被诉行政行为的程序和本案事实及性质的认定未产生实质性影响。除与河池运管处提供的内容相同的证据之外，韦金娱提供的其他证据未形成证据链，不足以证明其诉讼主张。综上所述，河池运管处所作070501号处罚决定，认定事实清楚，证据确凿，适用法律法规正确，程序合法。依照修改前的《行政诉讼法》第54条第1项之规定，判决维持河池运管处作出的070501号行政处罚决定。

韦金娱不服一审判决，向河池中院提出上诉。

河池中院确认一审法院据以定案的证据可以作为本案的定案依据，据此，二审查明的事实与一审判决认定的事实一致。

二审法院认为,河池运管处作为县级以上道路运输管理机构,负有具体实施道路运输管理工作的法定职责,其执法主体资格适当。根据《广西壮族自治区人民政府关于调整全区交通稽查站点的批复》(桂政函〔2003〕36 号),河池市城郊交通稽查站(含河池镇)是广西壮族自治区交通厅于 2003 年 3 月 20 日公告的全区 120 个交通稽查站点之一,河池运管处在河池镇水任水南路口实施道路运输检查属于依法行使职权的行为。《道路运输条例》第 10 条第 1 款第 2 项规定:"从事省、自治区、直辖市行政区域内跨 2 个县级以上行政区域客运经营的,向其共同的上一级道路运输管理机构提出申请。"在没有取得东兰县、金城江区两地共同的上一级道路运输管理机构(河池运管处)颁发的道路运输经营许可证的情况下,韦金娱之夫潘永东驾驶桂 M53600 客车行至河池镇水任水南路口从事营运活动,属于未取得道路运输经营许可,擅自从事道路运输经营的行为。河池运管处按照《道路运输条例》第 64 条的规定对韦金娱作出处罚,于法有据,所作 070501 号处罚决定认定事实清楚,适用法律正确,程序合法。一审判决维持该处罚决定亦属认定事实清楚,适用法律正确,应当予以维持。韦金娱的上诉理由不成立,应当不予支持。依照修改前的《行政诉讼法》第 61 条第 1 项之规定,判决驳回上诉,维持原判。

二审判决生效后,韦金娱以一、二审判决认定事实及适用法律错误、二审合议庭成员应当回避而未回避为由,向河池中院提出再审申请,河池中院于 2012 年 10 月 24 日作出(2012)河市行申字第 35 号驳回申诉通知书,驳回了韦金娱的再审申请。之后,韦金娱又以其不是桂 M53600 客车的经营者、不应当是本案行政处罚的相对人,以及其驾驶该车行至河池镇水任水南路口下客的行为不属于未取得道路运输经营许可而擅自从事道路运输经营的行为为由,向本院提出再审申请,本院于 2013 年 8 月 20 日作出(2013)桂行申字第 11 号驳回再审申请通知书,驳回了韦金娱的再审申请。2014 年 12 月 12 日,韦金娱向河池市人民检察院申请监督,该院提请自治区检察院向本院抗诉。

自治区检察院抗诉称:(1)东兰县运输管理局已于 2010 年 11 月 30 日给韦金娱所有的桂 M53600 客车配发了桂交运管河字 451224502169 号道路运输证(车辆营运证),核定的经营范围是县内班车客运"隘洞—东兰"。韦金娱之夫潘永东驾驶该车跨县到金城江区境内营运,属于超越许可地域范围经营而非无证经营,原判认定韦金娱未取得道路运输经营许可而擅自从事道路运输经营,证据不足。(2)道路运输条例仅对无证经营行为规定了罚则,没有对超越许可地域范围经营的行为规定罚则。2012 年修改前的《广西壮族自治区道路运输管理条例》(以下简称《广西道路运管条例》)第37条规定,不按照经营许可核定的范围、方式、种类、场所从事经营活动的,责令改正,没收违法所得,并处500元以上5000元以下的罚款;情节严重的,吊销其经营许可证。河池运管处适用《道路运输条例》第64条作出对韦金娱罚款8万元的行政处罚,适用法律错误且明显过当。原判对此予以维持,亦属适用法律错误。(3)在可以直接送达韦金娱本人的情况下,河池运管处将包含申请听证权利告知内容的《违法行为通知书》交给其夫潘永东代收,程序违法;河池运管处在告知韦金娱依法享有申请听证的权利时认可潘永东的代理权,而在潘永东口头申请听证时又否认其具有代理权,系自相矛盾;本案罚款数额较大,应当组织听证而未组织听证,违反法定程序。原判对此予以认可,属于适用法律错误。综上所述,原判认定事实的主要证据不足,适用法律法规错误,依照《行政诉讼法》第91条第3项、第4项及第93条第1款之规定提出抗诉,请求依法再审。

韦金娱在本院再审中诉称,东兰县运输管理局给桂M53600客车配发的车辆营运证载明的业户(经营者)是通顺公司,韦金娱是基于其与通顺公司订立的民事合同从事客运经营,其相当于通顺公司的职工,即使违法营运,也应当处罚通顺公司。

河池运管处在本院再审中辩称:(1)国务院法制办、交通部组织编写的《中华人民共和国道路运输条例释义》(人民交通出版社2004年版)对《道路运输条例》第64条作了权威释义,其中述及:“值得注意的是,有的车辆虽然有车辆营运证,但仍然属于没有取得道路运输经营许可的非法营运,具体包括以下几种情形:(1)道路运输经营者超越道路运输经营许可证核定的经营范围从事营运活动。根据条例的规定,道路运输经营分为客运经营和货运经营,客运经营又可分为非班线经营和班线经营,班线经营又有具体的营运线路和地域范围……道路运输经营者超范围经营时,虽然具有道路运输经营许可证,但是其营运范围已超过道路运输管理机构核定的经营范围,与道路运输经营许可证的规定不相符,就其超范围经营事项而言,并没有办理有关审批手续,因而构成本条所指的‘未取得道路运输经营许可,擅自从事道路运输经营的’违法行为。”韦金娱跨县从事客运经营,并没有办理有关审批手续,属于《道路运输条例》第64条规定的“未取得道路运输经营许可,擅自从事道路运输经营的”违法行为。(2)道路运输条例是国务院制定的行政法规,广西道路运管条例是广西壮族自治区人民代表大会常务委员会(以下简称“广西人大常委会”)制定的地方性法规。修改前的《立法法》第83条规定:“同一机关制定的法律、行政法规、地方性法规、自治条例和单行条例、规章,特别规定与一般规定不一致的,适用特别规定;新的规定与旧的规定不一致的,适用新的规定。”广西道路运管条例和道路运输条例分别由不同的机关制定，广西道路运管条例不是道路运输条例的特别规定。根据《立法法》第79条第2款"行政法规的效力高于地方性法规、规章"的规定，河池运管处依照道路运输条例的规定对韦金娱的跨县经营行为定性处罚，准确、适当。(3)根据2012年修改前的《道路旅客运输及客运站管理规定》(以下简称《道路客运规定》)第7条、第10条的规定，设区的市人民政府所在城市市区与县之间的客运班线属于二类客运班线，有严格的经营准入条件，韦金娱在未经河池运管处许可的情况下从事二类客运班线经营，严重扰乱客运市场秩序，危害道路运输安全，河池运管处按照《道路运输条例》第64条和《道路客运规定》第84条的规定，在处罚幅度内(3万元以上10万元以下)对其处以8万元罚款的处罚，并无不当。(4)河池运管处将《违法行为通知书》交给韦金娱之夫潘永东代收，符合有关送达的法律规定，而申请听证的权利是行政处罚相对人特定享有的权利，非经授权，他人不得代为行使。潘永东到河池运管处询问有关听证事宜时，工作人员已经告知其必须提供韦金娱的委托手续，但韦金娱及其丈夫潘永东此后均未在法定期间内持相关手续到该处申请听证，系其自行放弃了听证权利。(5)韦金娱是桂M53600客车的所有人，其与通顺公司订立的合同明确约定，其只需每年向该公司交纳管理费1440元，经营利润一概归韦金娱所有。由此可见，韦金娱才是该车的实际经营者，当然属于道路运输行政处罚的相对人。

本院再审过程中，各方当事人均未提供新的证据。经审查，本院确认一审法院据以定案的证据可以作为本案的定案依据，据此，再审查明的事实与一审判决认定的事实一致。

本院认为，本案的争议焦点：一是韦金娱是否为本案行政处罚的适格相对人？二是河池运管处向韦金娱送达《违法行为通知书》的程序是否合法、该通知书由韦金娱之夫潘永东代收与潘永东无权申请听证是否矛盾？三是韦金娱超出许可地域范围营运的行为属于《道路运输条例》第64条规定的无证经营，还是《广西道路运管条例》第37条规定的超范围经营？四是河池运管处对韦金娱处以8万元罚款的行政处罚是否明显不当？

一、关于韦金娱是否为本案行政处罚适格相对人的问题

首先，韦金娱是桂M53600客车的所有人。其次，根据韦金娱与通顺公司订立的《道路旅客运输经营组织管理合同书》，通顺公司并不参与该车的实际营运，只向韦金娱收取每年1440元管理费，韦金娱对其营运活动负完全法律责任，韦金娱是该车的实际经营者。最后，使用该车从事跨县营运活动的行为人是韦金娱，并无证据证明该

行为是基于通顺公司的授意或者由通顺公司受益，韦金娱也没有证据证明其与通顺公司存在职务代理关系。此外，法律也未禁止自然人申请成为道路运输经营者。综上，韦金娱是本案行政处罚的适格相对人。

二、关于河池运管处向韦金娱送达《违法行为通知书》的程序是否合法、该通知书由韦金娱之夫潘永东代收与潘永东无权申请听证是否矛盾的问题

根据《行政处罚法》第40条"行政处罚决定书应当在宣告后当场交付当事人；当事人不在场的，行政机关应当在七日内依照民事诉讼法的有关规定，将行政处罚决定书送达当事人"的规定，行政机关向相对人送达行政处罚告知书等法律文书，应当依照民事诉讼法的有关规定执行。2012年修改前的《民事诉讼法》第78条规定："送达诉讼文书，应当直接送交受送达人。受送达人是公民的，本人不在交他的同住成年家属签收……"第79条规定："受送达人或者他的同住成年家属拒绝接收诉讼文书的，送达人应当邀请有关基层组织或者所在单位的代表到场，说明情况，在送达回证上记明拒收事由和日期，由送达人、见证人签名或者盖章，把诉讼文书留在受送达人的住所，即视为送达。"河池运管处将《违法行为通知书》交给韦金娱之夫潘永东代收，在其拒绝签收的情况下邀请有关基层组织代表见证并留置送达，符合上述法律规定。《行政处罚法》第42条规定："行政机关作出责令停产停业、吊销许可证或者执照、较大数额罚款等行政处罚决定之前，应当告知当事人有要求举行听证的权利；当事人要求听证的，行政机关应当组织听证。"可见，申请听证的权利是行政处罚相对人特定享有的权利，非经授权，他人不能代为行使。河池运管处工作人员要求潘永东提供韦金娱的委托手续方可代行申请听证的权利，并无不当。

三、关于韦金娱超出许可地域范围营运的行为属于《道路运输条例》第64条规定的无证经营还是《广西道路运管条例》第37条规定的超范围经营的问题

根据道路运输条例的有关规定，道路运输经营分为道路旅客运输经营和道路货物运输经营，其中，道路旅客运输经营又分为国际道路旅客运输经营、省际道路旅客运输经营、市（县）际道路旅客运输经营、县内道路旅客运输经营等，每一种道路运输经营许可，核定机关及其依法可以核定的范围、方式、种类、场所各不相同。《道路运输条例》第10条第1款第2项规定："从事省、自治区、直辖市行政区域内跨2个县级以上行政区域客运经营的，向其共同的上一级道路运输管理机构提出申请。"在没有取得东兰县、金城江区两地共同的上一级道路运输管理机构（河池运管处）核发的道路运输经营许可证的情况下，韦金娱跨县从事客运经营活动，属于未取得道路运输经营许可而擅自从事道路运输经营的行为。

《广西道路运管条例》第 37 条第 1 项（2016 年修改后的第 36 条第 1 项）规定："违反本条例规定，有下列行为之一的，由县级以上道路运输管理机构责令改正，没收违法所得，并处 500 元以上 5000 元以下的罚款；情节严重的，由原许可机关吊销其经营许可证：（一）不按照经营许可核定的范围、方式、种类、场所从事经营活动的；……"该项规定中的"不按照经营许可核定的范围、方式、种类、场所从事经营活动"，是指道路运输经营者已经取得某一种道路运输经营许可，其经营活动虽然超出了许可的范围、方式、种类、场所，但仍然属于该种道路运输经营许可的核定机关依法可以核定的权限范围之内。道路运输经营者虽然已经取得某一种道路运输经营许可，但超出该种道路运输经营许可的核定机关依法可以核定的范围、方式、种类、场所从事经营活动的，不属于该项规定的超范围经营。

四、关于河池运管处对韦金娱处以 8 万元罚款的行政处罚是否明显不当的问题

韦金娱在未获得河池运管处许可的情况下，跨县从事客运经营活动，已经构成未取得道路运输经营许可而擅自从事道路运输经营的违法行为，且无证据证明其违法所得超过 2 万元。根据《道路运输条例》第 64 条"违反本条例的规定，未取得道路运输经营许可，擅自从事道路运输经营的，由县级以上道路运输管理机构责令停止经营；有违法所得的，没收违法所得，处违法所得 2 倍以上 10 倍以下的罚款；没有违法所得或者违法所得不足 2 万元的，处 3 万元以上 10 万元以下的罚款；构成犯罪的，依法追究刑事责任"的规定，河池运管处可以给予其 3 万元以上 10 万元以下的罚款处罚。但是，韦金娱用于从事客运经营活动的车辆系一辆小型普通客车，核定载客人数为 7 人，运营时间不足半年，案涉违法行为的所得甚少；即使在案涉车辆上查获多块线路牌，也不能凭此推定韦金娱还存在其他违法营运行为。根据《行政处罚法》第 4 条第 2 款"设定和实施行政处罚必须以事实为依据，与违法行为的事实、性质、情节以及社会危害程度相当"的规定，韦金娱的违法营运行为情节尚轻，亦未造成严重的危害后果，河池运管处对其处以 8 万元罚款的行政处罚，与罚责相当原则不符，处罚明显不当。

综上所述，韦金娱在仅取得东兰县境内"隘洞—东兰"客运班线经营许可的情况下，使用桂 M53600 客车到河池市金城江区从事营运活动的行为，属于未取得道路运输

输经营许可而擅自从事道路运输经营的行为。河池运管处依照《道路运输条例》第 64 条的规定作出 070501 号处罚决定，认定的基本事实清楚，定性准确，但处罚明显不当，显失公正。本院根据韦金娱违法营运的事实、性质、情节及社会危害程度，依照修改前的《行政诉讼法》第 54 条第 4 项“行政处罚显失公正的，可以判决变更”的规定，将 070501 号处罚决定“处以 8 万元罚款”变更为“处以 3 万元罚款”。原一、二审法院未严格审查河池运管处的处罚裁量行为，维持了该处罚决定，实为不当。依照《行政处罚法》第 4 条第 2 款、修改前的《行政诉讼法》第 54 条第 4 项、第 61 条第 2 项，《最高人民法院关于执行〈中华人民共和国行政诉讼法〉若干问题的解释》第 76 条第 1 款、第 78 条之规定，判决如下：

1. 撤销河池市中级人民法院（2012）河市行终字第 8 号行政判决；

2. 撤销河池市金城江区人民法院（2011）金行初字第 7 号行政判决；

3. 变更河池市运输管理处河市运政罚（2011）070501 号行政处罚决定“处以 8 万元罚款”为“处以 3 万元罚款”。

本判决为终审判决。

审判长：周善能，审判员：王小成，代理审判员：刘建军，书记员：孙宇欣

二〇一七年四月二十四日

广西壮族自治区高级人民法院行政判决书*

（2014）桂行终字第35号

上诉人（一审原告）：广西苍梧中威管道燃气发展有限责任公司，住所地：广西苍梧县龙圩镇祥龙新城祥龙一路80号。

上诉人（一审被告）：苍梧县人民政府，住所地：广西苍梧县龙圩镇政贤路18号。

上诉人：梧州市市政和园林管理局，住所地：广西梧州市新兴三路6－1号。

上诉人（一审第三人）：广西中金能源有限公司，住所地：广西南宁市青秀区嘉湖巷6号佳和大厦15层1503房。

一审第三人：苍梧县住房和城乡建设局，住所地：广西苍梧县龙圩镇龙城路35号。

广西苍梧中威管道燃气发展有限责任公司（以下简称中威公司）诉苍梧县人民政府（以下简称苍梧县政府）管道燃气行政许可纠纷一案，梧州市中级人民法院于2013年12月18日作出（2013）梧行初字第3号行政判决。苍梧县政府、中威公司、一审第三人广西中金能源有限公司（以下简称中金公司）均不服，分别向本院提出上诉。本院于2014年1月22日受理本案后，依法组成合议庭，于2014年2月21日第一次公开开庭审理了本案，上诉人中威公司委托代理人梁太波、高雪，上诉人苍梧县政府委托代理人李召生、甘堃，上诉人中金公司委托代理人卢轩、黎烽，第三人苍梧县住房和城乡建设局（以下简称“苍梧县住建局”）委托

* 第三届全国行政审判优秀业务成果裁判文书类二等奖。

代理人李富章到庭参加诉讼。因梧州市市政和园林管理局(以下简称“梧州市市政局”)于2014年5月1日起行使原苍梧县部分行政区域的管道燃气行政管理权,本院通知其作为上诉人参加本案诉讼,于2014年11月26日第二次公开开庭审理了本案,上列诉讼参与人及上诉人梧州市市政局委托代理人彭坚等到庭参加诉讼。因各方当事人请求协调解决,故本院组织协调期间不计入审限。本案现已审理终结。

梧州市中级人民法院一审查明:2010年4月15日,苍梧县政府召开县长办公会议讨论决定,原则同意香港中威管道燃气发展有限公司在苍梧县以“BOT”模式启动苍梧县管道燃气项目建设,项目合同由苍梧县建设局(第三人苍梧县住建局的前身)签订。2010年4月23日,苍梧县建设局与中威公司签订《苍梧县管道燃气特许经营协议书》,约定中威公司在苍梧县行政区域内独家享有管道燃气特许经营权,期限为30年,在特许经营期间,苍梧县建设局不得在已授予中威公司特许经营权的地域范围内,再将特许经营权授予第三方。2010年9月15日,苍梧县住建局向中威公司下达《关于配套建设管道燃气设施的通知》。2010年5月28日,中威公司向苍梧县政府提交气源厂征地申请,同时委托南京设计院完成了苍梧县管道燃气规划设计稿,于2010年8月提交苍梧县政府及有关部门组织专家评审。2010年9月15日,苍梧县住建局给各股室,各有关建设、设计、施工、监理单位下发苍建政〔2010〕30号《关于配套建设管道燃气设施的通知》。2010年6月至11月,中威公司与苍梧县泰和嘉园、龙宇茗都、凤凰城、丽源居四个小区开发商签订了管道燃气建设合同。2010年11月19日,中威公司向苍梧县住建局提交《关于请求尽快开展燃气专项规划评审的请示》和《广西苍梧中威管道燃气发展有限责任公司关于申请配套管道敷设的请示》,并向苍梧县政府提交《广西苍梧中威管道燃气发展有限责任公司关于申请划拨使用场站用地的请示》,并附场站用地明细表。2011年1月6日,中威公司再次向苍梧县住建局提交《关于请求尽快开展燃气专项规划评审的请示》。2011年8月8日,中威公司又一次向苍梧县住建局提交《关于加快我县管道燃气工程建设的请示》。2012年7月26日,苍梧县住建局向中威公司颁发地字第临450421201200276号《建设用地规划许可证》和建字第临450421201200343号《建设工程规划许可证》。

2013年2月25日,苍梧县政府与中金公司签订《广西苍梧县管道燃气及加气站特许经营合同书》。该《合同书》第9条第6款约定“甲方在与乙方签订本合同时,终止履行原广西苍梧县中威管道燃气发展有限公司《苍梧县管道燃气特许经营协议》的权利义务”。2013年8月14日,中威公司提起诉讼,请求判决确认苍梧县政府与中金公司2013年2月25日签订《广西苍梧县管道燃气及加气站特许经营合同书》的行为违法并予以撤销。一审中，苍梧县住建局认为其在本案中作为被告和第三人的诉讼主体地位不适格，中威公司同意苍梧县住建局可以变更为第三人。中威公司认为签订合同后投资了约1000万元，中金公司认为投资了约3000万元。

梧州市中级人民法院一审认为：作为行政主体的苍梧县住建局和苍梧县政府先后分别与中威公司签订的管道燃气特许经营协议和与中金公司签订的管道燃气及加气站特许经营合同，其目的是实现行政管理职能，为了规范苍梧县管道燃气及加气站特许经营活动，加强市场监管，维护公共利益和公共安全，并非为自身经济利益。上述两份合同中，行政机关对行政合同的履行享有民事合同主体不享有的行政优益权，具体体现为对合同履行的监督权、指挥权、单方变更权和解除权。并且参照建设部发布的《管道燃气特许经营协议示范文本》签订，因此两份合同无论从内容和形式上判断，都符合行政合同的特点，所以苍梧县政府、中金公司认为合同不是行政合同的辩解和陈述意见不成立。

根据《行政许可法》第12条第2项“有限自然资源开发利用、公共资源配置以及直接关系公共利益的特定行业的市场准入等，需要赋予特定权利的事项”的规定，苍梧县政府可以设定行政许可。中威公司与苍梧县住建局签订《苍梧县管道燃气特许经营协议书》，取得特许经营权后，为实施项目开展了一系列的建设等工作。苍梧县政府以中威公司没有建站的土地、自取得许可后也没有开发建设为由，即认定中威公司没有实质性投资行为和违约，显然证据不足。

苍梧县住建局与中威公司签订《苍梧县管道燃气特许经营协议书》后，苍梧县政府又与中金公司签订《广西苍梧县管道燃气及加气站特许经营合同书》，授予中金公司在特许经营期限内独家在特许经营范围运营、维护市政管道燃气设施、以管道输送形式向用户供应燃气，提供相关管道燃气设施的抢修抢险业务等收取费用的权利。根据《行政许可法》第7条的规定，公民、法人或其他组织对行政机关实施行政许可，享有陈述、申辩权。苍梧县政府取消中威公司取得的特许经营权，应遵守上述规定。但是，苍梧县政府在作出对中威公司不利的行政决定前，没有告知中威公司，侵犯了中威公司的陈述和申辩权。另外，中威公司依法取得的行政许可受法律保护，苍梧县政府不得擅自改变已经生效的行政许可。虽然该行政许可所依据的客观情况发生重大变化的，为了公共利益的需要，苍梧县政府可以依法变更或者撤回已经生效的行政许可，但是苍梧县政府没有履行相关的手续，便单方终止与中威公司签订的协议，赋予中金公司的特许经营权，该具体行政行为在程序上违法。根据《最高人民法院关于执行〈中华人民共和国行政诉讼法〉若干问题的解释》以及《行政许可法》的相关法律规定,苍梧县政府与中金公司签订《广西苍梧县管道燃气及加气站特许经营合同书》本应撤销。但是,中金公司已经正在实际履行协议,进行了很大的投入,撤销该具体行政行为将会给公共利益造成重大损失。因此,应当作出确认被诉具体行政行为违法的判决,并责令被诉行政机关采取相应的补救措施。至于苍梧县住建局认为其在本案中作为被告和第三人的诉讼主体地位不适格,中威公司认为苍梧县住建局可以变更为第三人。因苍梧县住建局与本案具有利害关系,另外,为了查明案件的事实,住建局作为本案第三人的诉讼主体地位是适格的。根据《行政许可法》第7条、第8条以及《最高人民法院关于执行〈中华人民共和国行政诉讼法〉若干问题的解释》第56条第4项、第58条之规定,判决:(1)确认苍梧县政府与中金公司签订《广西苍梧县管道燃气及加气站特许经营合同书》违法,责令苍梧县政府采取相应的补救措施;(2)驳回中威公司的其他诉讼请求。

上诉人中威公司上诉并答辩称:(1)一审法院认定中金公司实际投入很大,苍梧县政府和中金公司都没有举证证明,因此一审法院的该认定是错误的。即使中金公司有投入,其绝大部分是2013年8月梧州市中级人民法院受理本案后的投入,属于违法投入。故一审法院认定一旦撤销苍梧县政府与中金公司的具体行政行为,将给公共利益造成重大损失,没有事实和法律依据。(2)2010年4月23日,中威公司与苍梧县住建局签订合同获得苍梧县管道燃气独家特许经营权后,中威公司积极开展建设工作,进行了大量投入。若不履行苍梧县住建局与中威公司的合同,会造成公共利益重大损失。(3)苍梧县政府、中金公司明知中威公司与苍梧县住建局签订管道燃气特许经营权合同在先,双方仍签订管道燃气特许经营合同,是恶意违法,应撤销该违法行为,由苍梧县住建局继续履行其与中威公司的管道燃气特许经营合同。请求撤销一审判决主文的第二部分,改判撤销苍梧县政府与中金公司2013年2月25日签订的《广西苍梧县管道燃气及加气站特许经营合同书》。

上诉人苍梧县政府上诉并答辩称:(1)一审法院认定苍梧县政府与中金公司签订管道燃气特许经营合同、苍梧县住建局与中威公司签订管道燃气特许经营合同属于行政行为是错误的。上述两份合同均是招商引资性质的合同,依合同仅取得管道燃气项目的开发建设权,而不取得管道燃气特许经营权。管道燃气开发建设权属于民事法律范畴,管道燃气特许经营权属于行政法律范畴。取得管道燃气开发建设权后,必须依法申请并经过法定评审合格后才能授予特许经营权。现在苍梧县政府未给中威公司和中金公司授予特许经营权。(2)苍梧县政府与中金公司签订的管道燃气特许经营合同没有违反法律和行政法规的强制性规定,合法有效,中威公司无资格提起撤销之诉。(3)中威公司与苍梧县住建局于2010年4月23日签订管道燃气特许经营合同后，未履行第9条第4款第1、7项的义务，即未依约制定管道燃气发展的远、近期投资计划，按照城市总体规划及燃气专业计划的要求组织投资建设，也未将管道燃气设施设计、建设的运行的所有技术数据，包括设计报告、计算和设计文件、运行数据，在编制完成后提交住建局审批。中威公司未提供符合《市政公用事业特许经营管理办法》和《广西燃气管理条例》要求的相关资质文件，更没有进行实质性的项目建设，致使苍梧县行政区域内至今未用上管道燃气，属于中威公司违约。请求撤销梧州市中级人民法院(2013)梧行初字第3号行政判决主文的第一项，并驳回中威公司的诉讼请求。

中金公司上诉并答辩称：(1)一审法院认定苍梧县住建局与中威公司签订管道燃气特许经营合同，苍梧县政府与中金公司签订管道燃气特许经营合同，属于具体行政行为，是错误的。上述合同约定的特许经营不属于行政许可。根据《行政许可法》第14条的规定，只有法律、行政法规才可以设定行政许可；现行法律和城镇燃气管理条例都未规定燃气经营必须实行特许经营制度，即管道燃气特许经营不属于法定的行政许可。根据《市政公用事业特许经营管理办法》第3条的规定，实施特许经营的项目由省、自治区、直辖市通过法定形式和程序规定，《广西壮族自治区燃气管理条例》和《广西壮族自治区燃气管理办法》都未规定经营城市管道燃气必须先获得特许经营权。因此，在广西辖区内，燃气经营项目并未实行特许经营制度，燃气特许经营不属于法定行政许可范畴。一审法院把在广西辖区内签订管道燃气特许经营合同的行为认定为具体行政行为错误且严重违反《行政许可法》第14条的规定。根据有关文件规定，燃气特许经营权的取得，必须在工程建设完成，经相关部门进行竣工验收通气后，在完成相关资料收集的前提下，才能由县级以上的行业主管部门颁发。至今苍梧县政府未给中威公司和中金公司颁发特许经营许可证。根据《城镇燃气经营条例》第15条的规定，燃气经营行政许可是以核发燃气经营许可证为标志。既然未取得燃气经营许可证，就不能有撤销燃气经营许可证的具体行政行为。(2)一审判决确认苍梧县政府与中金公司签订管道燃气特许经营合同违法是错误的。苍梧县政府与中金公司签订管道燃气特许经营合同，与苍梧县住建局和中威公司签订管道燃气特许经营合同，没有直接法律关系。根据合同相对性原理，中威公司与苍梧县住建局的合同纠纷只可以向苍梧县住建局提起民事诉讼。虽然苍梧县政府与中金公司签订的《广西苍梧县管道燃气及加气站特许经营合同》约定了签订合同后应当终止履行其与中威公司签订的合同，但因两份合同均是民事合同，该合同是否履行，其行使的都是民事合同权利而非行政权力,承担的是民事责任。一审过程中,没有证据表明苍梧县政府已终止了苍梧县住建局与中威公司合同。(3)中威公司是被自治区建设厅列入黑名单的燃气公司,其已签订的燃气项目均卖给港华燃气公司。中威公司没有进行建设,项目立项尚未进行,对于其工作的设计和用户合同签署均未按规定进行。一审判决认定了中威公司的工程建设事实,实际上,中威公司的建设没有相关的报建手续,甚至立项都没有进行。请求撤销梧州市中级人民法院(2013)梧行初字第3号行政判决,改判驳回中威公司的起诉。

上诉人梧州市市政局认可原苍梧县城区改为龙圩区后,部分管道燃气行政管理权经梧州市政府授权由该局行使,并表示尊重人民法院的判决。

一审第三人苍梧县住建局陈述称:苍梧县住建局与中威公司签订的特许经营合同以及苍梧县政府与中金公司签订的特许经营合同都不是行政合同,而是民事合同,一审判决认为该两份合同是行政合同是错误的。中威公司在一审没有提出继续履行苍梧县住建局与其签订的特许经营合同,在二审中提出本项诉讼请求,违反行政诉讼法的规定,对本项诉讼请求应不予支持。

经审查,本院确认一审判决确认的证据合法有效,可作为定案依据。据此,本院二审查明的事实与一审查明的事实一致。

除一审查明的事实外,根据本院于2014年3月17日至18日组织苍梧县政府、苍梧县住建局、中威公司、中金公司到工程项目进行的现场勘查情况,另查明:中威公司自签订管道燃气特许经营合同后,截至2014年3月18日,开展管道燃气工程建设的主要情况为:基本完成苍梧县泰和嘉园、凤凰城的LNG瓶组站工程、小区管网安装工程,未投入使用。中金公司自签订管道燃气特许经营合同后,截至2014年3月18日,开展管道燃气工程建设的主要情况为:基本完成市政管道铺设,基本建成管道燃气门站,基本建成苍梧县佛子小区、林业小区管网安装工程。

又查明,梧州市市政局于2014年10月16日作出《关于梧州市中金燃气有限公司试运行的批复》,同意中金公司试运行,试运行时间为6个月(从2014年10月16日至2015年4月15日)。

还查明,根据梧州市人民政府向本院出具的《关于管道燃气管理职权问题的复函》(梧政函〔2014〕205号)明确,从2014年5月1日起,原苍梧县行政区域内龙圩镇、大坡镇、广平镇、新地镇的管道燃气行政管理权由梧州市市政局行使。

关于苍梧县政府主张中威公司没有履行合同,苍梧县政府、中金公司主张中威公司资信不良,中金公司主张中威公司已建设的工程没有取得行政机关批准的问题,由于这些问题与本案审查的苍梧县政府与中金公司签订管道燃气特许经营合同的行为是否合法并是否应当撤销,无直接的关联性,本院对上述问题不作审查。

根据各方诉、辩意见,本案争议焦点归纳为:(1)苍梧县住建局与中威公司签订管道燃气特许经营合同、苍梧县政府与中金公司签订管道燃气特许经营合同的行为是否属于行政行为。(2)苍梧县政府与中金公司签订管道燃气特许经营合同是否违法,是否应当撤销。

本院认为,关于苍梧县住建局与中威公司签订管道燃气特许经营合同、苍梧县政府与中金公司签订管道燃气特许经营合同的行为是否属于行政行为的问题。《行政许可法》第12条规定:"下列事项可以设定行政许可:……(二)有限自然资源开发利用、公共资源配置以及直接关系公共利益的特定行业的市场准入等,需要赋予特定权利的事项。"《市政公用事业特许经营管理办法》第2条第2款规定:"城市供水、供气、供热、公共交通、污水处理、垃圾处理等行业,依法实施特许经营的,适用本办法。"《广西壮族自治区燃气管理条例》第13条第2款规定:"从事管道燃气经营的企业,除具备瓶装燃气经营企业的条件外,还应当具备国家和自治区规定的市政公用事业特许经营条件。"根据上述规定,管道燃气经营依法实行特许经营,管道燃气特许经营权的授予属于行政许可的事项之一。苍梧县政府作为县级人民政府,苍梧县住建局作为主管部门,依法具有管道燃气行政管理职权。两份特许经营合同的当事人一方,是具有管道燃气行政管理职权的行政机关;两份特许经营合同的主要内容,是约定管道燃气特许经营权的授予、期限、地域范围等事项;两份特许经营合同目的,是实现行政管理职能,即规范苍梧县管道燃气及加气站特许经营活动,加强市场监管,维护公共利益和公共安全,并非为自身经济利益。因此,该两份特许经营合同在性质上属于行政协议,签订该两份特许经营合同的行为,实际上是行政机关通过签订合同的方式授予管道燃气特许经营权的行政许可行为。签订行政合同是实施行政许可的方式之一,本案中签订两份特许经营合同的性质不因其形式是合同而改变。

关于苍梧县政府、中金公司主张他们签订的特许经营合同是招商引资性质的合同,依合同仅取得管道燃气项目的开发建设权,而不取得管道燃气特许经营权,取得管道燃气特许经营权应当以获得管道燃气特许经营权许可证为标志的问题。管道燃气特许经营许可证是特许经营合同约定的项目建成并经检验合格后颁发的证件,但获得特许经营许可证需要以签订特许经营合同为前提,只有签订特许经营合同后,中威公司、中金公司才能开展特许经营项目的建设,并据此信赖可以获得特许经营权许可证。签订特许经营合同、颁发特许经营许可证都是授予特许经营权的环节或步骤。

即使签订特许经营合同后，最终不能获得特许经营许可证，仍不改变签订特许经营合同的行政行为性质。因此，苍梧县政府、中金公司此项主张的理由不成立，本院不予支持。

关于苍梧县政府、中金公司主张中威公司不具有本案的原告资格问题。如前所述，本案签订两份特许经营合同的行为是行政行为，不应适用民事合同的相对性原则。中威公司与苍梧县住建局签订管道燃气特许经营合同后，取得苍梧县区划范围内30年的管道燃气特许经营权，而此后苍梧县政府又以合同方式将该县区划范围内的管道燃气特许经营权授予他人，同时明确中威公司与苍梧县住建局签订的管道燃气特许经营合同终止履行。中威公司认为其已取得的管道燃气特许经营权被侵犯，提起行政诉讼，符合《最高人民法院关于执行〈中华人民共和国行政诉讼法〉若干问题的解释》第12条关于"与具体行政行为有法律上利害关系的公民、法人或者其他组织对该行为不服的，可以依法提起行政诉讼"的规定。因此，苍梧县政府、中金公司的此项主张不符合法律规定，本院不予支持。

关于苍梧县政府与中金公司签订管道燃气特许经营合同是否违法的问题。苍梧县住建局与中威公司签订的《苍梧县管道燃气特许经营协议书》第2.11条款约定："特许经营权：是指本协议书中甲方授予乙方的、在特许经营期限内独家在特许经营区域范围内运营、维护市政管道燃气设施、以管道输送形式向用户供应燃气，提供相关管道燃气设施的抢修抢险业务并收取费用的权利。"第3.2条款约定："本协议书之特许经营权有效期限为30年，自2010年4月23日起至2040年4月22日止。"第3.3条款第(1)项约定："本协议之特许经营权行使地域范围为苍梧县现行行政管辖区域内。"根据上述约定，中威公司通过合同取得了原苍梧县辖区范围内的2010年4月23日起至2040年4月22日期间独家的管道燃气特许经营权。中威公司的上述管道燃气特许经营权应受法律保护，在未经法定行政机关依法定程序、法定事由撤回或撤销的情况下，中威公司的管道燃气特许经营权在苍梧县政府与中金公司签订合同时是有效的。苍梧县政府与中金公司签订的《广西苍梧县管道燃气及加气站特许经营合同书》第3.3条款约定的管道燃气特许经营权地域范围为原苍梧县行政管辖区域，第3.2条款约定其期限自2013年2月25日起至2043年2月24日止，两份合同约定的特许经营权地域完全重合，期限基本重合。同时，第9.6条款还约定："甲方在与乙方签订本合同时，终止履行原广西苍梧中威管道燃气发展有限公司《苍梧县管道燃气特许经营协议书》的权利义务。"苍梧县政府的上述行为，违反了《行政许可法》第8条第1款"公民、法人或者其他组织依法取得的行政许可受法律保护，行政机关不得擅自改变已经生效的行政许可”的规定。因此,一审判决认定苍梧县政府与中金公司签订《广西苍梧县管道燃气及加气站特许经营合同书》违法是正确的,本院予以维持。

关于苍梧县政府与中金公司签订管道燃气特许经营合同是否应当撤销的问题。苍梧县政府与中金公司签订管道燃气特许经营合同的行为违法,本应撤销。但是,中金公司在签订特许经营合同后基本完成市政管道铺设,基本建成管道燃气门站等管道燃气供气设施,并已得到梧州市市政局批准试运行。如果撤销该合同,将使龙圩镇已经使用管道燃气的用户暂停用气,其他尚未使用管道燃气的居民用上管道燃气的日期必将后延,造成公共利益的损失。根据《最高人民法院关于执行〈中华人民共和国行政诉讼法〉若干问题的解释》第 58 条关于“被诉具体行政行为违法,但撤销该具体行政行为将会给国家利益或公共利益造成重大损失的,人民法院应当作出确认被诉具体行政行为违法的判决,并责令被诉行政机关采取相应的补救措施;……”之规定,一审法院判决确认苍梧县政府与中金公司签订管道燃气特许经营合同违法,但不予以撤销,符合上述司法解释的规定,本院予以维持。

关于采取补救措施的问题。一审判决责令苍梧县政府采取补救措施虽无不当,但存在如下不足:一是未确定采取补救措施的期限,依法应确定履行义务的合理期限;二是未明确补救的对象,本案不撤销苍梧县政府与中金公司签订的特许经营合同,客观上造成中威公司不能依合同约定开展管道燃气设施建设和管道燃气经营,依法应对中威公司进行补救;三是未明确补救方式,签订特许经营合同后,中威公司进行了一些前期工作,有一定的资金投入,苍梧县政府应对中威公司的合法投入予以合理弥补。另外,由于行政区划调整的原因,苍梧县政府原管辖的龙圩镇、新地镇、广平镇、大坡镇被划为龙圩区,本案审理期间,梧州市市政局继续行使了上述四镇的管道燃气管理权,苍梧县政府在除上述四镇外的其他乡镇仍行使管道燃气管理权,根据《行政诉讼法》第 25 条第 5 款规定,行政机关被撤销的,继续行使其职权的行政机关为被告,苍梧县政府与梧州市市政局应共同承担责任。

综上所述,上诉人中威公司、苍梧县政府、中金公司的上诉理由均不成立,本院不予支持。依照《行政诉讼法》第 61 条第 1 项、第 2 项之规定,判决如下:

1. 维持一审判决第二项;

2. 一审判决第一项改为“确认苍梧县人民政府与广西中金能源有限公司签订《广西苍梧县管道燃气及加气站特许经营合同书》违法,责令苍梧县人民政府、梧州市市政和园林管理局于本判决生效之日起 6 个月内采取相应的补救措施,对广西苍梧中威管道燃气发展有限责任公司的合法投入予以合理弥补”。

二审案件受理费50元,由苍梧县人民政府负担20元,广西苍梧中威管道燃气发展有限责任公司、广西中金能源有限公司各负担15元。

本判决为终审判决。

审判长:周善能,代理审判员:王小成、班艳,书记员:宋丹丹

二〇一五年四月七日

广西壮族自治区高级人民法院行政判决书*

(2015)桂行终字第12号

上诉人(一审被告):南宁市人民政府。住所地:南宁市嘉宾路1号。

被上诉人(一审原告):广西高峰绿城开发有限责任公司。住所地:南宁市北湖南路46号3单元202室。

一审第三人:广西合正房地产开发有限公司。住所地:南宁市青山路2号国凯公司大院内广西百益投资集团有限公司大楼二楼。

南宁市人民政府因与广西高峰绿城开发有限责任公司(以下简称高峰绿城公司)不服会议纪要决定一案,不服南宁市中级人民法院(2014)南市行一初字第108号行政判决,向本院提出上诉。本院于2015年1月14日立案受理,并依法组成合议庭于2015年2月3日公开开庭审理了本案。上诉人南宁市人民政府的委托代理人骆伟雄、卢琪,被上诉人高峰绿城公司的委托代理人何涛,一审第三人广西合正房地产开发有限公司(以下简称广西合正公司)的委托代理人韦俊、田良丰到庭参加诉讼。本案双方当事人同意庭后和解,和解期间依法不计入审限。因案情复杂,本案经最高人民法院批准延长审理期限,现已审理终结。

南宁市中级人民法院一审查明:1997年1月28日,高峰绿城公司与南宁市建设局签订《五一西路后续工程项目合同书》约定,由高峰绿城公司出资建设五一西路后续工程,南宁市建设局则根据高峰绿城公司出资额的大小,安排南宁市土地局以优惠地价出让一定数量的土地使用权,由高峰绿城公司进行开发(或再次按政策转让他方),作为对高峰绿

* 第四届全国行政审判优秀业务成果裁判文书类二等奖。

城公司投资的补偿，补偿用地拟定点安排在凤岭分区高峰林场林地内，由建设局组织协调南宁市规划局统一规划定点，南宁市土地局统一征地、统一拆迁安置。双方并对工程项目的性质、地址、内容及规模、概算投资额的组成、施工期限、补偿用地的办理期限及责任等作了约定。之后，经南宁市人民政府同意，南宁市规划局在民族大道凤岭北段规划定点5宗地共400亩给高峰绿城公司。1998年12月2日，南宁市土地局以南土函字〔1998〕141号《关于五一西路后续工程补偿用地地价调整结果的函》告知广西国营高峰林场，补偿用地位于凤岭区，地块面积为400亩，实际用地单位地价评估结果综合认定为13.913万元/亩。1998年12月29日，南宁市建设局以南建函〔1998〕219号《关于办理五一西路后续工程项目补偿用地手续的函》通知南宁市规划局，由高峰绿城公司承建的五一西路后续工程，合同投资5048.3939万元，原已划补偿用地400亩，经市土地局评估地价为13.913万元/亩，按合同优惠30%后，其已补偿用地价值不足合同价值，故建议规划局给予安排在凤岭分区补偿用地118亩并予办理有关手续。

1999年3月，南宁市人民政府为高峰绿城公司补偿所得的其中3宗地办理了《国有土地使用证》，土地性质为出让，用途为住宅，其中0419040号宗地取得了98－136《建设用地规划许可证》，其余2宗地因规划调整原因未办理土地证。

2000年5月，高峰绿城公司以0419040号宗地作为抵押，向工行广西区分行营业部贷款共1140万元。后双方发生借款抵押合同纠纷。该案在生效判决的执行过程中，因工行广西区分行营业部将本案债权转让给广西合正公司，故广西合正公司成为该案的申请执行人。2001年10月15日，南宁市中级人民法院裁定查封了0419040号宗地。

2000年7月，因规划调整，除0419040号宗地外，高峰绿城公司获取的其他4宗补偿用地被调整到其他地段，高峰绿城公司将其转让给广西友容投资有限公司和广西捷成房地产发展有限公司。

2001年4月，南宁市规划局将0419040号宗地的98－136《建设用地规划许可证》规划撤销，调整到凤岭16、17路附近。高峰绿城公司因此又办理了规划定点手续并欲转让，但因故未成，该地块已由南宁市人民政府另行出让或安排给其他单位使用。2004年，南宁市人民政府对“以项目带土地开发”进行审计，认定市政府对高峰绿城公司承建的五一西路项目，除0419040号宗地外的其他四宗补偿用地价值已超过工程款，属于“补超”，要求补交土地出让金。2007年8月，根据南宁市国土资源局的要求，广西友容投资有限公司交纳了其从高峰绿城公司受让的4宗用地的“补超”

款23 228 390.84元。

2008年,南宁市凤岭分区规划调整,0419040号宗地的规划调整为凤岭儿童公园,南宁市园林局取得包括该宗地在内的选字第450101200800003号建设项目选址意见书、地字第450101200800195号建设用地规划许可证、建字第450101201000959号建设工程规划许可证。凤岭儿童公园已于2012年建成投入使用。

2014年1月6日,南宁市人民政府下属的土地储备经营管理委员会第104次会议,其土地管理委员会〔2013〕5号会议纪要第3条第1项决定为:"关于高峰绿城公司提出的0419040号宗地处置问题。鉴于我市在'以项目带土地开发'工程审计中,认定给予该公司的补偿用地已超过其修建道路工程款,0419040号宗地属'超补'地块,原则同意按市财政局'南财非税〔2013〕38号文'和市审计局'南审报〔2013〕2号'文所提意见处理,即'超补'范围土地不再给予置换,该宗地土地使用权证由市政府依法收回。"2004年1月16日,南宁市规划管理局以《建设项目用地规划审理告知函》函告高峰绿成公司以上内容。高峰绿成公司认为南宁市人民政府无权收回0419040号宗地使用权,更无权收回土地使用权证,为此诉至法院,请求依法判决撤销被告的南宁市土地储备经营管理委员会第104次会议纪要关于0419040号宗地属"超补"地块,不给予置换,收回宗地土地使用权证的决定。

南宁市中级人民法院一审认为:本案的争议焦点在于被诉会议纪要是否具有可诉性。如是,则其合法性应如何认定。综观会议纪要的内容, 是确认0419040号宗地属"超补"地块不再给予置换,二是决定该宗地土地使用权证由市政府依法收回。南宁市人民政府意在否定高峰绿城公司关于土地置换的要求并收回高峰绿城公司的权利凭证,其内容规制了高峰绿城公司的权利义务并经南宁市规划局告知高峰绿城公司而外化;同时,0419040号宗地的使用权利人虽仍登记在高峰绿城公司名下却已实际为凤岭儿童公园所用,故该会议纪要内容是对既有事实的认定,无须借助其他行政行为即已达到南宁市人民政府追求的法律效果,因此它对高峰绿城公司的权利义务已形成了实质性的影响,具备了行政行为的特征,属于行政诉讼的受案范围。由于会议纪要确认的0419040号宗地是否"超补"及相关置换问题,属于高峰绿城公司与政府的合同关系中所要解决的内容,与本案属于不同的法律关系,高峰绿城公司应依法通过其他途径进行处理。对于会议纪要确认的"该宗地土地使用权证由市政府依法收回"的内容,符合一个成熟行政行为所需的要件,是本案审查的对象。会议纪要中"该宗地土地使用权证由市政府依法收回"的内容系依据被告审计及财政部门的意见作出,没有证据证实被告已向高峰绿城公司说明理由,并听取高峰绿城公司的陈述与申辩,违背了正当法律程序原则,应予撤销。但因该内容是对该宗地使用权业已改变事实的确认,没有可撤销内容,故依法应认定为违法。综上所述,依照修改前的《行政诉讼法》第54条第2项第3目、《最高人民法院关于执行〈中华人民共和国行政诉讼法〉若干问题的解释》第57条第2款第2项的规定判决:确认南宁市人民政府下属的南宁市土地管理委员会〔2013〕5号《南宁市土地储备经营管理委员会第一百零四次会议纪要》第3条第1款中"该宗地土地使用权证由市政府依法收回"的内容违法。

上诉人南宁市人民政府上诉称:(1)一审判决认定事实错误。①如果被诉行政行为具有可诉性,那么争议的焦点就是0419040号宗地是否属于"超补",查清是否"超补",是认定不予置换及收回土地使用权证是否合法的前提,一审对此不予涉及显属基础事实认定不清。②0419040号宗地在2000年7月就已经调整为"公园用地",而一审判决认定2008年才规划调整为凤岭儿童公园,认定规划调整的时间错误。③一审判决认定除0419040号宗地外,高峰绿城公司获取了其他4宗补偿用地明显违背事实。④会议纪要的内容是要收回"土地使用证",而非收回土地使用权,一审判决认定会议纪要的内容"是对该宗地使用权业已改变的事实的确认,没有可撤销内容,故依法应认定为违法"是完全错误的。⑤会议纪要只是"原则同意"该宗地土地使用权证由市政府依法收回,而非正式最终确定收回,一审判决未考虑"原则同意"这一前提条件,仅确定"该宗地土地使用权证由市政府依法收回"内容违法,是对会议纪要断章取义。(2)一审判决认定会议纪要具有可诉性,是适用法律错误。因为对相对人权利义务产生实际影响,并非是由会议纪要本身所造成的。会议纪要并不符合"外化"条件。(3)一审判决认定会议纪要违背了正当法律程序原则,而判决主文却认定会议纪要内容违法是自相矛盾的。请求二审法院依法撤销一审判决,改判驳回高峰绿城公司的诉讼请求。

被上诉人高峰绿城公司答辩称:(1)关于事实问题。①查清0419040号宗地是否属于"超补",是认定政府作出"不予置换"决定是否合法的前提,应属本案审查范围。②南宁市人民政府是责任主体,不管一审判决对关键事实如何认定,都改变不了诉争的宗地不属于"超补"的事实。③土地使用证与土地使用权是形式与内容的关系,二者虽在文字逻辑上有区别,但二者实质都是指向土地使用权属情况,并无本质及冲突的区别。(2)涉案会议纪要已经通过送达等途径外化,是属于可诉的具体行政行为,一审法院认定该会议纪要具有可诉性适用法律正确。希望二审法院查清是否存在"超补"的事实,从实体上维护高峰绿城公司的合法利益。

一审第三人广西合正公司述称:同意被上诉人高峰绿城公司的答辩意见。

经庭审调查,本院确认一审判决认定的证据合法有效,可以作为本案定案的依据。据此,除“2000 年 7 月,因规划调整,除 0419040 号宗地外,高峰绿城公司获取的其他 4 宗补偿用地被调整到其他地段,高峰绿城公司将其转让给广西友容投资有限公司和广西捷成房地产发展有限公司。”因与本案无关不予认定外,本院查明的其余事实与一审法院认定的事实一致。

根据双方当事人的诉辩主张,本院归纳本案的争议焦点为:(1)涉案会议纪要是否可诉?(2)一审法院对于是否“超补”的事实没有审查,二审应否进行审查?(3)南宁市人民政府下属的土地储备经营管理委员会决定收回 0419040 号宗地的国有土地使用权证,是否有事实和法律依据?

本院认为,关于涉案会议纪要是否具有可诉问题。政府召集有关行政部门就重要事项明确各自职责和分工,并由各部门分头依法落实的决议,可以会议纪要形式体现。一般而言,会议纪要是内部行为,按照成熟性理论,会议纪要一般是不可诉的。但是,如果该内部行为外部化,具有直接设定、变更或者消灭影响当事人的权利义务的效果,则应视同外部行政行为,具有可诉性。本案中,南宁市人民政府下属的土地储备经营管理委员会作出的“该宗地土地使用权证由市政府依法收回”的决议内容由南宁市规划管理局以《建设项目用地规划审理告知函》的形式送达给高峰绿成公司,可以说该会议纪要内容已经外化,并且直接影响了高峰绿城公司的合法权益,因此,该会议纪要可诉。南宁市人民政府提出的涉案会议纪要只是“原则同意”所以不可诉的理由,因与该会议纪要内容已经外化的事实相左,本院不予支持。

关于一审法院对于是否“超补”的事实没有审查,二审应否进行审查的问题。是否属于“超补”应根据双方协议约定的内容,以及履行情况等来确定,因该协议并非本案审查对象,所以本案不予审查。双方当事人对于是否“超补”问题发生的争议,属合同纠纷,应另行解决。

关于南宁市人民政府下属的土地储备经营管理委员会决定收回 0419040 号宗地的国有土地使用权证,是否有事实和法律依据的问题。南宁市人民政府下属的土地储备经营管理委员会作出上述决定,对高峰绿城公司的合法权益已经发生实际影响,但没有给予高峰绿城公司陈述、申辩的权利,违反了行政法上的正当法律程序原则,属严重违反法定程序的行政行为,依法应当判决撤销,但由于涉案宗地的土地使用权已被南宁市人民政府收回并建成了凤岭儿童公园,如判决撤销收回 0419040 号宗地的国有土地使用权证的决定,会造成公共利益重大损害,而且高峰绿城公司已另案起诉要求赔偿与置换,所以一审判决对涉案会议纪要收回 0419040 号宗地的国有土地使用权证的内容不予撤销,确认违法是正确的。

综上所述,一审判决认定事实清楚,适用法律正确。上诉人南宁市人民政府的上诉理由不成立,本院不予支持。依照《行政诉讼法》第 89 条第 1 款第 1 项的规定,判决如下:

驳回上诉,维持原判。

二审诉讼费 50 元,由上诉人南宁市人民政府负担。

本判决为终审判决。

审判长:韦威助,代理审判员:庞琳、王小成,书记员:黄树鹤

二〇一五年十一月六日

图书在版编目(CIP)数据

广西审判实务与探索. 2019年. 第2辑 : 总第12辑 / 戴红兵主编. -- 北京 : 法律出版社, 2019
ISBN 978-7-5197-3735-1

Ⅰ. ①广… Ⅱ. ①戴… Ⅲ. ①法院-审判-工作-研究-广西 Ⅳ. ①D926.22

中国版本图书馆CIP数据核字(2019)第168352号

广西审判实务与探索(2019年第2辑)(总第12辑)
GUANGXI SHENPAN SHIWU YU TANSUO
(2019 NIAN DI 2 JI)(ZONG DI 12 JI)

戴红兵 主编

责任编辑 章 雯 田 浩
装帧设计 汪奇峰

出版 法律出版社
总发行 中国法律图书有限公司
经销 新华书店
印刷 固安华明印业有限公司
责任印制 胡晓雅

编辑统筹 法商出版分社
开本 710毫米×1000毫米 1/16
印张 18.25
字数 315千
版本 2019年10月第1版
印次 2019年10月第1次印刷

法律出版社/北京市丰台区莲花池西里7号(100073)
网址/www.lawpress.com.cn
投稿邮箱/info@lawpress.com.cn
举报维权邮箱/jbwq@lawpress.com.cn
销售热线/400-660-8393
咨询电话/010-63939796

中国法律图书有限公司/北京市丰台区莲花池西里7号(100073)
全国各地中法图分、子公司销售电话:
统一销售客服/400-660-8393/6393
第一法律书店/010-83938432/8433　西安分公司/029-85330678　重庆分公司/023-67453036
上海分公司/021-62071010/1636　深圳分公司/0755-83072995

书号:ISBN 978-7-5197-3735-1
定价:48.00元